企业家儒商精神读本系列

A Source Book of Confucianism Classics

儒家精神经典导读

郭美华　吴晓番 ◎ 编著

上海财经大学出版社

图书在版编目(CIP)数据

儒家精神经典导读/郭美华,吴晓番编著. —上海:上海财经大学出版社,2023.3

(匡时·企业家儒商精神读本系列)

ISBN 978-7-5642-3503-1/F·3503

Ⅰ.①儒… Ⅱ.①郭…②吴… Ⅲ.①儒家-研究 Ⅳ.①B222.05

中国版本图书馆CIP数据核字(2020)第056183号

□ 责任编辑　施春杰
□ 封面设计　张克瑶

儒家精神经典导读

郭美华　吴晓番　编著

上海财经大学出版社出版发行
(上海市中山北一路369号　邮编 200083)
网　　址:http://www.sufep.com
电子邮箱:webmaster@sufep.com
全国新华书店经销
上海华业装潢印刷厂有限公司印刷装订
2023年3月第1版　2023年3月第1次印刷

710mm×1000mm　1/16　24.25印张(插页:2)　359千字
定价:98.00元

匡时·企业家儒商精神读本系列
编委会名单

顾　问（按姓氏笔画排序）

　　北尾吉孝（日本）　　朱杰人　　　汤恩佳　　　李存山
　　吴　震　　　　　　何　俊　　　张立文　　　周春生
　　徐洪兴　　　　　　梁成武（韩国）　董金裕　　　黎红雷

编委会主任

　　蒋传海　　国承彦

主　编

　　张　雄　　牛廷涛

副主编

　　朱　璐　　丁兴才

编委会委员（按姓氏笔画排序）

　　王建宝　　　　　王　格　　　　朴成镇（韩国）　刘旻娇
　　刘静芳　　　　　李润和（韩国）　吴晓番　　　　陈　焱
　　郑文泉（马来西亚）细沼蔼芳（日本）宫崎诚（日本）
　　祝家华（马来西亚）钱　晟　　　　徐国利　　　　郭美华
　　黄灵芝

总　序

2018年5月19日,由上海财经大学、中国孔子基金会、上海市儒学研究会联合主办,上海财经大学国际儒商高等研究院承办的"儒商教材编写首轮研讨会"在上海财经大学召开,来自国内清华大学、复旦大学、中国人民大学等多所高校,以及日本、韩国、澳大利亚等国家的专家学者及部分企业家出席,会议决定由上海财经大学国际儒商高等研究院组织编写国内首套儒商教材,并对如何编写好教材进行了专题研讨。

哲学有着形而上的思辨形式,更有走向实践深处、改革深处、市场深处的精神自觉。改革开放以来,从物质形态审视,我们已从贫弱、短缺走向世界第二大经济体;从市场精神的向度看,我们已从一般市场精神的培育和体验走向社会主义市场精神的自觉探索和践行。尤其是具有中国风范的当代中国企业家精神,在国际市场竞争中早已露出"尖尖角"。与之相呼应的是,学界出现了当代中国企业家精神的文化个性、儒学与儒商、现代儒商精神等热点论题。毫无疑问,这是国内经济哲学贴近中国叙事的学术深入。

海德格尔说,哲学就是借用一个范畴、一个思想体系来追问一个新时代。本套教材编写围绕着一个范畴——"当代中国企业家精神",来追问中国现代性发育与发展及社会主义市场经济精神诞生史的时代。在从计划经济向有中国特色社会主义市场经济体制转变的过程中,一大批现代中国企业家成长起来,他们中有的从起早摸黑的个体户做起,有的白手起家摸爬滚打,有的砸掉自己的"铁饭碗"跃入商海,有的放弃海外安逸的生活归国创业,有的在国企领导岗位上抓住机遇勇于改革,为中国经济的发展做出了巨大的贡献。人们看到在世界500强榜单中，占据前位的中国企业，年年刷新，中国成为进入世界500强企业最多的国家。我们的成功展示了两个事实：一是在中国特色社会主义市场经济体制下产生了一大批优秀的、成功的企业和企业家；二是中国当代企业家的成长道路证明了，西方新教伦理所催生的资本主义精神并不是当代"企业家精神"的唯一源泉。上述两个事实引出了三个追问：第一，中国当代企业家成功的文化基因是什么？中华优秀传统文化，特别是秉承儒家思想的儒商精神是如何影响中国当代企业家的？第二，如何自觉把握世界历史进程，融会具有中国特色的革命文化、建设文化、先进文化以及世界文化精粹为一体，实现古代儒商精神的现代转化，建构中国当代企业家精神？第三，中国当代企业家精神的特征是什么？如何顺应世界经济发展趋势？回答上述追问，提高企业家的文化自觉和文化自信，正是我们编撰本套教材的目的。

  本套教材基于三种视阈展开阐释空间：其一，理解认知当代中国"企业家精神"的概念、内涵及原理，以知识性、思想性、历史与现实相贯通的分析逻辑，重点解答什么是儒商、儒商精神，什么是企业、企业家、企业家精神，具体阐释当代中国企业家成长历程以及企业家精神之思考，最后诠释企业家精神境界。其二，在本套教材中我们还注意收编了儒家思想关于经济行为价值观的原典、经典论述，并做相应解释。其三，本套教材还收集了大量有关儒商、儒商精神实证分析的案例，从可感的、经验的、历史叙事的方法论角度，把历史上儒商伦理与具体商业实务相结合，充分显示知与行相互统一的特征，从而最大化地呈现出儒商案例分析的历史档案。总之，本套教材以当代中国"企业家精神"原理、儒学原典、儒商案例以及对古代儒商精神形成的历史发展脉络等方面的研究为底色，描绘出中国传统儒商精神的特征、实质以及现代转化的历史图像，并通过对中西方文化的比较研究，建构了具有中国特色的中国当代"企业家精神"。这种中国版MBA式的商业伦理教材，既是中国的，又是世界的，这种内容的探索仅仅是我们迈出的第一步。

未来我们还将进一步,有规划地推出新的教材成果。该系列教材的编著将持开放式态度,主要表现在:

第一,作者是开放的。作者既要有国内学者,又要动员国际学者积极参与,目前日本等国家的学者已经在做准备。为了使这套教材不仅具有理论性,更具有实践性,我们已经并将继续容纳理论家和实业家,他们中间有经济哲学专业教授、专家、国内知名学者,也有在市场上成功实践的实业家,还有国外大学教育与企业经营兼顾的成功人士。

第二,内容是开放的,是与现实实践紧密结合的。本套教材编撰的目的之一,是要探索中国版"企业家精神"的学术定位,我们要系统梳理历史上的儒商精神,但我们的目的不是停留在过去,而是要追寻今天活跃在960万平方公里中国大地上的那些生龙活虎的、一代代传承的企业家的心智历程,为企业家建立健康价值观和经营观提供一系列可供学习和阅读的读本。他们以及他们的企业代表着中国特色社会主义市场经济的市场精神,追寻他们的风范,讨论他们所追求的精神目标,正是我们这套教材构成的质料因所在;从传统走向现实,从历史的积极性走到当代中国"企业家精神"的显现,正是我们编写本套教材的宗旨。因此,从这一点上说,它也是开放的,这里我们将吸纳很多知名的、经典的、成熟的人士的现有著作和论文的思考,在此基础上,打开思维空间,借助学科交叉研究的特色,展示出中国精神、商业文化与商业伦理相契合的教材风格。当然,这仅仅是一个初步的尝试,效果如何,等待着专家学者及企业家的批评、匡正,使我们再把思考的问题、研究的空间、探索的触角不断放大,不断引向更深入的界面。

本套教材的编撰工作显然刚刚起步,作为一个交叉性的跨学科的思考,存在的问题在所难免,但是我们毕竟向中国精神、中国文化、中国符号的认知方向迈出了很重要的一步。正是在这个意义上,我们期待着读者的理解和宽容,使得我们有信心继续朝着这条学术道路走下去。相信今后随着内容、资料以及研究角度的不断丰富,对这一问题的研究,将会结出更多的学术硕果,这也正是哲学社会科学成果如何孵化出当代"中国企业家精神"的积极探索。希望本套教材能够成为企业家、学者、学生们关注和研究当代"中国企业家精神"问题的心头之爱。

张 雄
上海财经大学国际儒商高等研究院
2023 年 1 月

编者说明

1. 本书为儒商教材的配套读本,主要选取《四书》《近思录》《传习录》中有关儒家精神的文本,就难以理解处略加注释,再辅以白话译文和文本评析,以便读者理解。

2. 本教材所说儒商,并非传统"士农工商"四民序列意义上的商,而是立基于现代社会规范之上的商。之所以冠以"儒商"之名,一乃重新发掘儒商之积极意蕴,二乃展现儒家思想在现代社会之新发展。

3. 儒家精神,是传统精神的主流,其中最为重要的便是修齐治平。本书的结构安排便从内向外,从修身开始,向外扩充。

4. 在编写过程中,主要参考了金良年先生的《朱子四书章句今译》(上海古籍出版社2006年版)以及陈荣捷先生的《〈近思录〉详注集评》(华东师范大学出版社2007年版)以及《王阳明〈传习录〉详注集评》(华东师范大学出版社2009年版)。

目 录

第一编 内 省

一、立志　　　　　　　　　　　　　　　　3

　　(一)《四书》　　　　　　　　　　　……3
　　(二)《近思录》　　　　　　　　　　……18
　　(三)《传习录》　　　　　　　　　　……24

二、怀德　　　　　　　　　　　　　　　　31

　　(一)《四书》　　　　　　　　　　　……31
　　(二)《近思录》　　　　　　　　　　……42
　　(三)《传习录》　　　　　　　　　　……47

三、格致　　　　　　　　　　　　　　　　51

　　(一)《四书》　　　　　　　　　　　……51
　　(二)《近思录》　　　　　　　　　　……58
　　(三)《传习录》　　　　　　　　　　……65

四、存养　　　　　　　　　　　　　　　　75

　　(一)《四书》　　　　　　　　　　　……75
　　(二)《近思录》　　　　　　　　　　……99
　　(三)《传习录》　　　　　　　　　　……104

五、克治   113

    （一）《四书》 ……113
    （二）《近思录》 ……124
    （三）《传习录》 ……129

六、警戒   138

    （一）《四书》 ……138
    （二）《近思录》 ……152
    （三）《传习录》 ……156

第二编　事　功

一、义利   165

    （一）《四书》 ……165
    （二）《近思录》 ……181
    （三）《传习录》 ……185

二、群己   187

    （一）《四书》 ……187
    （二）《近思录》 ……202
    （三）《传习录》 ……206

三、出处   210

    （一）《四书》 ……210
    （二）《近思录》 ……226
    （三）《传习录》 ……229

四、治法   231

    （一）《四书》 ……231
    （二）《近思录》 ……246
    （三）《传习录》 ……250

五、政事   257

    （一）《四书》 ……257
    （二）《近思录》 ……272
    （三）《传习录》 ……275

六、天下   280

    （一）《四书》 ……280
    （二）《近思录》 ……294
    （三）《传习录》 ……298

第三编　境　界

一、君子   307

    （一）《四书》 ……307
    （二）《近思录》 ……327
    （三）《传习录》 ……333

二、圣人   344

    （一）《四书》 ……344
    （二）《近思录》 ……359
    （三）《传习录》 ……366

第一编

内省

一、立 志

(一)《四书》

1. 大学

第一章

大学之道,在明明德,在亲民,在止于至善。①知止而后有定,定而后能静,静而后能安,安而后能虑,虑而后能得。②

注释

①程子曰:"亲,当作新。"朱子章句:大学者,大人之学也。明,明之也。明德者,人之所得乎天,而虚灵不昧,所具众理而应万事者也。但为气禀所拘,人欲所蔽,则有时而昏;然其本体之明,则有未尝息者。故学者当因其所发而遂明之,以复其初也。新者,革其旧之谓也,言既自明其明德,又当推以及人,使之亦有以去其旧染之污也。止者,必至于是而不迁之意。至善,则事理当然之极也。言明明德、新民,皆当止于至善之地而不迁。盖必其有以尽夫天理之极,而无一毫人欲之私也。此三者,大学之纲领也。

②朱子章句:止者,所当止之地,即至善之所在也。知之,则志有定向。静,谓心不妄动。安,谓所处而安。虑,谓处事精详。得,谓得其所止。

译文

大学的宗旨,在于彰明内心的光明之德,在于使民众自新,在于达到至善的境界而不动摇。知道了该达到的境界才能确定志向,志向确定了才能心意宁静,心意宁静才能随处而安,随处而安才能虑事周详,虑事周详才能达到至善。

评析

这里所展示的,是儒学三纲八目的追求。所谓三纲,是指明德、新民、止于至善。它既是《大学》的纲领旨趣,也是儒学"垂世立教"的目标所在。所谓八目,是指格物、致知、诚意、正心、修身、齐家、治国、平天下。它既是为达到"三纲"而设计的条目工夫,也是儒学为我们所展示的人生进修阶梯。纵览四书五经可以发现,儒家的全部学说实际上都是循着这三纲八目而展开的。中国古代的儒生学者,学习的目的就是培养良好品德。要拥有良好品德首先要树立自己的信念,也就是立志,有了坚定的信念,我们做事时就不会迷惘,不会失去方向,就能够更顺利地达到理想的彼岸,也就更能够经得起挫折。

2. 中庸

子曰:"故君子和而不流,强哉矫!中立而不倚,强哉矫!国有道,不变塞焉,强哉矫!国无道,至死不变,强哉矫!"①

注释

①朱子章句:此四者,汝之所当强也。矫,强貌,《诗》曰"矫矫虎臣"是也。倚,偏著也。塞,未达也。国有道,不变未达之所守;国无道,不变平生之所守也。此则所谓中庸之不可能者,非有以自胜其人欲之私,不能择而守也。君子之强,孰大于是?夫子以是告子路者,所以抑其血气之刚,而进之以德义之勇也。

译文

孔子说:"所以,君子和顺而不迁就,这才是真正的强;中立而不偏倚,这才是真正的强。国家有道,不放弃穷困时的操守,这才是真正的强。国家无道,至死不改变志向,这才是真正的强。"

评析

立定中道而不偏不倚,这才是真正的志。在国家有道需要人才的时候,他出来做事,但并不因为做大事而忘本,而是坚守自己过去处于陋巷时的美好情操和远大理想;如果国家无道、满地是小人,则宁死不变节。通过回答子路问"强",孔子道出君子之强,其中的关键是"和而不流,中立而不倚,国有道不变塞,国无道至死不变"。"和而不流"是态度,不是一团和气,而是要保持自己的理念。"中立",不偏不倚,并不是强,而是有原则。《中庸》第十章说明,真正的强不在体力,而在精神力量。精神力量的强大体现为坚持自己的信念不动摇,一旦立下高远志向,那么无论周围环境如何变化也绝不中途放弃。

第二十章

博学之,审问之,慎思之,明辨之,笃行之。①有弗学,学之弗能弗措也;有弗问,问之弗知弗措也;有弗思,思之弗得弗措也;有弗辨,辨之弗明弗措也;有弗行,行之弗笃弗措也。人一能之,己百之;人十能之,己千之。②果能此道矣,虽愚必明,虽柔必强。③

注释

①此"诚之"之目的。学、问、思、辨,所以择善而为知,学而知也。笃行,所以固执而为仁,利而行也。程子曰:"五者废其一,非学也。"

②君子之学,不为则已,为则必要其成,故常百倍其功。此困而知、勉而行者也,勇之事也。

③明者,择善之功。强者,固执之效。吕氏曰:"君子所以学者,为能变化气质而已。德胜气质,则愚者可进于明,柔者可进于强。不能胜之,则虽有志于学,亦愚不能明,柔不能立而已矣。盖均善而无恶者,性也,人所同也;昏明强弱之禀不齐者,才也,人所异也。诚之者,所以反其同而变其异也。夫以不美之质,求变而美,非百倍其功,不足以致之。今以卤莽灭裂之学,或作或辍,以变其不美之质,及不能变,则曰天质不美,非学所能变。是

果于自弃,其为不仁甚矣!"

译文

广泛地学习,详细地求教,缜密地思考,明晰地辨别,切实地实行。除非不学,学不会就不停止;除非不问,问不懂就不停止;除非不想,想不出结果就不停止;除非不分辨,分辨得不明晰就不停止;除非不实行,实行得不切实就不停止。他人用一分功夫能办到的,自己就用一百倍功夫;他人花十倍精力能办到的,自己就用一千倍精力。果真能这样做了,即使是愚昧的人也一定会聪明,即使是软弱的人也一定会刚强。

评析

这一章由前面的"诚"引出天道和人道。天道就是诚,即真实无妄。圣人和天道同一,是自然之诚。圣人不用勉力,不用思考,就可以从容达到中庸。而人道往往不诚,必须经过自反,关键在于"择善而固执",即紧紧抓住一个"善"字。善当然包括仁、义、礼、智四德。一般人,也就是学知、困知、利行、勉行之人,在学习时要注意学、问、思、辨、行这些学习环节和原则。学要能够掌握,否则不停止。自己不知的要问别人,没有问明白不停止。当然还要反复问辨,没有明确答案就不停止。弄明白了,还要实行,不做到扎扎实实就不停止。用比别人百倍的力量去做,即使愚蠢、柔弱,也会明智,也会坚强起来。强调学习必须靠毅力来完成。后来《荀子·劝学》里的名言"锲而舍之,朽木不折;锲而不舍,金石可镂"正是这种"人一能之,己百之;人十能之,己千之"的精神。学、问、思、辨、行,是历史上著名的学习原则和方法,也是为人为学之大志,古今通用。

3. 论语

公冶长第五

颜渊、季路侍。子曰:"盍各言尔志?"[①]子路曰:"愿车马、衣轻裘,与朋友共,敝之而无憾。"[②]颜渊曰:"愿无伐善,无施劳。"[③]子路曰:"愿闻子之志。"子曰:"老者安之,朋友信之,少者怀之。"④

注释

①盍,音合。朱子章句:盍,何不也。

②衣,去声。朱子章句:衣,服之也。裘,皮服。敝,坏也。憾,恨也。

③伐,夸也。善,谓有能。施,亦张大之意。劳,谓有功,《易》曰"不劳而伐"是也。或曰:"劳,劳事也。劳事非己所欲,故亦不欲施之于人。"亦通。

④老者养之以安,朋友与之以信,少者怀之以恩。一说:安之,安我也;信之,信我也;怀之,怀我也。亦通。

朱子章句:程子曰:"夫子安仁,颜渊不违仁,子路求仁。"又曰:"子路、颜渊、孔子之志,皆与物共者也,但有大小之差尔。"又曰:"子路勇于义者,观其志,岂可以势利拘之哉?亚于浴沂者也。颜子不自私己,故无伐善;知同于人,故无施劳。其志可谓大矣,然未免出于有意也。至于夫子,则如天地之化工,付与万物而己不劳焉,此圣人之所为也。今夫羁靮以御马而不以制牛,人皆知羁靮之作在乎人,而不知羁靮之生由于马。圣人之化,亦犹是也。先观二子之言,后观圣人之言,分明天地气象。凡看《论语》,非但欲理会文字,须要识得圣贤气象。"

译文

颜回、子路随侍孔子。孔子说:"何不各自谈谈自己的志向。"子路说:"我愿把车马、衣裘与朋友共享,用坏了不遗憾。"颜回说:"我希望不夸耀长处,不表白劳绩。"子路说:"愿听到老师的志向。"孔子说:"老者给予他们安抚,朋友给予他们信任,晚辈给予他们关怀。"

评析

这三人的志向各有不同,概括起来,可以说子路的志向是"义者之志",颜回的志向是"谦者之志",而孔子的志向则是"仁者之志"。他们的志向,既有相同点,又有不同点。相同之处在于,三人的志向都是积极向善、有益于社会大众的高尚志向;不同之处在于,三人的志向有高低深浅之分。子路性情豪爽，讲义气。从他的言谈中不难看出，他热衷于帮助别人，愿与朋友分享财富。但是，拿他的志向与颜回、孔子相比，我们会发现，他的修为尚处在"舍物"层面。也就是说，他能与朋友分享的财富乃是身外之物。而颜回的修养显然要比子路深，他已经摆脱了身外之物的束缚，进入内在心志的修养上，到达"舍己"层次。孔子曾说过，"克己复礼为仁"，可见颜回的感悟修养比子路要深。志向最高远的是孔子。仔细品味孔子的话，我们就会发现，他的修养已经超越了"外物"和"自我"两个层面，达到了泛爱无私的仁道境界。他的目光既没有关注外在的一切事物，也没有关注个人的得失，而是落在对社会大众的关怀上。这种情感，就像阳光雨露，温暖和滋润着世间万物，而不求一点回报，这就是"仁"。所以我们说，孔子之志乃是"仁者之志"，孔子志向之高远、修养之深湛，是子路、颜回远远不及的。

子罕第九

子曰："三军可夺帅也，匹夫不可夺志也。"①

注释

①侯氏曰："三军之勇在人，匹夫之志在己。故帅可夺而志不可夺，如可夺，则亦不足谓之志矣。"

译文

孔子说："三军能被夺去统帅，普通百姓却不能迫使他改变志向。"

评析

长平之战，廉颇坚守不出，秦王派人去离间赵王和廉颇，赵王中计，派赵括代替廉颇，导致大败。这是"三军可夺帅也"。严颜宁死不屈，面不改色，"但有断头将军，无有降将军"。这是"匹夫不可夺志也"。这是孔子在表述，即使是一个普通人，也是要有坚定志向的。要改变一个人的坚定意志，是非常困难的。

先进第十一

子路、曾皙、冉有、公西华侍坐。①子曰："以吾一日长乎尔，毋吾以也。②居则曰:'不吾知也!'如或知尔,则何以哉?"③子路率尔而对曰:"千乘之国,摄乎大国之间,加之以师旅,因之以饥馑;由也为之,比及三年,可使有勇,且知方也。"夫子哂之。④"求!尔何如?"对曰:"方六七十,如五六十,求也为之,比及三年,可使足民。如其礼乐,以俟君子。"⑤"赤!尔何如?"对曰:"非曰能之,愿学焉。宗庙之事,如会同,端章甫,愿为小相焉。"⑥"点,尔何如?"鼓瑟希,铿尔,舍瑟而作,对曰:"异乎三子者之撰。"子曰:"何伤乎?亦各言其志也。"曰:"暮春者,春服既成,冠者五六人,童子六七人,浴乎沂,风乎舞雩,咏而归。"夫子喟然叹曰:"吾与点也!"⑦三子者出,曾皙后。曾皙曰:"夫三子者之言何如?"子曰:"亦各言其志也已矣。"⑧曰:"夫子何哂由也?"⑨曰:"为国以礼,其言不让,是故哂之。"⑩"唯求则非邦也与?""安见方六七十如五六十而非邦也者?"⑪"唯赤则非邦也与?""宗庙会同,非诸侯而何?赤也为之小,孰能为之大?"⑫

注释

①坐,才卧反。朱子章句:皙,曾参父,名点。

②长,上声。朱子章句:言我虽年少长于女,然女勿以我长而难言。盖诱之尽言以观其志,而圣人和气谦德,于此亦可见矣。

③言女平居,则言人不知我。如或有人知汝,则汝将何以为用也?

④乘,去声。饥,音机。馑,音仅。比,必二反,下同。哂,诗忍反。朱子章句:率尔,轻遽之貌。摄,管束也。二千五百人为师,五百人为旅。因,仍也。谷不熟曰饥,菜不熟曰馑。方,向也,谓向义也。民向义,则能亲其上、死其长矣。哂,微笑也。

⑤"求,尔何如?"孔子问也,下放此。方六七十里,小国也。如,犹或也。五六十里,则又小矣。足,富足也。俟君子,言非己所能。冉有谦退,又以子路见哂,故其词益逊。

⑥相,去声。朱子章句:公西华志于礼乐之事,嫌以君子自居。故将言己志而先为逊词,言未能而愿学也。宗庙之事,谓祭祀。诸侯时见曰会,众颙眺曰同。端,元端服。章甫,礼冠相,赞君之礼者。言"小",亦谦辞。

⑦铿,苦耕反。舍,上声。撰,士免反。莫、冠,并去声。沂,鱼依反。

雩,音于。朱子章句:四子侍坐,以齿为序,则点当次对。以方鼓瑟,故孔子先问求、赤而后及点也。希,间歇也。作,起也。撰,具也。莫春,和煦之时。春服,单袷之衣。浴,盥濯也。今上巳祓除是也。沂,水名,在鲁城南,地志以为有温泉焉,理或然也。风,乘凉也。舞雩,祭天祷雨之处,有坛墠树木也。咏,歌也。曾点之学,盖有以见夫人欲尽处,天理流行,随处充满,无少欠缺。故其动静之际,从容如此。而其言志,则又不过即其所居之位,乐其日用之常,初无舍己为人之意。而其胸次悠然,直与天地万物上下同流,各得其所之妙,隐然自见于言外。视三子规规于事为之末者,气象不侔矣,故夫子叹息而深许之。而门人记其本末独加详焉,盖亦有以识此矣。

⑧夫,音扶。

⑨点以子路之志,乃所优为,而夫子哂之,故请其说。

⑩夫子盖许其能,特哂其不逊。

⑪与,平声,下同。朱子章句:曾点以冉求亦欲为国而不见哂,故微问之。而夫子之答无贬词,盖亦许之。

⑫此亦曾晢问而夫子答也。孰能为之大,言无能出其右者,亦许之之词。朱子章句:程子曰:"古之学者,优柔厌饫,有先后之序。如子路、冉有、公西赤言志如此,夫子许之。亦以此自是实事。后之学者好高,如人游心千里之外,然自身却只在此。"又曰:"孔子与点,盖与圣人之志同,便是尧、舜气象也。诚异三子者之撰,特行有不掩焉耳,此所谓狂也。子路等所见者小,子路只为不达为国以礼道理,是以哂之。若达,却便是这气象也。"又曰:"三子皆欲得国而治之,故孔子不取。曾点,狂者也,未必能为圣人之事,而能知夫子之志。故曰浴乎沂,风乎舞雩,咏而归,言乐而得其所也。孔子之志,在于老者安之,朋友信之,少者怀之,使万物莫不遂其性。曾点知之,故孔子喟然叹曰:'吾与点也。'"又曰:"曾点、漆雕开,已见大意。"

译文

子路、曾晢、冉有、公西华随从孔子坐着,孔子说:"虽然我的年岁稍长些,但你们不要拘束。往常你们常说'没人了解我',如果有人了解你们,你们打算干什么呢?"子路轻巧地答道:"千乘兵车的国家,处在大国的中间,外有兵戈相加,内有饥荒相困,让我来治理,只需三年,能使他们勇敢,并懂得道理。"孔子微微一笑。孔子说:"求,你怎么样啊?"冉有答道:"方圆六七十里,或者五六十里的地方,让我来治理,只需三年,能使民众富有。至于礼乐教化,就有待君子了。"孔子说:"赤,你怎么样啊?"公西华答道:"并非有能力,但愿意学习。宗庙祭祀,或与别国会盟,我愿意穿着礼服,担任小小的司仪。"孔子说:"点,你怎么样啊?"曾皙鼓瑟略微放慢了节奏,铿的一声放下瑟站起身来,答道:"我和他们三位的想法不同。"孔子说:"这有什么关系呢?不过各人谈论自己的志向而已。"曾皙说:"暮春三月,已经穿上了春装,邀上五六个成年人、六七个小孩子,在沂水里沐浴,到雩台上乘凉,唱着歌回来。"孔子叹息着说道:"我赞同点啊!"其他三人退出去了,曾皙后走。曾皙说:"他们三位的话怎么样啊?"孔子说:"不过是各人谈论自己的志向而已。"曾皙说:"夫子为何哂笑仲由呢?"孔子说:"治理国家凭借礼仪,他的话毫不谦让,所以我哂笑他。"曾皙说:"冉求所说的就不是国家吗?"孔子说:"怎么见得方圆六七十里或者五六十里的地方就不是国家呢?"曾皙说:"公西赤所说的就不是国家吗?"孔子说:"宗庙、会盟,不是诸侯是什么?赤只做个小小的司仪,谁能担任大的职事呢?"

评析

这一章是整部《论语》中较长的一章,集中谈论的是师徒五人的愿望。有述有评,人物个性鲜明,画中有画,很值得细细品味。本章的中心议题是"各言其志",是谈个人志向的。总起来说,子路、冉有、公西华三人属"事功"的,着眼于现实的家国治理,建功立业;孔子和曾皙师徒属"志道"的,着眼于对真理的追求、人格性情的养成和人才的培育。在孔子看来,人的志向追求就应当各不相同,每个人达成志向、实现理想的方式也各不相同,这都是由各人的资质、性格、经历和社会需要等因素决定的,各人各不相同,应相互尊重。

卫灵公第十五

子曰:"志士仁人,无求生以害仁,有杀身以成仁。"[1]

注释

①志士,有志之士。仁人,则成德之人也。理当死而求生,则于其心有不安矣,是害其心之德也。当死而死,则心安而德全矣。

朱子章句:

程子曰:"实理得之于心自别。实理者,实见得是,实见得非也。古人有捐躯殒命者,若不实见得,恶能如此?须是实是得生不重于义,生不安于死也。故有杀身以成仁者,只是成就一个是而已。"

译文

孔子说:"志士仁人没有为了求生而损害仁的,只有牺牲自身来成全仁的。"

评析

君子之行于天下也,无适也,无莫也,义与之比。小人心中考虑的是自己,所以要抛弃道义来保全自己的生命,志士仁人心中装的是道义,所以为了维护道义,宁愿舍弃自己的生命。

4. 孟子

公孙丑上

夫志,气之帅也;气,体之充也。夫志至焉,气次焉。故曰:"持其志,无暴其气。"①

注释

①朱子章句:若论其极,则志固心之所之,而为气之将帅;然气亦人之所以充满于身,而为志之卒徒者也。故志固为至极,而气即次之。人固当敬守其志,然亦不可不致养其气。盖其内外本末,交相培养。此则孟子之心所以未尝必其不动,而自然不动之大略也。

译文

孟子说,志是气的主导,气则充盈于体内。志达到了什么境界,气也会到达那种境界,所以说,要坚定自己的志,不要滥用自己的气。

评析

"志",志向,是心之思考与追求,从而形成的主导思想。如今讲信仰,讲主义,讲三观,都是志。志有大小之分。宏观地看,文化多元,志亦多种。具体地说,人各有志,志同道合方为同志。"志"是人体的统帅,"气"则受其支配。心志指向哪里,身体能量和动力便会跟随到哪里。孟子告诫:要持守、坚定心志,不要放任、滥用身体能量和动力。心志专一,就能调动身体能量和动力;身体能量和动力凝聚,也会触动心志。

滕文公下

景春曰:"公孙衍、张仪岂不诚大丈夫哉?一怒而诸侯惧,安居而天下熄。"①孟子曰:"是焉得为大丈夫乎?子未学礼乎?丈夫之冠也,父命之。女子之嫁也,母命之,往送之门,戒之曰:'往之女家,必敬必戒,无违夫子!'以顺为正者,妾妇之道也。②居天下之广居,立天下之正位,行天下之大道。得志与民由之,不得志独行其道。富贵不能淫,贫贱不能移,威武不能屈。此之谓大丈夫。"③

注释

①景春,人姓名。公孙衍、张仪,皆魏人。怒则说诸侯使相攻伐,故诸侯惧也。

②焉,于虔反。冠,去声。女家之女,音汝。朱子章句:加冠于首曰冠。女家,夫家也。妇人内夫家,以嫁为归也。夫子,夫也。女子从人,以顺为正道也。盖言二子阿谀苟容,窃取权势,乃妾妇顺从之道耳,非丈夫之事也。

③广居,仁也。正位,礼也。大道,义也。与民由之,推其所得于人也。独行其道,守其所得于己也。淫,荡其心也。移,变其节也。屈,挫其志也。朱子章句:何叔京曰:"战国之时,圣贤道否,天下不复见其德业之盛。但见

奸巧之徒,得志横行,气焰可畏,遂以为大丈夫。不知由君子观之,是乃妾妇之道耳,何足道哉!"

译文

景春说:"公孙衍、张仪难道不确实是大丈夫吗?一发怒,诸侯就害怕;安居无事,天下就没有冲突。"孟子说:"这怎么能算是大丈夫呢?你没有学礼吗?男子行冠礼时,父亲训导他;女子出嫁时,母亲训导她,亲自送到门口,告诫她说:'到了你的夫家,必须恭敬,必须谨慎,不要违抗丈夫。'以顺从作为准则,是为人之妻的道理。居住在天下最广大的居所里,站立在天下最正大的位置上,行走在天下最广阔的大道上,能实现志向就与民众一起去实现,不能实现志向就独自施行自己的原则,富贵无法诱惑,贫贱无法动摇,威武无法逼迫,这才叫作大丈夫。"

评析

这一段是孟子批驳景春关于大丈夫的错误言论的。孟子的说法含蓄而幽默,只是通过言"礼"来说明女子出嫁时母亲的嘱咐,由此得出"以顺为正者,妾妇之道也"。这里值得我们注意的是,古人认为,妻道如臣道。臣对于君,当然也应该顺从,但顺从的原则是以正义为标准,如果君行不义,臣就应该劝谏。妻子对丈夫也是这样,妻子固然应当顺从丈夫,但是,夫君有过,妻也就当劝说补正。应该是"和而不同"。紧接着孟子针锋相对地提出真正的大丈夫之道,也就是他那流传千古的名言:"富贵不能淫,贫贱不能移,威武不能屈。"这是大丈夫立志后,无论能否实现志向,都应秉持的原则。

告子上

公都子问曰:"钧是人也,或为大人,或为小人,何也?"孟子曰:"从其大体为大人,从其小体为小人。"[①]曰:"钧是人也,或从其大体,或从其小体,何也?"曰:"耳目之官不思,而蔽于物,物交物,则引之而已矣。心之官则思,思则得之,不思则不得也。此天之所与我者,先立乎其大者,则其小者弗能夺也。此为大人而已矣。"[②]

注释

①钧,同也。从,随从也。大体,心也。小体,耳目之类也。

②官之为言司也。耳司听,目司视,各有所职而不能思,是以蔽于外物。既不能思而蔽于外物,则亦一物而已。又以外物交于此物,其引之而去不难矣。心则能思,而以思为职。凡事物之来,心得其职,则得其理,而物不能蔽;失其职,则不得其理,而物来蔽之。此三者,皆天之所以与我者,而心为大。若能有以立之,则事无不思,而耳目之欲不能夺之矣。此所以为大人也。然此天之此,旧本多作比,而赵《注》亦以比方释之。今本既多作此,而注亦作此,乃未详孰是。但作比字,于义为短,故且从今本云。

朱子章句:

范浚《心箴》曰:"茫茫堪舆,俯仰无垠。人于其间,眇然有身。是身之微,太仓稊米。参为三才,曰惟心耳。往古来今,孰无此心? 心为形役,乃兽乃禽。惟口耳目,手足动静。投间抵隙,为厥心病。一心之微,众欲攻之。其所存者,呜呼几希! 君子存诚,克念克敬。天君泰然,百体从令。"

译文

公都子问道:"同样是人,有的成为君子,有的成为小人,为什么呢?"孟子说:"顺从大体的成为君子,顺从小体的成为小人。"公都子说:"同样是人,有的顺从大体,有的顺从小体,为什么呢?"孟子说:"耳朵、眼睛的官能是不思考的,所以为事物所蒙蔽,它们与事物相接触只是受到诱导罢了。心的官能是思考,思考便有所得,不思考便无所得。这是上天赋予我们的。先确立主要的东西,次要的东西就无法与它争夺了,之所以成为君子仅此而已。"

评析

单就本章内容来看,其中最突出的仍然是对心的重视,所谓"心之官则思"成为后世的名言,"思则得之,不思则不得"更是强调了思考对人的重要性。耳目等感官由于不会思考,所以容易为外物所蒙蔽,心由于会思考,所以不容易为外物所蒙蔽。所以,只要"先立乎其大者",把心树立起来了,"则其小者不能夺也",其他次要的部分,比如耳目等感官就不会被外物所夺、所蒙蔽了。所以,我们要树立好人生的主要目标与志向,坚定志向才不容易被外物所蒙蔽。

告子下

孟子曰:"舜发于畎亩之中,傅说举于版筑之间,胶鬲举于鱼盐之中,管夷吾举于士,孙叔敖举于海,百里奚举于市。① 故天将降大任于是人也,必先苦其心志,劳其筋骨,饿其体肤,空乏其身,行拂乱其所为,所以动心忍性,曾益其所不能。② 人恒过,然后能改;困于心,衡于虑,而后作;征于色,发于声,而后喻。③ 入则无法家拂士,出则无敌国外患者,国恒亡。④ 然后知生于忧患而死于安乐也。"⑤

注释

①说,音悦。朱子章句:舜耕历山,三十登庸。说筑傅岩,武丁举之。胶鬲遭乱,鬻贩鱼盐,文王举之。管仲囚于士官,威公举以相国。孙叔敖隐处海滨,楚庄王举之为令尹。百里奚事见前篇。

②曾与增同。朱子章句:降大任,使之任大事也,若舜以下是也。空,穷也。乏,绝也。拂,戾也,言使之所为不遂,多背戾也。动心忍性,谓竦动其心,坚忍其性也。然所谓性,亦指气禀食色而言耳。程子曰:"若要熟,也须从这里过。"

③衡与横同。朱子章句:恒,常也。犹言大率也。横,不顺也。作,奋起也。征,验也。喻,晓也。此又言中人之性,常必有过,然后能改。盖不能谨于平日,故必事势穷蹙,以至困于心、横于虑,然后能奋发而兴起;不能烛于几微,故必事理暴著,以至验于人之色,发于人之声,然后能警悟而通晓也。

④拂与弼同。朱子章句:此言国亦然也。法家,法度之世臣也。拂士,辅拂之贤士也。

⑤乐,音洛。朱子章句:以上文观之,则知人之生全,出于忧患,而死亡由于安乐矣。尹氏曰:"言困穷拂郁,能坚人立志,而熟人之仁以安乐失之者多矣。"

译文

孟子说:"舜兴起于农田之中,傅说举用于夯土筑墙之中,胶鬲举用于贩卖鱼盐之中,管仲举用于狱中,孙叔敖举用于海滨,百里奚举用于集市。因此,上天将把重任降临给这些人,必定先磨砺他们的心志,劳累他们的筋骨,饥饿他们的肌体,空乏他们的身子,一有行动就阻挠、扰乱他们的行为,以此来触动他们的内心、坚韧他们的性格,增加他们所不具备的能力。人们常常有了过错才去改正,内心困穷、思虑阻塞才有所奋发,显现于形貌、流露于谈吐,才能领悟。内没有严明的世臣、诤谏的士人,外没有抗衡的国家、外在的忧患,国家常常会灭亡,由此可知,在忧患中生存而在安乐中死亡。"

评析

一个人要成就大事,一定要经历许多艰难困苦的磨炼,只有经历艰难困苦,经风雨,见世面,才能锻炼意志,增长才干,担当大任。安逸享乐,在温室里成长,则不能养成克服困难、摆脱逆境的能力,会在困难面前束手无策,遇挫折、逆境则消沉绝望,往往导致灭亡。所以他得出结论:"生于忧患而死于安乐。"借用尼采的话,是要求我们"去同时面对人类最大的痛苦和最高的希望"(《快乐的科学》)。因为,痛苦与希望本来就同在。

尽心上

流水之为物也,不盈科不行;君子之志于道也,不成章不达。①

注释

①言学当以渐,乃能至也。成章,所积者厚,而文章外见也。达者,足于此而通于彼也。朱子章句:此章言圣人之道大而有本,学之者必以其渐,乃能至也。

译文

水流这种东西,不流满洼地不再向前;君子所志向的大道,不到一定的程度不能通达。

评析

此处以流水喻君子的志向、目标，是需要以逐渐的积累、不断的努力来达成的，就像流水只有充满前进道路上的沟壑才能不断前行。

(二)《近思录》

卷八　治国平天下之道(凡二十五条)第三条

伊川先生①曰：当世之务，所尤先者有三。一曰立志，二曰责任，三曰求贤。今虽纳嘉谋，陈善算，非君志先立，其能听而用之乎？君欲用之，非责任宰辅，其孰承而行之乎？君相协心，非贤者任职，其能施于天下乎？此三者本也，制于事者用也。三者之中，复以立志为本。所谓立志者，至诚一心，以道自任，以圣人之训为可必信，先王之治为可必行。不狃滞于近规②，不迁惑于众口。必期致天下如三代③之世也。④

至之⑤问：程先生当初进说，只以"圣人之说为可必信，先王之道为可必行。不狃滞于近规，不迁怒于众口。必期致天下如三代之世"，何也？朱子曰：也不得不恁地说。如今说与学者，也只得教他依圣人言语恁地做去，待他就里面做工夫有见处，便自知得圣人底是确然恁地。(《语类》卷九十三，第七十三条，页三七四七/二三六〇至二三六一)

注释

①伊川名颐，字正叔(一〇三三——一一〇七)，颢之弟。年十八，游太学。胡瑗(九九三——一〇五九)试诸生以颜子所好何学，得颐论，大惊。延见，授以学职。同学吕希哲(约一〇三六—约一一一四)即以师礼事之。大臣屡荐，皆不起。寻召赴阙，擢崇政殿说书，在任一年八个月。每进讲必宿斋豫戒。劝诫主上甚严。士人归其门者极众。与苏轼(一〇三七——一一〇一)不和，遂分洛蜀两党。出管勾西京国子监。后以党论落职，窜四川涪州。四方学者犹相从不舍。复宣议郎致仕。年七十五卒于家。颐不重著述，唯求义

理。著《易传》四卷,以义理释易。学者称伊川先生,其学称洛学,以其来自河南伊川与久居洛阳也。

②"近规",近臣规谏。佐藤一斋《近思录栏外书》卷八,"伊川"条,误解作"近世规则"。"近规"出自《国语》卷一《周语上》页五上之"近臣尽规"。

③夏,商,周。

④此为治平二年(一〇六五)伊川三十三岁代父应诏上书之一部。书中所陈,皆未见施行。

⑤至之,杨至之字,朱子门人。录《语类》约四十条,问答约五十则。

译文

程颐先生说:当世之事,尤其应该率先做好的有三项:第一是立志,第二是责任,第三是求贤。尽管有人献上好的策略,陈述好的计划,如果君主不先立志,他能听从并采用吗?君主想采用,而不责成专任于宰辅大臣,那谁来接受去施行呢?国君大臣齐心协力,没有贤者在下任职,那么能够推广于天下吗?这三项是治国根本,至于具体临事裁决,那只是具体实用。这三者之中,又以立志为根本。立志,就是至诚一心,以实行圣人之道为己任,以圣人之教导为必定可信,以先王之治法为必定可行,不被近世的规则习俗约束,不被众说纷纭所迷惑,而坚定地以使天下达到上古三代之治为目的。

评析

这是针对君主所说,要想治理好国家,须以立志为根本,只有君主先立志,才能采用好的策略,任用好的臣子,从而君臣齐心协力治理好天下。

卷八　治国平天下之道(凡二十五条)第五条

古之时,公卿大夫而下,位各称其德。终身居之,得其分也。位未称德,则君举而进之。士修其学,学至而君求之。皆非有预于己也。农工商贾,勤其事而所享有限。故皆有定志,而天下之心可一。后世自庶士至于公卿,日志于尊荣。农工商贾,日志于富侈。亿兆之心,交骛于利。天下纷然。如之何其可一也?欲其不乱难矣!(《易传》卷一,页三十八上,释《履卦》第十之《象传》)

茅星来曰：此以见上下各有定分，但当尽方于其所当为，而不可有慕乎其外之心也。(《集注》卷八，页五下)

译文

古时候，自公卿大夫而下，职位各与其德相称，终身居其职，得其应得之分；职位低而其德高的，国君就会提拔之而进于高的职位。士人修习学业，学成了国君就会求其出仕。这都与个人没有关系。农工商人，勤于他的事务，享受他应得的分限。所以人人全都各有其定志，而天下之心可以统一。后世从庶民士人直至公卿，每天想的是得到尊荣；农工商人，每天想的是能够富贵。亿兆人之心一起追逐名利，天下纷纷，怎么能够统一呢？想要不乱，难呀！

评析

这一条强调了各人居其位、定其志的重要性，上至君主，下至平民，人人在其位而得其应得之分，并且在自己的身份内有坚定的志向，而不是跳出其身份去追名逐利，这样天下之心才可统一。

卷十一　教学之道(凡二十一条)第五条

明道先生[1]曰：忧子弟之轻俊者，只教以经学念书，不得令作文字。子弟凡百玩好皆夺志。至于书札，于儒者事最近，然一向好著，亦自丧志。如王虞颜柳[2]辈，诚为好人则有之，曾见有善书者知道否？平生精力用于此，非惟徒废时日，于道便有妨处，足知丧志也[3]。(《遗书》，卷一，页六上)

张履祥(一六一一——一六七四)曰：教子弟以经学念书，似为末节。然欲收其放心，养以义理，舍是又别无别法。问：如此不见长进，如何而可？曰：教之用心而已。或随事问其义理，或设难令其剖析，或盘诘察其记忆，或见人质其邪正，皆是引其用心之方。(引自茅星来《近思录集注》卷十一，页四上。未详出处)

注释

[1]明道姓程，名颢，字伯淳(一○三二——一○八五)。河南人。历官鄠与

上元等县主簿。视民如伤。置乡民为会社,为立科条。召父老而与之语。儿童所读书,亲为正句读。于为太子允中监察御史里行。其时王安石(一〇二一——〇八六)执法,议更新法。与安石不合,出为判官。迁太常丞,知扶沟县。士子来学。十五六岁时与弟颐从学于周茂叔,遂厌科举之习。出入于释老者近十年,然后反求六经。和粹之气,盎于面背。文彦博(一〇〇六——〇九七)表其墓曰"明道先生"。死后谥曰纯公,改封河南伯。从祀孔庙。

②王羲之(三二一——三七九),字逸少,官右军将军,会稽内史。虞世南(五五八—六三八),字伯施,官弘文馆学士。颜真卿(七〇九—七八五),字清臣,官吏部尚书,谥文忠。柳公权(七七八—八六五),字诚悬,官至散骑常侍。皆善书,尤以王为最。

③《遗书》"文字"以上另为一段。

译文

程颢说:忧虑自己的子弟才智俊快却心志浮泛的,就只教子弟学经念书,不得让他作诗文等。小孩子一切爱好都会改变其学道之志。至于说到书法,是和儒者最贴近的事,然而一走向爱好,也会丧失学道之志。像王羲之、虞世南、颜真卿、柳公权等人,说他们真正是好人则可以,曾见过书法家们哪个深明圣人之道吗?一生的精力全用到这上边,不仅白白浪费时光,对于学道也有损害,就此足以知道书法也会让人丧失学道之志。

评析

此段文字看似是贬低书法作文之事,实际上是教导他人要坚定学道之志,具体而言,即收其放心,养以义理,而不是只醉心于爱好而失去学道之志。

卷七 出处进退辞受之义(凡三十九条)第十三条

君子当困穷之时,既尽其防虑之道而不得免,则命也。当推致其命以遂其志。知命之当然也,则穷塞祸患,不以动其心,行吾义而已。苟不知命,则恐惧于险难,陨获于穷厄,所守亡矣,安能遂其为善之志乎?(《易传》卷四,

页二上,《释困卦第四十七之象传》)

李敬子①问:"致命遂志。"朱子曰:"致命"如《论语》"见危授命②"与"士见危致命③"一般,是送这命与他。自家但遂志循义,都不管生死,不顾身命。犹言致死生于度外也。(《语类》卷七十三,第三条,页二九三二/一八四二)

注释

①敬子,李燔之字。朱子有两门人字敬子,一为傅定,一为李燔(绍熙元年,一一九〇,进士),同为朱子晚年弟子。此敬子指李燔。燔任白鹿洞书院堂长,与朱子高弟黄榦并称"黄李"。
②《论语·宪问第十四》第十三章。
③同上,《子张第十九》第一章。

译文

君子面临穷困的时候,尽力去避免仍然不能免于穷困,那是命中注定了。但君子在逆境中还是应该推究天命以实现其志向。明白了天命之当然,那么任何艰难险阻与祸患都不能动摇其心志,只知道去实践自己的道义罢了。如果不明天命,就会在困难面前退缩,就会在窘迫面前灰心,失去了自己的节操,又怎么能实现为善的志向呢?

评析

此乃孟子所说"生于忧患死于安乐"了,君子应当处于逆境仍不动摇其心志。

卷二　为学大要(凡百十一条)第一条

濂溪先生①曰:圣希天,贤希圣,士希贤。伊尹②颜渊③,大贤也。伊尹耻其君不为尧舜,一夫不得其所,若挞于市④;颜渊"不迁怒不贰过⑤","三月不违仁⑥"。志伊尹之所志,学颜子之所学,过则圣,及则贤,不及则亦不失于令名。(《通书》,第十章)

朱子曰:……"志伊尹之所志,学颜子之所学",此言事希贤也。……"过则圣,及则贤,不及亦不失于令名",三者随其所用之浅深,以为所至之近远。

"不失令名",以其有为善之实也。(《通书注》。《周子全书》卷八,页一四六至一四七)

窦⑦问:"志伊尹之志,学颜子之学。"所谓志者,便是志于行道否?曰:"志伊尹之所志"不是志于私。大抵古人之学,本是欲行。(《语类》卷九十四,第一七七条,页三八一二/二四〇一)

许衡(一二〇九——一二八一)曰:"志伊尹之所志,学颜子之所学"。出则有为,处则有守。丈夫当如此。出无所为,处无所守,所志所学,将何为?(《语类》卷一上,页二十上)

注释

①周子名敦颐,字茂叔(一〇一七——一〇七三)。历知州、县、转运判官。知南康军时,家居庐山莲花峰下,取故居之濂溪名之。胸怀洒落,如光风霁月。著《太极图说》及《通书》。二程皆其弟子。阐发心性义理之学,为宋理学之开祖。世称濂溪先生。卒谥元公。

②伊尹为殷之贤相,协助成汤建立商朝。汤之孙太甲无道,放逐伊尹。三年后,太甲悔悟,召之归。

③颜子,名回,字子渊,又称颜渊,孔子门人中最贤。其心三月不违仁(《论语·雍也》第五章)。年三十二卒。孟子云:颜子当乱世,居陋巷,一箪食,一瓢饮。人不堪其忧,颜子不改其乐。孔子贤之。(《孟子·离娄第四下》第二十九章)。

④《书经·说命下》第十节。

⑤《论语·雍也第六》第二章。

⑥《论语·雍也第六》第五章。

⑦窦从周,字文卿,朱子门人。录《语类》三十余条,问答约十条。

译文

周敦颐说:圣明的人希望自己成为天人,贤能的人希望自己成为圣人,普通的士人希望自己成为贤人。伊尹、颜回,是大贤人呀,伊尹耻于不能使自己的君主成为尧舜那样的圣君,一个男人没有得到合适的位置,他就感到像在闹市被鞭挞一样耻辱；颜回不把怒气转移到别人身上，同一过错不会犯第二次，他的心长时间不离开仁德。把伊尹的志向作为自己的志向，也像颜回那样学习，若超过他们则成为圣人，若赶上他们就成为贤人，即使赶不上也能得到美名。

评析

周敦颐举出伊尹和颜回两个例子，两人都是贤能的人，但当面对一个贤人没有得到合适的位置的境况时，两人的应对方式却不同，伊尹感到非常耻辱，颜回是使自己的心不离仁德。这是想告诉后人，要像伊尹一样立志，也要像颜回那样学习，方能从内外都完善自己。

(三)《传习录》

卷中　启周道通书　第一四四条

来书云："日用工夫只是立志，近来于先生诲言，时时体验，愈益明白。然于朋友不能一时相离。若得朋友讲习，则此志才精健阔大，才有生意。若三五日不得朋友相讲，便觉微弱，遇事便会困，亦时会忘。乃今无朋友相讲之日，还只静坐，或看书，或游衍①经行。凡寓目措身，悉取以培养此志，颇觉意思和适。然终不如朋友讲聚，精神流动，生意更多也。离群索居②之人，当更有何法以处之？"

此段足验道通日用工夫所得。工夫大略亦只是如此用。只要无间断。到得纯熟后，意思又自不同矣。大抵吾人为学紧要大头脑只是立志。所谓困忘之病，亦只是志欠真切。今好色之人，未尝病于困忘，只是一真切耳。自家痛痒，自家须会知得，自家须会搔摩得。既自知得痛痒，自家须不能不搔摩得，佛家谓之方便法门。非是自家调停斟酌，他人总难与力，亦更无别法可设也。

注释

①游衍经行,逍遥散步之意。

②离群索居,语出《礼记·檀弓》上,第三十五节。

译文

来信写道:"平常生活仅是立志。最近,我对于先生的孜孜教诲,时时刻刻都在体悟,愈加明白。但是,我片刻工夫也离不开朋友的帮助。若能与朋友探讨,这个志才精健宽广,才富有生意。若三五天不能与朋友共讨,就发觉这个志软弱无力,遇事就会疲劳,偶尔还会忘记它。现在,在朋友不能聚首讨论的日子里,我或静坐,或读书,或到外边逛逛。在举目投足之间,我都是为了培育这个志,颇感心舒意适。但是,终不似与朋友相聚探讨那样精神振奋,饶有生气。离群独居之人,有什么更佳的办法来帮助立志吗?"

这番话足够表明你在日常生活中的收获。工夫差不多只是如此,只要持续不断,到完全熟练后,感觉自然就有所不同。一般而言,我们做学问,其关键的核心处唯立志。你所说的疲劳、遗忘的缺点,也仅是因为一个真切。比如,好色之人,未曾有疲劳、遗忘的毛病,仅是因为一个真切。自己身上的痛痒,自己一定知道,自己必定会去搔挠。既然自己知道了痛痒,自己也就不可能不去搔挠。佛教管这个叫"方便法门",自己必须去调停琢磨,别人总是难以给予帮助,更不能为你想出别的方法。

评析

阳明先生在回复弟子的信中,待之以诚,直截了当地指出做学问时疲劳、遗忘的缺点,关键在于不真切,并强调做学问的关键核心处就是立志,只有立志才能达到真切,有了真切,也就不会感觉疲劳和遗忘。

卷下　黄省曾录　第二六〇条

何廷仁①、黄正之②、李侯璧③、汝中④、德洪侍坐。先生顾而言曰:"汝辈学问不得长进,只是未立志。"侯璧起而对曰:"珙亦愿立志。"先生曰:"难说不立,未是必为圣人之志耳。"对曰:"愿立必为圣人之志。"先生曰:"你真有圣人之志,良知上更无不尽。良知上留得些子别念挂带,便非必为圣人之志矣。"洪⑤初闻时心若未服,听说到,不觉悚汗⑥。

注释

①何廷仁,字性之,号善山,初名秦(一四八六——一五五一)。江西雩县人。举嘉靖元年(一五二二)乡试。至二十年始选知县。见阳明于南康(今江西赣县),已而从阳明至越。与王畿、钱德洪为阳明高第。参看《明儒学案》卷十九,页十三上至十五下。

②黄正之,名宏纲,字正之,号洛村(一四九二——一五六一),江西雩县人,从阳明于虔台(江西赣州,一五一七)。列于阳明高第。阳明归越(浙江,一五二一),先生不离者四五年。阳明没后始出仕。官至刑部主事。参看《明儒学案》卷十九,页十一上至十三上。

③李侯璧,名珙,永康(浙江)人,余不详。《王文成传本》卷二页十七有李洪。未审是否李珙之误。

④汝中,王畿,字汝中,别号龙溪(一四九八——一五八三)。浙之山阴(今浙江绍兴)人。嘉靖癸未(一五二三)下第归而受业于阳明,丙戌(一五二六)试期遂不欲往。阳明以其学信疑者半,劝往京师,可以发明。既至,谓钱德洪曰:"此岂吾与子仕之时也?"皆不廷试而归。阳明门人益进,不能遍授。多与之见先生与德洪。阳明卒于南安(今江西信丰)。先生方赴廷试。闻之奔丧。心丧后壬辰(一五三二)始廷对。授南京职。复乞休。林下四十余年,无日不讲学。自两都及吴楚闽越江浙,皆有讲舍,莫不以先生为宗盟。参看《明儒学案》卷十二及《明史》卷二八三。

⑤洪,《阳明要书》作"珙",未知孰是。

⑥佐藤一斋云:"此条已下间本分为《续录》卷下,题曰'钱德洪王畿录'。陈本、张本并题曰'钱德洪录'。"

译文

何廷仁、黄正之、李侯璧、王汝中、钱德洪陪先生坐。先生看着他们说:"大家的学问没有进步,主要是由于没有立志。"李侯璧站起身来答道:"我也愿意立志。"先生说:"说你来立志倒是不难,但你立的不是一定做圣人的志向。"李侯璧回答说:"我愿意立定做圣人的志向。"先生说:"你真有做圣人的志向,良知就需纯洁明亮。良知上若还有别的牵挂,就不必立做圣人的志向了。"钱德洪开始听时,内心还不服气,到最后时,不觉自己周身是汗。

评析

有人心中立下了事业,但事业总难成功,是因为他心里没有大志。只有大事而无大志,就像大海上航行只有大船,但没有指南针那样,只能在茫茫大海中,漫漫漂流。学习也是如此。做大学问不是大志向,做圣人才是做学问的大志向。志向立得大,立得明确,功夫才有下手处,才能练出真功夫。

卷下 黄以方录 第三三一条

先生曰:"诸公在此,务要立个必为圣人之心①。时时刻刻须是一棒一条痕,一掴②一掌血③,方能听吾说话,句句得力。若茫茫荡荡度日,譬如一块死肉,打也不知得痛痒。恐终不济事。回家只寻得旧时伎俩而已。岂不惜哉?"

注释

①心,佐藤一斋云应作"志"。
②掴,打也。
③一掌血,切己着力之意。《大慧普说》卷二:"师云一掌血"。参看大西晴隆著(详前条注二),页七二九。又见《碧岩录》第七十八则。

译文

先生说:"各位在此处,一定要确立一个必做圣人的志向。每时每刻要犹如一棒留一条痕迹,一掌掴出一个血印,才能在听我讲学时,感到句句铿锵有力。若浑浑噩噩地度日,仿佛一块死肉,打它也不知痛痒,只怕最终于事无补。回家后还是以前的老一套,岂不让人可惜?"

评析

志愿有多大,成就就有多大。学者学习就要立志于做圣人。没有这个志愿,便没有学习的目标和动力。

卷上　陆澄录　第十六条

问立志。先生曰:"只念念要存天理,即是立志。能不忘乎此,久则自然心中凝聚,犹道家所谓结圣胎①也。此天理之念常存,驯至于美大圣神②,亦只从此一念存养扩充去耳。"

但衡今云:阳明此意,犹是主一之义也。凝聚二字,则是工夫。与宗门之一心参话头,净土门之一心念佛,道家之一心注守丹田,一也。但释道两家,俱有所指实。故天理二字,在此当作人心看。仁者人也,人之心也。否则不免落于虚空。质之阳明先生,然与否与?

捷案:天理之念,即此心常念天理耳。无虚空也。

注释

①结圣胎,犹言精神凝聚处,如胎中下圣胎。查铎(字子警,号毅斋,嘉靖乙丑[一五六五]进士)曰:"仙家所谓结胎,岂真有形?亦只精神凝聚,即谓之圣胎。"(《明儒学案》卷二十五页十四上)金丹四百字,张紫阳《自序》云,"圣胎结成"。参看大西晴隆《传习录的若干补注》,中村英一博士颂寿纪念事业会编《中西哲学的展望》,东京创文社,一九七六,页七二九。

②美大圣神,《孟子·尽心篇》第七下,第二十五章:"可欲之谓善,有诸己之谓信,充实之谓美,充实而有光辉之谓大,大而化之之谓圣,圣而不可知之之谓神。"

译文

陆澄问怎样立志。先生说:"所谓立志,就是念念不忘存天理。若时刻不忘存天理,日子一久,心自然会在天理上凝聚,这就像道家所说的'结圣胎'。天理意念常存,能慢慢达到孟子讲的美、大、圣、神的境界,并且也只能从这一意念存养扩充延伸。"

评析

男儿有志,志在天下事。只有以天下事为志,才是真正的立志。志于心中立,心在理中存,心不离天理,其志大、其心旷,其意坚,其愿必成。这就是圣人之立志,圣人之"立"不离圣算,圣人之志不离天理。

卷上　陆澄录　第五三条

唐诩[①]问:"立志是常存个善念要为善而去恶否?"曰:"善念存时,即是天理。此念即善,更思何善?此念非恶,更去何恶?此念如树之根芽,立志者长立此善念而已。'从心所欲,不逾矩'[②],只是志到熟处。"

刘宗周云:又举天理。又曰:念本无念,故是天理。有念可存,即非天理。(《遗编》卷十三《阳明传信录》三,页七上。《明儒学案》卷十,页十五上,删此评语)

注释

①唐诩,新淦(江西)人。据《王文成传本》卷二,页十六下用翊。号里不详。

②不逾矩,《论语·为政篇》第二第四章孔子自云。

译文

唐诩问:"立志就是要常存善念,需要为善而去恶吗?"先生说:"善念存在时,即为天理。这个意念就是善,还去想别的什么善呢?这个意念不是恶,还要除去什么恶呢?这个意念好比树的根芽。立志的人,就是永远确立这个善念罢了。《论语·为政篇》中说:'从心所欲,不逾矩',只有等志向达到成熟时方可做到。"

评析

常存善念,立志天理。这个善念是广义上的善,具体是指"不逾矩"。古人认为感动、骚动、五色、女色、盛气、情意这六种东西是缠绕心志的,嫌恶、爱恋、欣喜、愤怒、悲伤、纵乐这六种东西是拖累德行的,智慧、才能、背离、趋就、择取、舍弃这六种东西是阻塞大道的,高贵、富有、显荣、威严、声名、财利这六种东西是迷惑思想的。这四类东西不在心中扰乱,心气自然纯正,心气纯正志向自然成熟,志向成熟自然不会逾越规矩。所以,君子之语默行止要以收敛为主。

二、怀 德

(一)四书

1. 大学

第二章

《康诰》曰:"克明德。"①《大甲》曰:"顾諟天之明命。"②《帝典》曰:"克明峻德。"③皆自明也。④

右传之首章。释明明德。此通下三章至止于信,旧本误在没世不忘之下。

注释

①《康诰》,《周书》。克能也。

②大,读作态。諟,古是字。朱子章句:《大甲》,《商书》。顾,谓常目在之也。諟,犹此也,或曰审也。天之明命,即天之所以与我,而我之所以为德者也。常目在之,则无时不明矣。

③峻,《书》作俊。朱子章句:《帝典》,《尧典》,《虞书》。峻,大也。

④结所引书,皆言自明己德之意。

译文

《康诰》说:"能彰明德行。"《太甲》说:"念念不忘上天赋予的德性。"《尧典》说:"能够彰明崇高的德行。"都是自己彰明内心的光明之德。

评析

这一条引三本古书的话来给我们说明，《康诰》是《周书》里面的一篇，《太甲》是《商书》里面的一篇，《帝典》是《虞夏书》里面的一篇。第一篇说到的克明德就是能明德。这三个字讲得很肯定，每个人都能明其明德。我们要有信心，古德所谓"信为道元功德母"，道的源头、功德的母亲，所以我们想要明明德，首先要有信心。明德是我们每个人本来具足的，只需把它恢复、显明即可。第二篇的"天之明命"，朱子解释为"即天之所以与我，而我之所以为德者也"，即上天赋予我的光明的使命，也就是明其明德、亲民、止于至善，这是我之所以为德者也，我们要做的就是这桩事情，这一生才有意义，才能够成圣成贤。第三篇所谓的"峻德"是本有的，正是因为人的自私自利，所以就不能显明自己本有的高大的道德，就变得渺小。只要把欲望、名利心、私心放下，就能够克明峻德。所以这一条引用的三句话都是告诉我们，要认真地修持，方能够致知诚意，以达到正心修身、明其明德、止于至善。

第四章

《诗》云："穆穆文王，於缉熙敬止！"为人君，止于仁；为人臣，止于敬；为人子，止于孝；为人父，止于慈；与国人交，止于信。①

注释

①於缉之於，音乌。朱子章句：《诗》，《文王》之篇。穆穆，深远之意。於，叹美辞。缉，继续也。熙，光明也。敬止，言其无不敬而安所止也。引此而言圣人之止，无非至善。五者乃其目之大者也。学者于此，究其精微之蕴，而又推类以尽其余，则于天下之事，皆有以知其所止而无疑矣。

译文

《诗·大雅·文王》说："德行深厚的文王啊！光明磊落，安于所处，无所不敬。"当国君的，要达到仁的境界；当臣子的，要达到敬的境界；当子女的，要达到孝的境界；当父母的，要达到慈的境界；与国人交往，要达到信的境界。

评析

仁、敬、孝、慈、信,是我们本来就圆满具足的,圣贤之德,磊落正大,灵明显露,至诚于中,自然发之于外。儒家说:能尽己本心者为忠,爱人如己者为恕,忠即忠于本我性德而非忠于他人,自己之性德能明能忠,方能明他人之德、忠他人之事。所以从君臣到父母子女,只要反身诸己,使这五者自然显明,再推类以尽其余,那么天下方能显大德。

第十章

是故君子先慎乎德。有德此有人,有人此有土,有土此有财,有财此有用。①德者,本也;财者,末也。②

注释

①先谨乎德,承上文不可不谨而言。德,即所谓明德。有人,谓有众。有土,谓有国。有国,则不患无财用矣。
②本上文而言。

译文

因此君子首先要在德行上谨慎。有了德行这就有了民众,有了民众这就有了土地,有了土地这就有了财富,有了财富这就有了国家的用度。德行是本,财富是末。

评析

君主应当重视自己的德行,为什么德那么重要呢?因为有了德才能得到人心,从而得到土地以及土地上的财富,那些财富才能为你所用。值得注意的是:用财的方式也是德的一部分,用财无度,不以民的好恶而用财就是失德,就会失民心。所以德是根本,君主应当以怀德为本。

第十章

《康诰》曰:"惟命不于常!"道善则得之,不善则失之矣。①《楚书》曰:"楚国无以为宝,惟善以为宝。"②

注释

①道,言也。因上文引《文王》诗之意而申言之,其叮咛反复之意益深切矣。
②《楚书》,《楚语》。言不宝金玉而宝善人也。

译文

《康诰》说:"天命是不常在的。"有好的德行就能得到它,没有好的德行就会失去它。《楚语》说:"楚国没有什么作为珍宝,只把好的德行作为珍宝。"

评析

这一段引用了《康诰》《楚书》来说明德行的重要性。《康诰》中说了,上天所赋予一个王朝的天命是无常的,它不会永远都只眷顾你一个人,不会永远只眷顾你一家,不会永远只眷顾你一个姓氏。中国古人都认为天命与人事是不可分离的。如果君王遵循天道,怀有好的德行,上天就会使其持盈保泰、福泽绵延。反之,不久就会祸事临头。我们纵观历史,其循环都是在证明"道善则得之,不善则失之"这两句话的真理性。所以,君主应当把好的德行当作珍宝一样来保持。

2. 中庸

第十七章

子曰:"舜其大孝也与!德为圣人,尊为天人,富有四海之内,宗庙飨之,子孙保之。①故大德必得其位,必得其禄,必得其名,必得其寿。②故天之生物,必因其材而笃焉。故栽者培之,倾者覆之。③《诗》曰:'嘉乐君子,宪宪令德。宜民宜人,受禄于天。保佑命之,自天申之。'④故大德者必受命。"⑤

右第十七章。此由庸行之常,推之以极其至,见道之用广也。而其所以然者,则为体微矣。后二章亦此意。

注释

①与,平声。朱子章句:子孙,谓虞思、陈胡公之属。

②舜年百有十岁。

③材,质也。笃,厚也。栽,植也。气至而滋息为培,气反而游散则覆。

④《诗》,《大雅·假乐》之篇。假,当依此作嘉。宪,当以《诗》作显。申,重也。

⑤受命者,受天命为天子也。

译文

孔子说:"舜该是大孝的人了吧!德行上是圣人,地位上是天子,财富拥有整个天下,宗庙里祭祀他,子孙保有他的功业。所以,大德者必定得到他的地位,必定得到他的财富,必定得到他的名声,必定得到他的年寿。因此,上天生养万物,必定根据它们的资质加以深化。所以,能成材的得到培植,不能成材的遭到淘汰。《诗·大雅·嘉乐》说:'赞美喜爱那君子,优异显著的德行。和睦百姓安乐民众,接受福禄自天庭。保佑他啊拥戴他,这是天降的命令。'所以,大德者必定会承受天命。"

评析

在孔子看来,有道德的人一定会得到地位,一定会得到财富,一定会得到名声,一定会得到长寿。这一章的最后,孔子讲到"故大德者必受命",最有智慧的人一定要接受天命,成为治国理政的最高统治者。对于"大德受命",朱熹的解释就是,有最高道德的人,他接受天命成为帝王。有大德者必受命,这是传统政治哲学的一个经义。在人类文明的早期,在世界文明的早期,很多民族都有这样的思想。比如古希腊有苏格拉底,有柏拉图,他们强调哲学王,就是哲学要成为王,也是跟这个理念密切相关的。我们今天看"大德受命",应当对它进行现代的转化。因为以前的"大德受命"只讲帝王,我们今天要面向所有的人,所以"大德受命"的现代意义,对于我们每一个人来说,就是要提高自己的修养,同时也要治国平天下。用孟子的话来说,我们一方面要知道天将降大任于斯人也,必先苦其心志,劳其筋骨,饿其体肤,空乏其身,行拂乱其所为,增益其所不能。在这样的意义上来理解"大德受命",就是我们每个人都要拥有良好的道德修养,同时也要培养自己的科学知识,培养自己方方面面的能力,还要把这个道德修养、科学知识、其他的能力运用于治国理政,运用于伦理道德实践,这是我们对于"大德受命"的现代意义的解释。

第三十三章

《诗》曰:"不显惟德!百辟其刑之。"是故君子笃恭而天下平。①

注释

①《诗》,《周颂·烈文》之篇。不显,说见二十六章,此借引以为幽深玄远之意。承上文言天子有不显之德,而诸侯法之,则其德愈深而效愈远矣。笃,厚也。笃恭,言不显其敬也。笃恭而天下平,乃圣人至德渊微,自然之应,中庸之极功也。

译文

《诗·周颂·烈文》说:"显扬那德行啊,诸侯们都来效法。"因此,君子笃实恭敬就能使天下整治。

评析

这是修德的第五个阶段:成物(尽人之性和尽物之性)。《中庸》第二十九章讲"君子动而世为天下道,行而世为天下法、言而是为天下则",至诚之人有"至德",有至德者为天下则。第十八章讲,周公所制之礼"达乎诸侯、大夫及士、庶人",第十九章讲"明乎郊社之礼、禘尝之义,治国其如视诸掌乎",第三十二章讲"为天下至诚,为能经纶天下之大经,立天下之大本,知天地之化育",君子制定礼乐制度,以此来治理天下,自己笃恭(以身作则)而天下平(效法)。这就是"君子笃恭而天下平"。

3. 论语

为政第二

子曰:"为政以德,譬如北辰,居其所而众星共之。"①

注释

①共,音拱,亦作拱。朱子章句:政之为言正也,所以正人之不正也。德之为言德也,得于心而不失之谓也。北辰,北极,天之枢也。居其所,不动也。共,向也,言众星四面旋绕而归向之也。为政以德,则无为而天下归之,其象如此。程子曰:"为政以德,然后无为。"范氏曰:"为政以德,则不动而化,不言而信,无为而成。所守者至简而能御烦,所处者至静而能制动,所务者至寡而能服众。"

译文

孔子说:"用德行来治理国政,如同北极星处在自己的位置上而众多的星辰拱卫它。"

评析

德是心之同然,其诸多施政方法不过是德不同的表现形式,无德之君往往看重权谋、舍本逐末,不知唯有"为政以德"方能同他人之心,只有"正君"才能"国定"。

为政第二

子曰:"道之以政,齐之以刑,民免而无耻。①道之以德,齐之以礼,有耻且格。"②

注释

①道,音导,下同。朱子章句:道,犹引也,谓先之也。政,谓法制禁令也。齐,所以一之也。道之而不从者,有刑以一之也。免而无耻,谓苟免刑罚而无所羞愧,盖虽不敢为恶,而为恶之心未尝亡也。

②礼,谓制度品节也。格,至也。言躬行以率之,则民固有所观感而兴起矣,而其浅深厚薄之不一者,又有礼以一之,则民耻于不善,而又有以至于善也。一说:格,正也。《书》曰:"格其非心。"朱子章句:愚谓政者为治之具,刑者辅治之法,德、礼则所以出治之本,而德又礼之本也。此其相为终始,虽不可以偏废,然政、刑能使民远罪而已,德、礼之效,则有以使民日迁善而不自知。故治民者不可徒恃其末,又当深探其本也。

译文

孔子说:"用政令来教导,用刑法来整治,民众苟免刑罚但缺乏廉耻;用德行来教导,用礼仪来整治,民众有廉耻而且敬服。"

评析

孔子认为,如果社会管理工作单纯地用政策来引导,用法律来统一,是不能使百姓有淳朴厚道的风气、自觉向善的道德的。这种情况下的百姓,不会有做事的底线,只不过是慑于法律的威严,不敢去为非作歹而已;而如果用道德来引导,用礼仪来统一,民风自然淳朴,民心自然善良,老百姓做事总会有底线,即使没有法律的监督,也能坚持有所不为,形成稳定祥和的社会状态。因此应该注重内在德行的培养。

里仁第四

子曰:"君子怀德,小人怀土;君子怀刑,小人怀惠。"①

注释

①怀,思念也。怀德,谓存其固有之善。怀土,谓溺其所处之安。怀刑,谓畏法。怀惠,谓贪利。君子、小人趣向不同,公私之间而已。朱子章句:尹氏曰:"乐善恶不善,所以为君子。苟安务得,所以为小人。"

译文

孔子说:"君子关注德行,小人关注田宅;君子关注刑法,小人关注恩惠。"

评析

就君子与小人的区别,孔子从各自关注的角度做出了评判。他认为君子有"怀德""怀刑"之心,他们时常记挂着道德礼仪,心中所想的只有仁德和善良,行事的时候考虑得比较周到,所有的一切都力求合理,担心自己的行为违反国家法律和社会规范。而小人所存"怀土""怀惠"之心,他们心中想的只有自身的那点私利,对一些小恩小惠和个人的利益十分在意,很少有人去关心道德的修养,很少顾及事情的后果和他人的感受。为了获得一些利益,即便是作奸犯科,他们也在所不惜。这里的君子,是指志存高远、有着为国为民思想的人。而此处的小人,是指普通老百姓,没有什么远大的理想、抱负,只想着把自己的小日子过好。这句话放到当今这个时代,也是有很大的现实意义的。

颜渊第十二

樊迟从游于舞雩之下,曰:"敢问崇德、修慝、辨惑。"①子曰:"善哉问!②先事后得,非崇德与?攻其恶,无攻人之恶,非修慝与?一朝之忿,忘其身,以及其亲,非惑与?"③

注释

①慝,吐得反。

朱子章句:

胡氏曰:"慝之字从心从匿,盖恶之匿于心者。修者,治而去之。"

②善其切于为己。

③与,平声。朱子章句:先事后得,犹言先难后获也。为所当为而不计其功,则德日积而不自知矣。专于治己而不责人,则己之恶无所匿矣。知一朝之忿为甚微,而祸及其亲为甚大,则有以辨惑而惩其忿矣。樊迟粗鄙近利,故告之以此,三者皆所以救其失也。范氏曰:"先事后得,上义而下利也。人惟有利欲之心,故德不崇。惟不自省己过而知人之过,故慝不修。感物而易动者莫如忿,忘其身以及其亲,惑之甚者也。惑之甚者必起于细微,能辨之于早,则不至于大惑矣。故惩忿所以辨惑也。"

译文

樊迟随从孔子在雩台边漫步,说:"请问如何提高德行、消除恶念、廓清疑惑呢?"孔子说:"问得好啊!先去从事,然后获得,不就是提高德行吗?攻评自己的恶行,不攻评他人的恶行,不就是消除恶念吗?因为一时的愤怒,忘记了自身,以致带累自己的父母,不就是疑惑吗?"

评析

儒家思想的核心就是"修己治人",尤其强调个人修养。在这里孔子就提出了个人修养的三个方面:崇德、修慝、辨惑。"崇德"是充实自己的修养,"修慝"是改进自己修养,"辨惑"是不糊涂、有智慧、看得清楚。要提高个人修养就要从这三个方面入手去做。

4. 孟子

尽心上

孟子谓宋句践曰:"子好游乎?吾语子游。①人知之,亦嚣嚣;人不知,亦嚣嚣。"②曰:"何如斯可以嚣嚣矣?"曰:"尊德乐义,则可以嚣嚣矣。③故士穷不失义,达不离道。④穷不失义,故士得己焉。达不离道,故民不失望焉。"⑤

注释

①句,音钩。好、语,皆去声。朱子章句:宋,姓。句践,名。游,游说也。
②赵氏曰:"嚣嚣,自得无欲之貌。"
③乐,音洛。朱子章句:德,谓所得之善。尊之,则有以自重,而不慕乎人爵之荣。义,谓所守之正。乐之,则有以自安,而不徇乎外物之诱也。
④离,力智反。朱子章句:言不以贫贱而移,不以富贵而淫,此尊德乐义见于行事之实也。
⑤得己,言不失己也。民不失望,言人素望其兴道致治,而今果如所望也。

译文

孟子对宋句践说:"你喜好游说吗? 我对你说说游说。他人了解也安详自得,他人不了解也安详自得。"宋句践说:"怎样才能安详自得呢?"孟子说:"尊崇德、乐于义就能安详自得,因此,士人穷困不失去义,显达不离开道。穷困不失去义,所以士人自得。显达不离开道,所以民众不失望。"

评析

穷达都是身外事,只有道义才是根本。所以能穷不失义,达不离道。只有内心的德行才有着恒久不变的价值,正因为此,知识分子都应心怀道义,修养自己的德行。而一旦修养好自己的德行,那无论面对什么境遇,都能从容以对了。

尽心下

孟子曰:"周于利者,凶年不能杀;周于德者,邪世不能乱。"①

注释

①周,足也,言积之厚则用有余。

译文

孟子说:"财富充足的人,荒年不能使之窘困;德行敦厚的人,乱世不能使之迷惑。"

评析

积之厚,则用有余。平时重视道德修养,心存礼义,在行为上追求礼义,那么,即使在乱世中也经得起考验。

尽心下

孟子曰:"不仁而得国者,有之矣;不仁而得天下,未之有也。"①

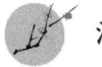

注释

①言不仁之人,骋其私智,可以盗千乘之国,而不可以得丘民之心。

朱子章句:

邹氏曰:"自秦以来,不仁而得天下者有矣,然皆一再传而失之,犹不得也。所谓得天下者,必如三代而后可。"

译文

孟子说:"不仁而获得国家是有的,不仁而获得天下的从未有过。"

评析

这个道理也很简单,继承得来的,确实是可以不用爱民,依靠庞大的国家机器自转,亦可维持几十年。但不以仁德爱民的话,人民亦会产生怨气,怨气积攒久了也能够推翻统治者。天下者,全天下也,如果不依靠爱民之仁德是无法逐一征服的。所以,只有以仁德治理方能安邦定国。

(二)《近思录》

卷二 为学大要(凡百十一条)第二条

圣人之道,入乎耳,存乎心。蕴之为德行,行之为事业。彼以文辞而已者,陋矣。(《通书》第三十四章)

朱子曰:欲人真知道德之重,而不溺于文辞之陋也。(《通书注》第三十四章,《周子全书》卷十,页一九一)

东正纯曰:从其蕴之而言,谓之德行。从其行之而言,谓之事案。原是一事也。"以文辞而已。""而已"字是眼目,非勿学文辞也。(《参考》页七〇六)

译文

圣人的学说从耳朵里听进去,记在心里,蕴含于自身能成为德行,实行起来则成为事业。那些只以圣人的文辞标榜自己的人,太浅陋了。

评析

濂溪先生告诉我们圣人之道。什么叫作圣人之道?也就是圣人所遵循的、所依循的那个大道,叫圣人之道。圣人之道绝对是没有私心的,一定是把仁、义、礼、智这种天生的善性发挥到淋漓尽致,而无一毫人欲之私,这才叫圣人之道。入乎耳——不要入耳出口,要存乎心;然后蕴之为德行——蕴蓄在里面就成为自己的德行;行之为事业——发挥在外,就要能造福天下百姓。"彼以文辞而已者,陋矣。"很多人读书不重视圣人之道,而只在乎怎么把这个辞章写得华丽一点,以此来炫耀自己,濂溪先生说这实在是很浅陋。不能以文辞为重,德行才是最重要的。

卷二　为学大要(凡百十一条)第七条

君子主敬以直其内,守义以方其外。[①]敬立而内直,义形而外方。义形于外,非在外也。敬义既立,其德盛矣。不期大而大矣。德不孤[②]也。无所用而不周,无所施而不利。孰为疑乎?(《易传》卷一,页十二上,《释坤卦第二之文言传》)

朱子曰:"敬以直内",是持守工夫。"义以方外",是讲学工夫。(《语类》卷六十九,第一四一条,页二七七〇/一七三九)

又曰:直,是直上直下,胸中无纤毫委曲。方,是割截齐整之意。(同上,第一四二条,页二七七〇/一七三九)

又曰:"敬以直内",便能"义以方外"。非是别有个义。敬譬如镜,义便是能照底。(同上,第一四四条,页二七七〇/一七三九)

又曰:敬而无义,则做出事来必错了。只义而无敬,则无本,何以为义?皆是孤也。(同上,第一五一条,页二七七三/一七四一)

注释

①《易经·坤卦第二·文言》。
②《论语·里仁第四》第二十五章。

译文

君子坚持敬慎的态度,使内心正直;坚守正义的准则,作为外在行为的规范。敬慎的态度确立了,内心就正直;正义表现出来了,外在的行为就规范。正义表现在外,但它不是外在的东西。敬和义一旦确立,人的德行就非常崇高了,不需有意去追求大,自然也就大了。德行是不会孤立的,只要建立了敬和义的品德和精神,那么用到哪里全都适用,在哪里施行都无往不利,谁还会怀疑呢?

评析

这里提到修身之方:主敬与守义。何谓敬?敬是主一的意思,一心一意,心里没有其他"纤毫委曲",便是"直"。这个"直",朱子言"直上直下",含着"通透顺畅"的意味,不能理解为性格上的"直率"。何谓义?义是合宜的意思,处事合宜,待人接物便有个方正整齐的格局,故为"方"。朱子说:"方,割截齐整之意",不是性格上有棱角之"方"。程子特别指出,敬、义两者不是内外的关系,而是都往内心用力,表现出来才有内外之别。恭敬需从心里生发,这点好理解。处事符合"义",也得心里有个度量,因为外在情况不断改变,需具体问题具体分析。倘若以义为外,缺乏主观判断,容易出现僵化和盲从。一些人把"义"教条化,别人这么干符合道义,我也这么干,不从心里去研判自己的实际情况,这样往往出现偏差。所以说,内心守义,才能处事得宜。敬义已立,为什么说"其德盛矣"?因为私心杂念没有存在的空间,纯是天理流行的状态。敬以直内,内在主一无适;义以方外,外在大公顺应;敬义夹持,动静语默必于是,颠沛造次必于是,一以贯之,直达天德,此乃下学上达之阶梯,故有"不期大而大"之效验。

卷七 出处进退辞受之义(凡三十九条) 第八条

《蛊》之上九曰:"不事王侯,高尚其事[①]。"《象》曰:"不事王侯,志可则也[②]。"《传》曰:士之自高尚,亦非一道。有怀抱其德,不偶于时,而高洁自守者。有知止足之道,退而自保者。有量能度分,安于不求知者。有清介自守,不屑天下之事,独洁其身者。所处虽有得失小大之殊,皆自高尚其事者也。《象》所谓"志可则者,进退合道"者也。

朱子曰:"不事王侯",无位之地,如何出得来?更干个什么?(《语类》卷七十,第一九七条,页二八二六/一七七五)

问:上九传"知止知足之道,退而自保者",与"量能度分,安于不求知者",何以别?曰:知止足,是能做底。量能度分,是不能做底。(同上,第一九八条,页二八二六/一七七五)

日本儒学家贝原益轩曰:"怀抱道德"云云者,得而大者也。独洁自身者,失而小也。知止足与量能度分者,亦比之"怀抱道德"云云者为小。(《备考》卷七,页三七上,总页三四九至三五〇)

注释

① 《易经·蛊卦第十八之上九爻辞》。
② 同上,上九《象传》。

译文

《蛊》卦的上九爻辞说:"不事王侯,高尚其事。"其《象》辞说:"不事王侯,其志趣可作法则。"程颐解释说:士人的自求高尚,也不是一种情况:有怀抱其道德,而不合于时,暂以高洁自守的;有知止知足,功成身退,明哲保身的;有量己之能不足,度己之分不高,自安于贫贱而不求显达的;有高风亮节以自守,不屑于为天下事,独善其身的。他们处身虽有得有失、所见有大有小的不同,但都属于自我高尚其志的人。《象》辞讲的"志可则",就是指他们进退都合于道啊。

评析

这里引用《易经》里的两句卦辞,程颐引以解释来强调无论处于什么境况,真正的君子士人都能使自己进退均合于道,这里的道也就是拥有高尚的品德。

卷十二 改过及人心疵病(凡三十三条) 第二条

伊川先生曰:德善日积,则福禄日臻。德逾于禄,则虽盛而非满。自古

隆盛,未有不失道而丧败者也。(《易传》,卷一,页四十二下,释《泰卦》第十一之九三《爻辞》)

叶采曰:德胜于禄,则所享者虽厚而不为过。禄过其德,则所享者虽薄且不能胜,况于隆盛乎?隆盛之丧败,必自无德者致之也。(《集解》卷十二,页一)

译文

程颐先生说:德与善一天天积累,则福和禄就会一天天自己到来。德行高出了享有的禄位,那么即使所享之禄达到顶点也不称作满。自古以来官隆福盛之家,没有不丧失道义而会衰落的呀。

评析

福禄功名,为世人所大欲,却不可常有。修德以俟命,是人于福禄难常之前,所能拥有的最好态度。修德,则福禄不至于满溢,如此可以保福,可以远祸。欲富其身,先富其心;欲富其心,莫若修德。德高于禄,身虽贫而心富。禄高于德,身虽富而心贫。隆盛一时,祸患潜伏,难逃物满则亏、盛极而衰的结局。

卷十四　圣贤气象(凡二十六条)　第三条

曾子①传圣人学,其德后来不可测,安知其不至圣人?如言"吾得正而毙"②,且休理会文字,只看他气象极好。被他所见处大。后人虽有好言语,只被气象卑,终不类道③。(《遗书》卷十五,页二下。伊川语)

叶采曰:曾子悟一贯之旨④,已传圣人之学矣。至其易篑之言,"吾何求哉?吾得正而毙焉,斯可矣",自非乐善不倦,安行天理,一息尚存,必归于正。夫岂一时之所能勉强哉?(《集解》卷十四,页二)

注释

①曾子,名参,孔子弟子,以孝名。《论语·先进第十一》第十七章,谓"参也鲁"。鲁,钝也。据朱子,曾子述大学传十章。

②《论语·檀弓上》第十九节。

③张伯行《近思录集解》以此条,第四至第七条,九至十三条,与第十五条为明道语,然此皆《遗书》卷十五,伊川语。

④《论语·里仁第四》第十五章,"子曰:参乎,吾道一以贯之。曾子曰:唯。子出,门人问曰:何谓也?曾子曰:夫子之道,忠恕而已矣。"

译文

曾子教授圣人之学,其德行后来日益上进到不可度量的程度,怎么明白他没有达到圣人的境界呢?正如他说:"我只求规规矩矩合礼地死去",且不要推敲文字,只看他气度极好,他所看到的是大处。后人虽然也有些好的言语,只因为品质卑劣,终究也不像个有道之人。

评析

这一章其实对曾子的评价贬大于褒,先是肯定了他传圣学之德不可测,然后说到他的言谈"吾得正而毙",意虽好,但言太过。所以说他"终不类道"。按照朱熹的理解,只有圣贤如孔丘者才能真正达到人己一体之境,其言语不受功利影响,其行为自然合乎道德,这才是"类道"。

(三)《传习录》

卷上　陆澄录　第五四条

精神、道德、言动,大率收敛为主,发散是不得已,天地人物皆然。

捷案:明道云:"乾阳也,不动则不刚。其静也专,其动也直。不专一则不能直遂。坤阴也,不静则不柔。其静也翕,其动也辟。不翕聚则不能发散。"(《二程遗书》卷十一,页九上)阳明所得于程子多也矣。然程子内外一致。阳明则似倾于内。

译文

精神、道德、言行,常常以收敛为主,向外扩散是出于无奈。天地、人物无不如此。

评析

存良善之心是阳明心学的核心命题,但其所用的功夫却是"守","守"看似略带消极之意,但至阳至正的"良心"恰需要看似"阴"的"守"来呵护。所以,在修持此心时,收敛正是主要的持心之道。

卷上　薛侃录　第一一五条

种树者必培其根;种德者必养其心。欲树之长,必于始生时删其繁枝;欲德之盛,必于始学时去夫外好。如外好诗文,则精神日渐漏泄在诗文上去,凡百外好皆然。

译文

栽树的人必须培养树根,修德的人必须修养心性。要使树木长高,必须开始时就裁去多余的枝。要使德性盛隆,必须在开始学习时就除去对外物的喜好。如喜爱诗文,精神就会逐渐倾注在诗文上。其他诸多爱好都是如此。

评析

孟子曾经向弟子讲述过一则故事,故事说,闻名全国的围棋能手弈秋有两个学生,其中一个集中精力和意志,只听弈秋讲解围棋棋理;另一个虽然也在听讲,但又时而想着天鹅将要飞临,想张弓搭箭射击天鹅。虽然两个人一块儿学习,可后者大不如前者。这并非智力的差异,它说明了专心致志对于做学问、办事业的重要性。

卷上　薛侃录　第一一六条

因论[①]先生之门。某人在涵养上用功,某人在识见上用功。先生曰:"专涵养者,日见其不足。专识见者,日见其有余。日不足者,日有余矣。日有余者,日不足矣。"

三轮执斋云:是条卷内上文希渊问条(第九十九条)求日减,不求日增之意。

于清远云：专涵养而觉日不足者，德行日有余矣。专识见而觉日有余者，德行日不足矣。

注释

①因论，适因论及他事而顺便讨论。

译文

谈话时顺便论及先生的弟子，讲某人在涵养上用功，讲某人在知识见闻上用功。先生说："只在涵养上用功，每天能发现自己的不足；只在知识见闻上用功，每天都会觉得自己有余。日感不足之人，德行将会逐渐有余。日感有余之人，德行将会逐渐衰微。"

评析

贞观年间，唐太宗同中书令岑文本谈论学问，唐太宗说："人虽然上天给予了好的品性，但还必须博学，才能有所成就。"岑文本说："玉不琢不成器，人不学不知道。"认为人必须运用知识来修养自己的感情，成就美的本性。他们一致认为：学问在修养，修养即是心地上用功，只有这样才能学无止境。

卷下　黄以方录　第三二四条

以方问"尊德性①"一条。先生曰："道问学，即所以尊德性也。晦翁②言'子静③以尊德性诲人，某教人岂不是道问学处多了些子'④，是分尊德性道问学作两件。且如今讲习讨论，下许多工夫，无非只是存此心不失其德性而已。岂有尊德性，只空空去尊，更不去问学？问学只是空空去问学，更与德性无关涉？如此，则不知今之所以讲习讨论者，更学何事？"

但衡今云：阳明本节旨意，盖欲合德性学问为一体，以矫当时门户之弊。然立论之间，犹不免微有轻重出入之意。结习难除，贤者不免。此门户之见，终明之时而未泯也。

注释

①尊德性，《中庸》第二十七章："故君子尊德性而道问学，致广大而尽精微，极高明而道中庸。温故而知新，敦厚以崇礼。"

②晦翁，朱子之号。

③子静，陆象山之字。

④道问学多，语见《朱子文集》卷五十四，页五下。

译文

黄以方就《中庸》中的"尊德性"请教于先生。先生说："'道问学'就是为了'尊德性'。朱熹认为'子静（陆九渊）以尊德性诲人，某教人岂不是道问学处多了些子'，他的看法就把'尊德性'与'道问学'当两件事看了。现在我们讲习讨论，下了不少功夫，只不过是要存养此心，使它不丧失德性罢了。尊德性岂能是空洞地尊，而不再去问学了呢？问学岂能是空洞地去问，而与德性再无任何关系呢？若真是如此，我们今天的讲习与讨论，就不知道究竟学的是什么东西？"

评析

《中庸》说：圣人之道是多么伟大呀！它包含万物，养育万物，高大可以和天相比。圣人之道是那样的宏大呀：它的礼仪条目有三百，威仪条目有三千，这些一定要有圣人在世才能实行。所以说，假如没有至德的圣人，圣人之道是不会成功的。所以君子要推崇德性（"故君子尊德性"），沿着问学的道路走下去（"而道学问"），使自己的德性达到既广大无所不包而又极其细致精微（"致广大而尽精微"），达到极高明的境界而又践履中庸之道（"极高明而道中庸"）。朱子说，"尊德性"，是心中存养着宏大的道的本体；"道问学"，是指致知以深刻体会"道"的微妙。"宏"与"细"二者为修养德性存养天理的根本方法。不以一毫私欲蒙蔽、牵累自己。

三、格　致

（一）《四书》

1. 大学

第一章

古之欲明明德于天下者,先治其国;欲治其国者,先齐其家;欲齐其家者,先修其身;欲修其身者,先正其心;欲正其心者,先诚其意;欲诚其意者,先致其知;致知在格物。①

注释

①治,平声,后放此。朱子章句:明明德于天下者,使天下之人皆有以明其明德也。心者,身之所主也。诚,实也。意者,心之所发也。实其心之所发,欲其一于善而无自欺也。致,推极也。知,犹识也。推及吾之知识,欲其所知无不尽也。格,至也。物,犹事也。穷至事物之理,欲其极处无不到也。此八者,《大学》之条目也。

译文

古时候要把彰明内心的光明之德推及天下的人,先治理自己的国家;要治理自己的国家,先整顿自己的家族;要整顿自己的家族,先修饬自身;要修饬自身,先端正内心;要端正内心,先使意念真诚;要使意念真诚,先提高识见;提高识见的途径是探究事物的原理。

评析

治国、齐家、平天下都是怎样做人的问题，要做一个有道德修养的人，就是修身的问题。有道德的理想人格具体表现在行为、节操之中，可行为节操由意念志向所决定，如果意念志向夹杂着私情物欲，表现为行为节操不符合道德规范。所以只要思想志向真诚，心灵自然能够体现在各种行为事物之中，心志不为物欲所诱惑，道德人格就由此建立。其实道德的修养前提是通过学习，获得知识，掌握做人的道理。由此再推及这段话的前部分，要平治天下，开创一个道德的世界，就必须有一个道德的国家，国家由家组成，家由个体的人组成；最终归结到人的德行和道德人格。因此，格物、致知是一个人首先应当做到的。这一段的格物、致知、诚意、正心、修身、齐家、治国、平天下即是《大学》的八条目。

第六章

此谓知本。① 此谓知之至也。②

右传之五章。盖释格物、致知之义，而今亡矣。此章旧本通下章，误在经文之下。闲尝窃取程子之意以补之曰："所谓致知在格物者，言欲致吾之知，在即物而穷其理也。盖人心之灵莫不有知，而天下之物莫不有理，惟于理有未穷，故其知有不尽也。是以《大学》始教，必使学者即凡天下之物，莫不因其已知之理而益穷之，以求至乎其极。至于用力之久，而一旦豁然贯通焉，则众物之表里精粗无不到，而吾心之全体大用无不明矣。此谓物格，此谓知之至也。"

注释

① 程子曰：衍文也。
② 此句之上别有阙文，此特其结语耳。

译文

这就叫作认识了根本的道理。这就叫知识达到顶点了。

评析

朱子对《大学》的全新理解构成了宋明理学标志性的学术结构体系,其中又以其对格物致知的理解最有特色。首先朱子对古本《大学》做了次序的调整,传文中诚意的解释被移到正心之前;其次,他以为格物致知传缺失,而自己按照"程子之意"重新补了一段传文。这里的一段小字即朱子对格物致知传的补文。在大学章句其他地方他也有过对格致的解释:"致,推极也;知,犹识也;推极吾之知识,欲其所知无不尽也;格,至也;物,犹事也;穷至事物之理,欲其极处无不到也。此八者,大学之条目也。"依次解释,格物致知即是"到事物中去推极吾之知识"。

2. 中庸

第二十七章

故君子尊德性而道问学,致广大而尽精微,极高明而道中庸,温故而知新,敦厚以崇礼。①

注释

①朱子章句:尊者,恭敬奉持之意。德性者,吾所受于天之正理。道,由也。温,犹燖温之温,谓故学之矣,复时习之也。敦,加厚也。尊德性,所以存心而极乎道体之大也。道问学,所以致知而尽乎道体之细也。二者,修德凝道之大端也。不以一毫私意自蔽,不以一毫私欲自累,涵泳乎其所已知,敦笃乎其所已能,此皆存心之属也。析理则不使有毫厘之差,处事则不使有过不及之谬,理义则日知其所未知,节文则日谨其所未谨,此皆致知之属也。盖非存心无以致知,而存心者又不可以不致知。故此五句,大小相资,首尾相应,圣贤所师入德之方,莫详于此,学者宜尽心焉。

译文

所以,君子重视德行、天性而致力于求教、学习,追求广大而有穷尽精微,十分高明而通达中庸,温习旧有的而知晓新鲜的,有敦厚的态度崇尚礼仪。

评析

"君子尊德性而道问学,致广大而尽精微,极高明而道中庸",这是中庸的总纲,集中体现了中庸的基本含义。如果我们想要至德,想要明道,那么作为君子,在自己一生中就必须坚持"尊德性而道问学"的道路。什么是德性?就是我们先天本具之性,对此我们要将它尊贵起来。《易经》有云:"一阴一阳之谓道。"其实我们每时每刻都在这个道中,这一阴一阳之气也都一直在我们身上不停地运行。《易经》还说"日用之谓道",我们谁都离不开道。借用佛教的话来说,就是"一切众生皆有佛性,皆可成佛",每个人都具备佛性。孟夫子说过:"仁义礼智,非由外铄也,我固有之也。"即仁义礼智信并不是从外面来教化我们,或是从外面强加给我们的,而是我们本自有之的。只要我们把它尊贵起来,不要让它流失,不要让它堕落,不要让它异化,这就是尊德性。那么"道问学"就是所学所问都不要离开道。在我们日常生活、学习之中,都不要离道,要让"博学之,审问之,慎思之,明辨之,笃行之"这一套学修程序,贯穿于自己的一生。而到达"极高明而道中庸"的境界之前,还有一个过程是必须要经历的,即致广大而精微。"广大"是指地之广大,言贤人由学能致广大就好像大地有生养之德。"尽精微"指"生养之德"达到了广大的地步就能懂得育物之精细之处,该句讲的是如果能够广博至极点,也就能无微不尽也。"极高明而道中庸","高明"指的是天,言贤人由于学习达到了最高点,既可以懂得天之高明之德道,又能通达于中庸之理。

3. 论语

第七章

子曰:"盖有不知而作之者[①],我无是也。多闻,择其善者而从之,多见而识之,知之次也[②]。"

注释

①不知而作,不知其理而妄作也。

②识也,记也,所从不可不择,记则善恶皆当存之,以备参考。如此者,虽未能实知其理,亦可以次于知之者也。

译文

孔子说:大概会有那种自身并不知道,却敢著书立论的人,我并不是那种人。多听,选择其中好的去遵循;多看,然后都记在心里,这是虽未能完全把握但已经有所了解的状态了。

评析

后世的学者多以孔子为生来便知道所有道理的"生而知之"的圣人。但面对浩如烟海的知识,有所不知,也不会妨碍孔子作为一个圣人,因为孔子强调面对未知事物的谦虚与好奇,而非狂妄的自以为是。正是这一态度使孔子与众不同。

4. 孟子

离娄下

孟子曰:"博学而详说之,将以反说约也。"①

注释

①言所以博学于文,而详说其理者,非欲以夸多而斗靡也,欲其融会贯通,有以反而说到至约之地耳。盖承上章之意而言,学非欲其徒博,而亦不可以径约也。

译文

孟子说:"广博地学习而详尽地加以阐述,是要以此回归到简约的阐述。"

评析

真理原本是至简至约的,一半是因为我们理解的需要,一半是因为所谓"饱学之士"的炫耀门楣,使它们变得越来越复杂,越来越深奥了。所以,博学详说不是为了炫耀渊博,故作深刻,而是为了深入浅出、出博返约。所谓"绚烂之极归于平淡",博学详说归于简约。博学详说是手段,归于简约才是目的。

尽心上

孟子曰:"求则得之,舍则失之,是求有益于得也,求在我者也。①求之有道,得之有命,是求无益于得也,求在外者也。"②

注释

①舍,上声。朱子章句:在我者,谓仁义礼智,凡性之所有者。

②有道,言不可妄求。有命,则不可必得。在外者,谓富贵利达,凡外物皆是。

朱子章句:

赵氏曰:"言为仁由己,富贵在天,如不可求,从吾所好。"

译文

孟子说:"求索就获得,舍弃就失去,这种求索有益于获得,是求索我自身固有的东西;求索虽有途径,获得却有命运,这种求索无益于获得,是求索我自身以外的东西。"

评析

孟子所说的求到底是什么,一是认为你求就能得到,这是求自己。另一个是求之有道,得之有命。所谓"求之有道,得之有命",是指我们按一定的方法和规律去求,但是否可以得到,就不是我们自己能决定的了。孟子所说的求是求心,求一颗原始的初发心,即四端之心。我们所求之物为外在之物时,是很难得到的。但是若所求之物是内求,是心,就很容易得到。君子本立而道生,求心求的是一颗不动心。

尽心上

孟子曰:"万物皆备于我矣。①反身而诚,乐莫大焉。②强恕而行,求仁莫近焉。"③

注释

①此言理之本然也。大则君臣父子,小则事物细微,其当然之理,无一不具于性分之内也。

②乐,音洛。朱子章句:诚,实也。言反诸身,而所备之理,皆如恶恶臭、好好色之实然,则其行之不待勉强而无不利矣。其为乐,孰大于是?

③强,上声。朱子章句:强,勉强也。恕,推己以及人也。反身而诚则仁矣,其有未诚,则是犹有私意之隔,而理为纯也。故当凡事勉强,推己及人,庶几心公理得而仁不远也。此章言万物之理具于吾身,体之而实,则道在我而乐有余;行之以恕,则私不容而仁可得。

译文

孟子说:"万物都为我所具备。通过自身实践而觉得它们的正确,快乐没有比这更大了。勉力地推己及人去做,求仁没有比这更近的了。"

评析

万物皆备于我,是就人的天性而言。孟子认为,天地万物的道理存在于人的本性之中。人们应当努力践行天赋本性,反复印证天赋善性。孟子将"反身""自反""反求"作为修身证道的重要手段。所谓反身,一是遇到任何问题都首先从自身找原因;二是在生命的过程中始终有勇气直面自己的内心,经常加以拷问和省察。诚,便是忠于自己的内心,忠于自己的良知。反身而诚,是内省不疚,是仰不愧于天,俯不怍于人。这样获得的满足与喜乐,是内在自足的,因此"乐莫大焉"。孔子将恕道作为终身奉行的为人准则,《孟子》全书唯有此章提到"恕"字。孟子经常使用更通俗的表述"推己及人"来说明恕道。推己及人,人们就能更多地选择宽恕、宽容作为处世原则。不过,遵奉恕道为人处世,而且一以贯之,不是一件容易做到的事情,需要具有坚定不移的信仰和宽大仁爱的胸怀,严以律己、宽以待人,因此用"强"作状语修饰"恕"。"强"是勉力而行,是竭尽全力去做。天道与人本就合一,只是人多向外逐物,未曾反躬自省,未向内观照此合一之真实。天本是诚而无欺、实实在在的,只有人动思审虑、谋算作伪。故真反身者,能与天合一,享其天爵,安其天乐,此谓修身,此谓明道。并以此推己及人,由近而远,以合内外,可谓仁矣。

(二)《近思录》

卷三 格物穷理(凡七十八条) 第九条

凡一物上有一理。须是穷致其理。穷理亦多端,或读书讲明义理,或论古今人物,别其是非,或应接事物而处其当,皆穷理也。或问格物须物物格之,还只格一物而万理皆知。曰:怎得便会贯通?若只格一物便通众理,虽颜子亦不敢如此道。须是今日格一件,明日又格一件。积习既多,然后脱然自有贯通处。又曰①:所务于穷理者,非道尽穷了天下万物之理,又不道是穷得一理便到。只要积累多后自然见去。(《遗书》卷十八,页五下;卷二上,页二十二下)

朱子曰:所谓穷理者,事事物物,各自有个事物底道理。穷之须要周尽。若见得一边,不见一边,便不该通。穷之未得,更须款曲推明。(《语类》卷十五,第三十五条,页四六三/二八九)

又曰:格物。格,犹至也。如"舜格于文祖②"之"格",是至于文祖处。(同上,第九条,页四五三/二八三)

又曰:物理无穷,故他说得来亦自多端。如读书以讲明道义,则是理存于书。如论古今人物以别其是非邪正,则是理存于古今人物。如应接事物而审处其当否,则是理存于应接事物。所存既非亦物能专,则所格亦非一端而尽。如曰"一物格而万理通,虽颜子亦未至此。但当今日格一件,明日又格一件。积习既多,然后脱然有个贯通处"。此一项尤有意味。向非其人善问,则亦何以得之哉?(同上,卷十八,第七条,页六二七/三九一)

叔文③问:格物最是难事,如何尽格得? 曰:程子谓"今日格一件,明日又格一件。积习既多,然后脱然有贯通处"。某尝谓他此语便是真实做工夫来。他也不说格一件后便会通,也不说尽格天下物理后方始通,只云:"积习既多,然后脱然有个贯通处。"(同上,第九条,页六二八/三九二)

又曰:若其用力之方,则或考之事为之著,或察之念虑之微,或求之文字之中,或索之讲论之际。使于身心性情之德,人伦日用之常,以至天地鬼神之变,鸟兽草木之宜,自其一物之中,莫不有以见其所当然而不容已,与其所以然而不可易者,必其表里精粗,无所不尽。(《大学或问》第五章,页二十上下,总页三十九至四十)

注释

①"又曰"以下,《近思录》为本注。
②《书经·舜典》第十四节。
③叔文,江塾之字,真德秀(一一七八—一二三五)弟子。叔文为江默之子。

译文

大凡一物有一物之理,需要深入推究认识其理。推究理的途径是多方面的,或者读书讲明义理,或者评论古今人物,判别其是非,或应接事物,而能处理得当,都可穷尽事理。有人问:推究事物,需要一物一物一事一事地推究呢,还是只推究一事一物而万理皆知呢? 程颐回答说:怎能推究一物就会贯通呢? 如果只推究一物,就贯通众理,即使是大贤者颜回也不敢这么说。应该是今日推究一件,明日又推究一件,积累多了,然后自有豁然贯通的时候。

评析

伊川认为,格物的具体内容有"穷理亦多端,或读书讲明义理,或论古今人物,别其是非,或应接事物而处其当",他讲的穷理显然包含了对客观事物之理的探索,这样的格物观念强调了明理的重要性。而程子所说的格物过程,则是积累到一定阶段就会产生一个飞跃,达到普遍之理的认识。求天下之理,不一定要一一理会,而是要掌握最根本的法则。程子对格物的对象、范围、方法的这一理论经朱子的综合发展而成为宋明时期士人精神发展的基本方法。他的格物思想,就其本质而言,是主张以人的理性为基础,因而在为学初级阶段要追求客观的知识和研究具体的事物,具有一定的合理性。

卷三　格物穷理(凡七十八条)　第十二条

问观物察己还因见物反求诸身否?曰:不必如此说。物我一理,才明彼,即晓此。此合内外之道也。又问致知先求之四端①,如何?曰:求之情性,固是切于身。然一草一木皆有理,须是察。

又曰②:自一身之中,以至万物之理,但理会得多,相次③自然豁然有觉处。(《遗书》卷十八,页八下,卷十七,页六上)

朱子曰:上而无极太极,下而至于一草一本一昆虫之微,亦各有理。一书不读,则阙了一书道理。一事不穷,则阙了一事道理。一物不格,则阙了一物道理。须着逐一件与他理会过。(《语类》卷十五,第六十五条,页四七三/二九五)

叔文④问:格物莫须用合内外否?曰:不须恁地说。物格后,他内外自然合。盖天下之事,皆谓之物,而物之所在,莫不有理,且如草木禽兽,虽是至微至贱,亦皆有理。(同上,第六十六条,页四七三/二九五)

又曰:合内外,平物我。此见道之大端。盖道只是致一公平之理而已。(同上,卷九十八,第一一三条,页四〇一九/二五二九)

注释

①《孟子·公孙丑第二上》第六章。

②以下是《遗书》本注。

③一本作"胸次"。

④叔文,江垠之字,真德秀(一一七八——一二三五)弟子。叔文为江默

之子。

译文

有人问:格物究理中远观外物近察自身,还是以外物上认识的理回来验证自身吗?程颐说:不用这么说,物之理和我之理都是同一个理,刚刚明白了那个,也就通晓了这个,这就是合内心与外物为一的道理。又问:致知从探求仁、义、礼、智四端开始怎么样?程颐回答说:从人的性情上去探求,固然是切于自身了。但一草一木都包含着理,也应该去考察。

评析

从这里可以看出二程工夫论上的区别,明道重敬,而伊川重在致知,所以对于工夫而言,前者主存养,后者主理解。致知在于义理的求索和阐发,其目标是知理。性就是理。伊川进一步提出致知的手段,那就是格物。伊川是这样解释格物的格字的:"格,至也,格物而至于物,则物理尽","今人欲致知,须要格物。物不必谓事物然后谓之物也。自一身之中,至万物之理,但理会得多,相次自然豁然有觉处"。伊川主张性即是理,穷理就是尽性,性外无物,则一草一木皆有理。致知由此而转为格物穷理。明道主张"物来顺应,以明觉为自然",尚无格物之意,而伊川则为格物提出依据,"学者先要会疑,学莫贵于思,不深思则不能造于道",由此而须格物穷理以尽性,对致知的检验标准即在我心。

卷三 格物穷理(凡七十八条) 第二十一条

义理有疑,则濯去旧见,以来新意。心中有所开,即便劄记。不思则还塞之矣。更须得朋友之助。一日间朋友论著,则一日间意思差别。须日日如此讲论,久则自觉进也[①]。(《张子全书》卷七,页三下。"新意"以上,又见《张子语录》中,页七上,与《张子全书》卷十二,页三上)

朱子曰:横渠云,"濯去旧见,以来新意。"此说甚当。若不濯去旧见,何处得新意来?今学者有二种病,一是主私意,一是旧有先入之说。虽欲摆脱,亦被他自来相寻。(《语类》卷十一,第七十三条,页二九四/一八六)

注释

①叶采(《近思录集解》卷三,页八)谓泉州本此条与第三十三条,同在本卷之末,并谓此两条总论致知,不当在卷末。乃从旧本而以此条为第二十一,其他一条为第三十三,惟旧本只有"新意"以上十三字。在叶采之意,"心中"以下乃后人添入,惟无"一日间朋友论著则"八字。叶采从旧本,日本注家皆沿之。茅星来(《近思录集注》卷三,页十上)则从宋本。此条只有"新意"以上十三字,而以"心中"以下诸语,包括"一日间朋友论著则"八字,附在卷末第七十八条。

译文

学习中对义理领会不了时,就应该清除头脑中旧有的见解,好使新意产生。心中有所开悟,随即记下,不继续思考思路就又蔽塞了。还需要得到朋友的帮助,一天里与朋友讨论着,一天里认识就有差别。需要天天如此讨论,时间一长自然就感觉到进步了。

评析

张载对于为学有自己的方法,在学习中遇到困难时应该先抛开旧见,并随时记录心中所思,同时要从和他人的讨论中寻找新的见解,从书本、自己、他人等地方穷尽其理,这样才能有进步。

卷三　格物穷理(凡七十八条)　第三十三条

焞①初到,问为学之方。先生曰:公要知为学须是读书。书不必多看,要知其约。多看而不知其约,书肆耳。颐缘少时读书贪多,如今多忘了。须是将圣人言语玩味,入心记着,然后力去行之,自有所得。(今不见《外书》)

叶采曰:以上总论读书之法,以下乃分论读书之序。(《集解》卷三,页十三)

朱子曰:读书不可贪多,且要精熟。如今日看得一板,且看半板,将那精力来更更看前半板。两边如此,方看得熟。直须看得古人意思出方好。(《语类》卷十,第四十条,页二六二/一六六)

江永曰:尹子之学,要约而笃实,盖终身守此言者。(《集解》卷三,页六下)

注释

①尹焞(一〇七一——一一四二),字彦明,赐号和靖处士。师侍伊川二十年。当侍讲,权礼部侍郎。所著有《孟子解》《和靖集》。

译文

尹焞初到程颐门下,请教为学的方法。程颐说:您要明白为学应该读书。书不必多读,但要明白书中的精要。多读书而抓不住书中的精要,那就是个书铺子。我因为年轻时读书贪多,如今大多忘了。应该是把圣人的言语反复玩味,在心里记着,然后努力去实行,自然会有收获。

评析

程颐强调致知的重要性,不仅要记住读过的书,还应当把书中知识努力实行,结合起来才有收获。

卷三　格物穷理(凡七十八条)第二条

伊川先生答门人曰:孔孟之门,岂皆贤哲?固多众人。以众人观圣贤①,弗识者多矣。惟其不敢信己而信其师,是故求而后得。今诸君于颐言才不合则置不复思。所以终异也。不可便放下。更且思之,致知之方也。(《文集》卷五,页十七上)

朱子曰:学者未能有得,当谨守圣贤训戒,以为根基。如程子所谓"不敢信己而信其师者",始有寄足之地。不然,则飘摇没溺,终不能有以自立也。(《文集》卷四十九,《答滕德粹第二书》页二十一下)

注释

①指孔孟。

译文

程颐回复其门人的信中说:孔孟的门徒,哪能都是贤哲? 自然多是普通人。以常人去看圣贤,不能认识的地方多了。只因他们不敢相信自己而相信老师,所以能通过探索而后得圣人之义。今日诸位对我程颐的话,才有看法上的分歧,就丢下不再思考,所以最终还是不同。不可立即放下,且更应当思考,这是获取知识的方法。

评析

对于与自己看法不同的知识和见解,不妨多加思考,把彼此的观点做对比,而不是刚发现分歧就立即放下,这样是无法解决分歧的。

卷三 格物穷理(凡七十八条)第十条

思曰睿①。思虑久后,睿自然生。若于一事上思未得,且别换一事思之。不可专守着这一事。盖人之知识,于这里蔽着,虽强思亦不通也。(《遗书》卷十八,页四上)

问:伊川论致知处云,"若一事上穷不得,且别穷一事②。"窃谓致之为言,推而致之以至于尽也。于穷不得处正当努力,岂可迁延逃避,别穷一事耶? ……朱子曰:这是言随人之量,非曰迁延逃避也。盖于此处既理会不得,若专一守在这里,却转昏了。须着别穷一事,又或可以因此而明彼也。(《语类》卷十八,第二十四条,页六三七/三九七)

问:程子"若一事上穷不得,且别穷一事"之说,与《中庸》"弗得弗措③"相发明否? 曰:看来有一样底。若弗得弗措,一向思量这个,少间便会担阁了。若谓穷一事不得,便掉了别穷一事,又轻忽了,也不得。程子为见有恁地底,不得已说此话。(同上,第二十五条,页六三七至六三八/三九七)

注释

①《书经·洪范》第六节。
②《遗书》卷十五,页十一上。
③《中庸》第二十章,言有所学而不能,问而不知,思而不得,辨而不明,

则不肯废置。

译文

思考称作睿智。思虑时间久了,睿智自然产生。如果于一事思考未有所得,暂且换另一事思考,不可只守着某一件事。因为人的认识,在这个地方被遮蔽住了,即使强去思考,依然想不通的。

评析

"思"作为致知的方法,是程颐"格物致知"体系中的一个重要内容。"思"所指的并不只是简单的思考,而是一种源于心的、对内的反省,是对内在天理的发明,也可说是一种体悟。

(三)《传习录》

卷上　陆澄录　第八七条

问:"格物于动处,用功否?"先生曰:"格物无间①动静。静亦物也。孟子谓'必有事焉'②,是动静皆有事。"

佐藤一斋云:静时格物,戒惧慎独即此。

注释

①无间,无间隔,即不分之意。

②必有事,《孟子·公孙丑篇》第二上第二章:"必有事焉而勿正(预期)。心勿忘。勿助长也。"助长,《孟子·公孙丑篇》第二上第二章:"宋人有闵其苗之不长,而揠(拔)之者。芒芒(无知)然归。谓其人(家人)曰'今日病(倦)矣。予助苗长矣。'其子趋而往视之,苗则槁矣。"

译文

又问:"格物是否应在动时用功吗?"先生说:"格物不分动静,静也是物。

孟子说'必有事焉',就是动静皆有事。"

评析

格物在于时时去格,无动静之分,所谓君子须慎独即静时格物。

卷上　陆澄录　第八八条

工夫难处,全在格物致知上,此即诚意之事。意既诚,大段心亦自正,身亦自修。但正心修身工夫,亦各有用力处。修身是已发边,正心是未发边。心正则中,身修则和。

刘宗周云:此是先生定论。先生他日每言意在于事亲,即事亲为一物等云云(如第六条)。予窃转一语曰,意不在事亲时,是怎物?千载而下,每欲起先生于九原质之而无从也。先生又曰"工夫难处,全在格物致知上。此即诚意之事。意既诚,大段心亦自正,身亦自修。但正心修身工夫,亦各有用力处。修身是已发边,正心是未发边。心正则中,身修则和。"(第八十八条)云云。先生既以良知二字冒天下之道,安得又另有正修功夫?止因将意字看作已发了,故工夫不尽,又要正心,又要修身。意是已发,心是未发,身又是已发,先生每讥宋学支离而躬自蹈之。千载而下,每欲起先生于九原质之而无从也。噫。(《遗编》卷十三《阳明传信录》三,页十上下。又黄宗羲引见《明儒学案》卷十,页十六上。注家或误以为黄宗羲语。)

但衡今云:"阳明学术主一,训格为正,故格物无间动静。正其不正,以归于正。一心之外,动静皆物也。静犹等物。故已发皆物,未发无物也。未发着重诚正,已发着重修省,诚正犹修省也。阳明治学之严,约理之精,于此可见。"又云:"阳明此节分身心为二,且各有用力处,似有自语相违之嫌。治王学者,当作次第看,莫作分别解。"

译文

工夫的难处全落在格物致知上,也就是说,是否诚心诚意。意诚,大体上心也自然端正,身也自然修养。然而,正心修身的工夫也各有不同的用力处。修身是在已发上,正心是在未发上。正则中,身修则和。

评析

常人纵有千算,难免失之完善,不但残缺,而且无序,这种算计,往往失其中正,伤其和气;圣人只有一算,却非常圆满,从"格物""致知"到"平天下",唯其"明明德""在亲民""在止于至善"。"明明德",则正,"亲民"则和,"止于至善"则中。心正、性中、气和,志向尔后安定,安定便是"知止"。

卷中　答聂文蔚二　第一八七条

夫必有事焉,只是集义,集义只是致良知。说集义则一时未见头脑,说致良知即当下①便有实地步可用工,故区区专说致良知。随时就事上致其良知,便是格物;著实去致②良知,便是诚意;著实致其良知,而无一毫意必固我,便是正心;著实致良知,则自无忘之病。无一毫意必固我③,则自无助之病。故说格致诚正④,则不必更说个忘助。孟子说忘助,亦就告子得病处立方。告子强制其心,是助的病痛。故孟子专说助长之害。告子助长,亦是他以义为外。不知就自心上集义,在必有事焉上用功,是以如此。若时时刻刻就自心上集义,则良知之体,洞然明白。自然是是非非,纤毫莫遁。又焉"不得于言,勿求于心。不得于心,勿求于气"⑤之弊乎?孟子集义养气之说,固大有功于后学。然亦是因病立方,说得大段。不若《大学》格致诚正之功,尤极精一简易为彻上彻下,万世无弊者也。

刘宗周云:致良知只是存天理之本然。(《遗编》卷十一《阳明传信录》一,页十六上。又见《明儒学案》卷十,页十一下。东正纯误以为黄宗羲语。)

但衡今云:阳明以孟云集义所生,说明致良知之功。以良知之间断与否,说明必有事焉,勿忘勿助之功。推而至于格物、诚意、正心,皆有实地工夫可用,条理分明。用以破当时单提勿忘勿助而煮空锅者之迷,无有不恍然而日悟者也。至所云"集义只是致良知",阳明取以说明必有事焉,与致字之功。不必以其致良知之学,即孟子所谓集义也。不可不辨。

注释

①当下,当时也,现在也。
②致,南本作"致其"。

③意必,《论语·子罕篇》第九第四章:"子绝四:毋意、毋必、毋固、毋我。"

④格致诚正,见《大学》经文。

⑤勿求于气,《孟子·告子篇》第二上第二章:"敢问夫子(孟子)之不动心,与告子之不动心,可得闻欤?"告子曰:"'不得于言,勿求于心。不得于心,勿求于气。'不得于心,勿求于气,可。不得于言,勿求于心,不可。夫志,气之帅也。气,体之充也。夫志至焉,气次焉。故曰,持其志,无暴(害)其气。……我知言。我善养吾浩然之气。"

译文

"必有事焉"仅为"集义","集义"仅为"致良知"。说到集义时,或许一时还把握不住关键所在。说到致良知,那么一时间就可实地用功了。所以我只说致良知,随时在事上致良知,就是格物。实实在在地去致良知,就是诚意。实实在在地致良知而无丝毫的意、必、固、我,就是正心。实实在在地致良知,自然不会有忘的毛病;无丝毫的意、必、固、我,也自然不会有助的毛病。因此,说到格物、致知、诚意、正心时,也就不用再说勿忘勿助了。孟子主张勿忘勿助,也是就告子的毛病而言的。告子主张强制人心,这是犯了助的毛病,所以孟子只谈助长的危害。告子的助长,亦是因为他以为义是外在的,不懂得在自己的心上"集义"、在"必有事焉"上用功,所以才有了助长的毛病。若时时从己心上去"集义",那么,良知本体自会洞明,自会明辨是非,丝毫也不能逃脱。又怎么会有"不得于言,勿求于心。不得于心,勿求于气"的毛病呢?孟子"集义""养气"的主张,对后来的学问固然有很大贡献,但他也是因病施药,说个大约,不比《大学》中的格物、致知、诚意、正心的功夫,十分精一简练,彻头彻尾,永无弊病。

评析

王阳明为了论证"致良知"说,强调《大学》《中庸》的宗旨是合一的。他认为,《中庸》的"慎独"就是《大学》的"致知","慎"就是"致",就是个人的内心省察和主观努力;"独"就是"良知",是主宰天地万物的绝对本体。所以,

"慎独"即"致其良知",也就是求得本体的工夫。与孟子"集义"说大同小异。

卷上 薛侃录 第一一八条

惟乾①问:"知如何是心之本体?"先生曰:"知是理之灵处,就其主宰处说便谓之心,就其禀赋处说便谓之性。孩提之童,无不知爱其亲,无不知敬其兄②。只是这个灵能不为私欲遮隔,充拓得尽,便完全是他本体。便与天地合德③。自圣人以下,不能无蔽。故须格物以致其知。"④

注释

①惟乾,冀元亨,字惟乾,号暗斋。楚之武陵(今湖南常德)人。阳明谪龙场(一五〇八)途中,先生师焉。随侍阳明于庐陵(一五一〇),逾年而归。宸濠致书问学阳明。阳明使先生往答之。宸濠反。朝廷疑先生助宸作反,逮之入狱。正德十六年(一五二一)出狱后五日卒。参看《明儒学案》卷二十八(页六下至七上)与《明史》卷一九五。

②敬兄,《孟子·尽心篇》第七上第十五章语。

③合德,《易经·乾卦·文言》:"圣人与天地合其德。"

④孙锵案,此条首五十五字,《集要》本(施本)误脱,并误字连上文。

译文

惟乾问:"为什么知是心的本体?"先生说:"知是敏的灵敏处,就其主宰处而言为心,就其禀赋处而言为性。幼龄儿童,无不知道爱其父母,无不知道敬其兄长。这正是因为,这个灵敏的知未被私欲蒙蔽迷惑,可以彻底扩充拓展,知便完全地成为心的本体,便与天地之德合而为一。自圣人以下的,人们没有不被蒙蔽的,所以,需要通过格物来获得他的良知。"

评析

良知和恶念同生于心的本体——性。感知的东西与天理相应,即为"大性"的一方面,这种"知"便是良知;感知的东西与天理相逆,相逆则会扰乱"大性",这种"知"便是恶念。恶念清除如冰之融化;良知显现如水之透明。

卷中　答顾东桥书　第一三五条

来书云：闻语学者，乃谓即物穷理①之说，亦是玩物丧志②，又取其厌繁就约③，涵养本原④数说，标示学者，指为晚年定论⑤，此亦恐非。

朱子所谓格物云者，在"即物而穷其理"也。即物穷理，是就事事物物上求其所谓定理者也。是以吾心而求理于事事物物之中，析心与理而为二矣。夫求理于事事物物者，如求孝之理于其亲之谓也。求孝之理于其亲，则孝之理其果在于吾之心邪？抑果在于亲之身邪？假而果在于亲之身，则亲没之后，吾心遂无孝之理欤？见孺子之入井，必有恻隐之理⑥。是恻隐之理，果在于孺子之身欤？抑在于吾心之良知欤？其或不可以从之于井⑦欤？其或可以手而援之⑧欤？是皆所谓理也。是果在于孺子身欤？抑果出于吾心之良知欤？以是例之，万事万物之理，莫不皆然。是可以知析心与理为二之非矣。夫析心与理而为二，此告子义外⑨之说，孟子之所深辟⑩也。务外遗内，博而寡要⑪，吾子既已知之矣。是果何谓而然哉？谓之玩物丧志，尚犹以为不可欤？若鄙人所谓致知格物者，致吾心之良知于事事物物也。吾心之良知，即所谓天理也。致吾心良知之天理于事事物物，则事事物物皆得其理矣。致吾心之良知者，致知也。事事物物皆得其理者，格物也。是合心与理而为一者也。合心与理而为一，则凡区区前之所云，与朱子晚年之论，皆可以不言而喻矣。

孙奇逢云：顾端文公（顾宪成，字泾阳，一五五○——一六一二）云："阳明之所谓知，即朱子之所谓物。朱子之所以格物者，即阳明之所以致知者也。"（光绪丁丑，一八七七年，《顾端文公遗书》本《小心斋札记》卷七，页十二下至十三上。）可以忘同异之辩。

注释

①即物穷理，朱子《大学章句》第五章《补传》："即物而穷其理。"

②玩物丧志，语出《书经·旅獒篇》第六节。

③厌繁就约，《朱子文集》卷三十五，页二十六下，朱子《与刘子澄书》之意。

④涵养本原,语见《朱子文集》卷四十七,页三十一上,朱子《答吕子约书》。

⑤定论,阳明之《朱子晚年定论》,附于《传习录》卷下。

⑥恻隐,《孟子·公孙丑篇》第二上第六章:"今人乍见孺子将入于井,皆有怵惕恻隐之心。"

⑦从之入井,《论语·雍也篇》第六第二十四篇:"井有仁焉,其从之也。"

⑧手援,《孟子·离娄篇》第四上第十七章:"嫂溺不援,是豺狼也。男女授受不亲,礼也。嫂溺援之以手者,权也。"

⑨义外,《孟子·告子篇》第六上第四章,告子曰:"仁,内也,非外也;义,外也,非内也。"

⑩深辟,《孟子·公孙丑篇》第二第二章:"告子未尝知义,以其外之也。"

⑪寡要,语见《传习录》第一三〇条:"来书云:近时学者,务外遗内,博而寡要。"

译文

来信写道:"闻听先生对学生讲过,即物穷理也是玩物丧志。又将朱熹关于厌繁就约、涵养本原学说的几封信取出来,一一拿给学生看,并把这些称为朱熹的晚年定论,只怕事实不是如此。"

朱熹所谓的格物,就是指在事物中穷究事物的理。即物穷理,是从各种事物中寻求其原本的理。这是用我的心到各种事物中去求理,如此就把心与理分开为二了。在事物中求理,好比在父母那里求孝的理。在父母那里求孝的理,那么,孝的理究竟是在我的心中,还是在父母的身上呢?如果真在父母身上,那么,父母去世后,孝的理在我心中不就消失了?看见孩子落入井中,必有恻隐的理。这个理到底是在孩子身上,还是在我内心的良知上呢?或许不能跟着孩子跳入井中,或许可以伸手来援救,这都是所说的理。这个理到底是在孩子身上,还是出于我内心的良知呢?从这个例子中可以看出,各种事物的理都是这样。由此可知,把心与理一分为二是错误的。把心与理分开为二,是告子以义为外的主张,正是孟子竭力反对的。重视外在知识而忽略内心修养,知识广博却不得要领,既然你已明白这些,它到底该怎么说？讲它玩物丧志还认为有什么不正确之处？我讲的致知格物，是将我心的良知推致各种事物上。我心的良知，也就是所说的天理，把我心良知的天理推致各种事物上，那么，各种事物都能得到理了。推致我心的良知，即为致知。各种事物都得到理，即为格物。这是把心与理合而为一。将心与理合而为一，那么，前面我所讲的和《朱子晚年定论》，均可不言而喻了。

评析

这里强调将心与理合而为一，也就是阳明心学中的"心即理"的人性论。阳明先生学朱学之时，最疑惑之处是朱子对"格物"的解释。朱子认为天下事事物物皆有定理，务必格尽天下之物，才能全知。而阳明先生以为既说连一草一木都有自然之理，凭一己之力如何尽天下之事理？长期以来，阳明先生始终无法借助朱子学说解开谜团，因此迫使他设定朱学的谬误，另外谋求正确合理的解释来表达自然天理。皇天不负苦心人，在他37岁那年，终于有所开悟，而创出超越朱学的阳明学说。

卷中　答顾东桥书　第一三八条

来书云："谓致知之功，将如何为温凊①，如何为奉养，即是诚意，非别有所谓格物。此亦恐非。"

此乃吾子自己意揣度鄙见，而为是说，非鄙人之所以告吾子者矣。若果如吾子之言，宁复有可通乎？盖鄙人之见，则谓意欲温凊，意欲奉养者，所谓意也，而未可谓之诚意。必实行其②温凊奉养之意，务求自慊，而无自欺，然后谓之诚意。知如何而为温凊之节，知如何而为奉养之宜者，所谓知也，而未可谓之致知。必致其知如何为温凊之节者之知，而实以之温凊。致其知如何为奉养之宜者之知，而实以之奉养，然后谓之致知。温凊之事，奉养之事，所谓物也，而未可谓之格物。必其于温凊之事也，一如其良知之所知当如何为温凊之节者而为之，无一毫之不尽。于奉养之事也，一如其良知之所知当如何为奉养之宜者而为之，无一毫之不尽，然后谓之格物。温凊之物格，然后知奉养之良知始致。奉养之物格，然后知奉养之良知始致。故曰，"物格而后知至"③。致其知温凊之良知，而后温凊之意始诚。致其知奉养之良知,而后奉养之意始诚。故曰,"知至而后意诚"④。此区区诚意致知格物之说盖如此。吾子更熟思之,将亦无可疑者矣。

注释

①温清,《礼记·曲礼》上,第十节,"凡为人子之礼,冬温而夏清(凉),昏定(安)而朝省(视)。"
②其,施本、俞本作"欲"。
③物格,《大学》经文。
④意诚,同上。

译文

来信写道:"先生,您说所谓致知的功夫,就是怎样让父母冬暖夏凉,怎样奉养正恰,亦即诚意,不是别有所谓的格物,这只怕也不甚正确。"

你这是在用自己的意思来猜度我的想法,我并未向你如此说过,若真如你所言,又怎能说得过去？我认为,让父母冬暖夏凉、奉养正恰,并且在做的时候感到满意,没有违背自己,如此才叫诚意。知道如何做到冬暖夏凉,知道如何奉养正恰,这只是所说的知,而非致知。必须正确运用关于冬暖夏凉的知识,切实做到了冬暖夏凉;运用关于奉养正恰的知识,切实做到了奉养正恰,这才叫作致知。冬暖夏凉、奉养正恰之类的事,就是所说的物,并不是格物。对于冬暖夏凉、奉养正恰的事,完全依照良知所知道的技巧去实行,没有分毫不足。这才能称为格物。冬暖夏凉,这个物"格"了,然后方知冬暖夏凉的良知才算是"致"了;奉养正恰,这个物"格"了,然后方知奉养正恰的良知才算是"致"了。因此,《大学》才说:"格物而后知至。"致那个知道冬暖夏凉的良知,尔后冬暖夏凉的意才能诚;致那个知道奉养正恰的良知,尔后奉养正恰的意才能诚。因此,《大学》又说:"知至而后意诚。"以上这些就是我对诚意、致知、格物的阐释。你再深入地思考一下,就不会有所疑问了。

评析

《大学》中说:"格物而后知""知至而后意诚"。这条"格物—知至—意诚"的认识链,实际上是一种思维逻辑。像这样的认识逻辑现实中还有很多类举。例如:大自然创造了万物,万物养育了生命,生命维系着大自然。可见,这种逻辑原本是一种圆圈,而不是线段,从这一端发展到了另一端。在"格物—知至—意诚"的逻辑链上,知与行并非两个端,它们互为起点和终点。

四、存　养

(一)《四书》

1. 大学

第七章

所谓修身在正其心者:身有所忿懥,则不得其正;有所恐惧,则不得其正;有所好乐,则不得其正;有所忧患,则不得其正。①心不在焉,视而不见,听而不闻,食而不知其味。②此谓修身在正其心。

右传之七章。释正心、修身。此亦承上章以起下章。盖意诚则真无恶而实有善矣,所以能存是心以检其身。然或但知诚意,而不能密察此心之存否,则又无以直内而修身也。

注释

①程子曰:"身有之身,当作心。"忿,弗粉反。懥,敕值反。好、乐,并去声。朱子章句:忿懥,怒也。盖是四者,皆心之用,而人所不能无者。然一有之而不能察,则欲动情胜,而其用之所行,或不能不失其正矣。

②心有不存,则无以检其身,是以君子必察乎此而敬以直之,然后此心常存而身无不修也。

译文

修饬自身的途径是端正内心,是指内心有所愤恨,内心就不能端正;有所恐惧,内心就不能端正;有所喜乐,内心就不能端正;有所忧虑,内心就不能端正。心不在焉,就会视而不见,听而不闻,吃东西不知道滋味。这是说,修饬自身的途径是端正内心。

评析

正心是诚意之后的进修阶梯。诚意是意念真诚,不自欺欺人。但是,仅仅有诚意还不行。因为,诚意可能被喜怒哀乐惧等情感支配役使,使你成为感情的奴隶而失去控制。所以,在"诚其意"之后,还必须"正其心",也就是要以端正的心思(理智)来驾驭感情,进行调节,以保持中正平和的心态,集中精神修养品性。这里需要注意的是,理与情、正心与诚意不是绝对对立、互不相容的。朱嘉说:喜怒哀乐惧等都是人心所不可缺少的,但是,一旦我们不能自察,任其左右自己的行动,便会使心思失去端正。所以,正心不是要完全摒弃喜怒哀乐惧等情欲,不是绝对禁欲,而只是说要让理智来克制、驾驭情欲,使心思不被情欲所左右,从而做到情理和谐地修身养性。

第九章

《康诰》曰"如保赤子",心诚求之,虽不中,不远矣。未有学养子而后嫁者也![1]

注释

[1] 中,去声。朱子章句:此引《书》而释之,又明立教之本不假强为,在识其端而推广之耳。

译文

《康诰》说:"如同爱护婴儿那样",内心真诚地去追求,即使不能做到也相差不远了。没有学会养育孩子之后才出嫁的。

评析

《康诰》是出自《尚书》里面的《周书》。它讲到"如保赤子",这个赤子就是新生的婴儿,父母保护自己的新生婴儿会用非常谨慎的态度,唯恐有一点闪失。这是因为父母对儿女那种真慈真爱,所以才会有这种举动,这种举动不是人教给他的,完全是他自己天性的流露。这种天性流露,就是性德,就是《大学》里讲的明德,它是本善。引申到爱护人民上面,爱护人民就像父母爱护自己的新生婴儿那样。如果心里真正真诚地爱护人民百姓,虽然不中,就是不能够完全做到合乎目标,但也相差也不会很远。这里,朱子对经文的解释比较短,他说"此引书而释之,又明立教之本不假强为,在识其端而推广之耳"。说这里引用的是《尚书》里面的这句话来解释,让我们能明白治国、立教之本是什么,立教之本就是教化国民的根本。教化不能够强为,在于认识这个端,端就是这里讲到的本,孝、悌、慈,这是立教之本。在国家上下推广孝道、悌道、慈爱,齐家治国就不是难事。

2. 中庸

第一章

　　天命之谓性,率性之谓道,修道之谓教。①道也者,不可须臾离也,可离非道也。是故君子戒慎乎其所不睹,恐惧乎其所不闻。②莫见乎隐,莫显乎微,故君子慎其独也。③喜怒哀乐之未发,谓之中;发而皆中节,谓之和。中也者,天下之大本也;和也者,天下之达道也。④致中和,天地位焉,万物育焉。⑤

　　右第一章。子思述所传之意以立言:首明道之本原出于天而不可易,其实体备于己而不可离,次言存养省察之要,终言圣神功化之极。盖欲学者于此反求诸身而自得之,以去夫外诱之私,而充其本然之善,杨氏所谓一篇之体要是也。其下十章,盖子思引夫子之言,以终此章之义。

注释

　　①命,犹令也。性,即理也。天以阴阳五行化生万物,气以成形,而理亦赋焉,犹命令也。于是人物之生,因各得其所赋之理,以为健顺五常之德,所谓性也。率,循也。道,犹路也。人物各循其性之自然,则其日用事物之间,莫不各有当行之路,是则所谓道也。修,品节之也。性道虽同,而气禀或异,故不能无过不及之差,圣人因人物之所当行者而品节之,以为法于天下,则

谓之教,若礼、乐、刑、政之属是也。盖人之所以为人,道之所以为道,圣人之所以为教,原其所自,无一不本于天而备于我。学者知之,则其于学,知所用力而自不能已矣。故子思于此首发明之,读者所宜深体而默识也。

②离,去声。朱子章句:道者,日用事物当行之理,皆性之德而具于心,无物不有,无时不然,所以不可须臾离也。若其可离,则为外物而非道矣。是以君子之心常存敬畏,虽不见闻,亦不敢忽,所以存天理之本然,而不使离于须臾之顷也。

③见,音现。朱子章句:隐,暗处也。微,细事也。独者,人所不知而己所独知之地也。言幽暗之中,细微之事,迹虽未形而几则已动,人虽不知而己独知之,则是天下之事无有著见明显而过于此者。是以君子既常戒惧,而于此尤加谨焉,所以遏人欲于将萌,而不使其滋长于隐微之中,以至离道之远也。

④乐,音洛。中节之中,去声。朱子章句:喜怒哀乐,情也。其未发,则性也,无所偏倚,故谓之中。发皆中节,情之正也,无所乖戾,故谓之和。大本者,天命之性,天下之理皆由此出,道之体也。达道者,循性之谓,天下古今之所共由,道之用也。此言性情之德,以明道不可离之意。

⑤致,推而极之也。位者,安其所也。育者,遂其生也。自戒惧而约之,以至于至静之中无少偏倚,而其守不失,则极其中而天地位矣。自谨独而精之,以至于应物之处无少差谬,而无适不然,则极其和而万物育矣。盖天地之物,本吾一体,吾之心正,则天地之心亦正矣;吾之气顺,则天地之气亦顺矣,故其效验至于如此。此学问之极功、圣人之能事,初非有待于外,而修道之教亦在其中矣。是其一体一用虽有动静之殊,然必其体立而后用有以行,则其实亦非有两事也。故于此合而言之,以结上文之意。

译文

上天赋予人的叫作性,依顺本性行事叫作道,修饬道行叫作教。道,是不可片刻离弃的,可以离弃的就不是道了。所以,君子在人们看不见的场合谨慎戒备,在人们不知道的场合担心害怕。暗处什么都会表露,细节什么都会显示。所以君子谨慎自己的独处。喜怒哀乐尚未表现出来叫作中,表现出来而都符合规范叫作和。中是天下的基本规则,和是天下的普遍规律。达到了中和,天地秩序井然,万物生长繁育。

评析

这是《中庸》的第一章,从道不可片刻离弃引入话题,强调在《大学》里面也阐述过的"慎其独"问题,要求人们加强自觉性,真心诚意地顺着天赋的本性行事,而根据儒家对人天性的认定,人出生时其性都是善良的,都是符合"仁"的。这里所说的"天命",就是人仁慈的本性。按道的原则修养自身。解决了上述思想问题后,本章才正面提出"中和"(即中庸)这一范畴,进入全篇的主题。作为儒学的重要范畴之一,历来对"中庸"有各种各样的理解。本章是从情感的角度切入,对"中""和"作正面的、基本的解释。按照本章的意思,在一个人还没有表现出喜怒哀乐的情感时,心中是平静淡然的,所以叫作"中",但喜怒哀乐是人人都有且不可避免的,它们必然要表现出来。表现出来而符合常理,有节度,这就叫作"和"。二者协调和谐,这便是"中和"。人人都达到"中和"的境界,大家心平气和,社会秩序井然,天下也就太平无事了。本章具有全篇总纲的性质,以下内容都围绕本章内容而展开。

第二十章

诚者,不勉而中,不思而得,从容中道,圣人也。诚之者,择善而固执之者也。[①]

注释

①中,并去声。从,七容反。朱子章句:此承上文"诚身"而言。诚者,真实无妄之谓,人事之当然也。圣人之德,浑然天理,真实无妄,不待思勉而从容中道,则亦天之道也。未至于圣,则不能无人欲之私,而其为德不能皆实。故未能不思而得,则必择善,然后可以明善;未能不勉而中,则必固执,然后可以诚身,此则所谓人之道也。不思而得,生知也。不勉而中,安行也。择善,学知以下之事。固执,利行以下之事也。

译文

天生诚的人,不用努力就能达到,不用思考就具备,举止行动符合中庸之道,这是圣人。做到诚的人,是选择了善行而牢牢把握住它的人。

评析

这里先讲了所谓天生圣人的境界,但是圣人的境界并非一般人能达到的,所以后面就讲了我们普通人应该走的道路,即"诚之者"怎么做。其原则就是"择善而固执之者也",即首先要选择好的目标和方法,也就是择善,然后牢牢把握住它。

第二十二章

唯天下至诚,为能尽其性;能尽其性,则能尽人之性;能尽人之性,则能尽物之性;能尽物之性,则可以赞天地之化育;可以赞天地之化育,则可以与天地参矣。①

右第二十二章。言天道也。

注释

①天下至诚,谓圣人之德之实,天下莫能加也。尽其性者,德无不实,故无人欲之私,而天命之在我者,察之由之,巨细精粗,无毫发之不尽也。人物之性,亦我之性,但以所赋形气不同而有异耳。能尽之者,谓知之无不明而处之无不当也。赞,犹助也。与天地参,谓与天地并立为三也。此自诚而明者之事也。

译文

唯有天下至诚的人,才能完全发挥自己的性;能完全发挥自己的性,才能完全发挥他人的性;能完全发挥他人的性,才能完全发挥万物的性;能完全发挥万物的性,就可以助长天地的演化繁育;助长天地的演化繁育,就可以和天地并立为三了。

评析

了解了本然之性,还应当存养性,而只有至诚之人方能把本然之性发挥到极处;以这样的态度关怀人,也会使别人的善性发挥到极处。因此应以真诚来存养自己的本然之性。

第二十六章

故至诚无息。①不息则久,久则征,②征则悠远,悠远则博厚,博厚则高明。③博厚,所以载物也;高明,所以覆物也;悠久,所以成物也。④博厚配地,高明配天,悠久无疆。⑤

注释

①既无虚假,自无间断。

②久,常于中也。征,验于外也。

③此皆以其验于外者言之。郑氏所谓"至诚之德,著于四方"者是也。存诸中者既久,则验于外者益悠远而无穷矣。悠远,故其积也广博而深厚。博厚,故其发也高大而光明。

④悠久,即悠远,兼内外而言之也。本以悠远致高厚,而高厚又悠久也。此言圣人与天地同用。

⑤此言圣人与天地同体。

译文

所以,至诚是没有止息的。没有止息就常存于内心,常存于内心就显露于外,显露于外就悠远,悠远就广博深厚,广博深厚就高明。广博深厚能用来承载万物,高明能用来涵盖万物,悠远能用来成就万物。广博深厚媲美于地,高明媲美于天,悠远则无边无际。

评析

一个人至诚的最终结果是成物,成物就是通过创新成全万物,覆物就是颠覆过往。博厚,就是不断积累,高明就是智慧。一个人,要有一颗至诚之心，拥有至诚之心之后，就能长久坚持，永不停息。因为长久坚持，日积月累，就会变得广博深厚且拥有智慧。拥有智慧就能不断创新，最后成全万物。

3. 论语

述而第七

子曰："仁远乎哉？我欲仁，斯仁至矣。"①

注释

①仁者，心之德，非在外也。放而不求，故有以为远者。反而求之，则即此而在矣，夫岂远哉？朱子章句：程子曰："为仁由己，欲之则至，何远之有？"

译文

孔子说："仁遥远吗？我向往仁，仁就来到了。"

评析

孔子在本章强调了修养靠的是自觉。仁是内在的品德，其外在情感表现为关怀、仁爱他人。如果一个人真想成为仁者，只要其内在自觉地朝着这个方向努力，就一定能够做到，因为"仁"就在身边。"仁"可以说是儒家思想的核心，孔子更是将"仁"视为学问、道德修养的最高境界。此处，孔子着意强调，"仁"并不是高不可攀的东西，只要我们自觉地、真心诚意地去追求，任何人都能得到仁。

里仁第四

子曰："见贤思齐焉，见不贤而内自省也。"①

注释

①省，悉井反。朱子章句：思齐者，冀己亦有是善，内自省者，恐己亦有是恶。胡氏曰："见人之善恶不同，而无不反诸身者，则不徒羡人而甘自弃，

不徒责人而忘自责矣。"

译文

孔子说:"见到有德行的想向他看齐,见到没有德行的就内心自我省察。"

评析

自我反省是道德修养的一种方法,经常反省自己可以去除心中的杂念,理性地看待自己,完善自己的道德境界。《论语·为政篇》中提到,曾子每日"三省吾身",在此孔子又提出了"见贤思齐,见不贤内自省"的修养方法,就是为了说明在一个人完善自己的人格和学问、提高道德修养的过程中,自省的重要作用。

卫灵公第十五

子曰:"无为而治者,其舜也与?夫何为哉?恭己正南面而已矣。"①

注释

①与,平声。夫,音扶。朱子章句:无为而治者,圣人德盛而民化,不待其有所作为也。独称舜者,绍尧之后,而又得人以任众职,故尤不见其有为之迹也。恭己者,圣人敬德之容。即无所为,则人之所见如此而已。

译文

孔子说:"无为而治的人,大概是舜吧!他做了些什么呢?只是谨慎地整饬自身、端坐王位罢了。"

评析

"恭己正南面而已矣",这一句可以理解为"上好礼,则民易使也"的具体阐释。"修己以敬""修己以安人""修己以安百姓",尽在其中矣。重在"修己"。

子张第十九

子张曰:"士见危致命,见得思义,祭思敬,丧思哀,其可已矣。"①

注释

①致命,谓委致其命,犹言授命也。四者立身之大节,一有不至,则余无足观。故言士能如此,则庶乎其可矣。

译文

子张说:"士人遇到危难献出生命,遇到得益考虑大义,祭祀时考虑恭敬,守丧时考虑哀伤,那就行了。"

评析

这一章谈论的是士人立身的大节问题,也是对孔子思想的阐发。子张在此章将着眼点落在"士人"也就是我们现在所说的读书人身上,但其所言"见危致命,见得思义,祭思敬,丧思哀"四点,并不仅仅局限于读书人,而是所有追求个人完善、有求仁之心的人都应该依照着去做的。

4. 孟子

公孙丑上

"敢问夫子恶乎长?"曰:"我知言,我善养吾浩然之气。"①"敢问何谓浩然之气?"曰:"难言也。②其为气也,至大至刚,以直养而无害,则塞于天地之间。③其为气也,配义于道;无是,馁也。④是集义所生者,非义袭而取之也。行有不慊于心,则馁矣。我故曰,告子未尝知义,以其外之也。⑤必有事焉而勿正,心勿忘,勿助长也。无若宋人然。宋人有闵其苗之不长而揠之者,芒芒然归。谓其人曰:'今日病矣,予助苗长矣。'其子趋而往视之,苗则槁矣。天下之不助苗长者寡矣。以为无益而舍之者,不耘苗者也;助之长者,揠苗者也。非徒无益,而又害之。"⑥

注释

①恶,平声。朱子章句:公孙丑复问孟子之不动心所以异于告子如此者,有何所长而能然,而孟子又详告之以其故也。知言者,尽心知性,于凡天

下之言,无不有以究极其理,而识其是非得失之所以然也。浩然,盛大流行之貌。气,即所谓体之充者。本自浩然,失养故馁,惟孟子为善养之以复其初也。盖惟知言,则有以明夫道义,而于天下之事无所疑;养气,则有以配夫道义,而于天下之事无所惧,此其所以当大任而不动心也。告子之学,与此正相反。其不动心,殆亦冥然无觉,悍然不顾而已尔。

②孟子先言知言,而丑先问气者,承上文方论志气而言也。难言者,盖其心所独得,而无形声之验,有未易以言语形容者。故程子曰:"观此一言,则孟子之实有是气可知矣。"

③至大,初无限量。至刚,不可屈挠。盖天地之正气,而人得以生者,其体段本如是也。惟其自反而缩,则得其所养,而又无所作为以害之,则其本体不亏而充塞无间矣。

朱子章句:

程子曰:"天人一也,更不分别。浩然之气,乃吾气也。养而无害,则塞乎天地。一为私意所蔽,则欿然而馁,知其小也。"谢氏曰:"浩然之气,须于心得其正时识取。"又曰:"浩然,是无亏欠时。"

④馁,奴罪反。朱子章句:配者,合而有助之意。义者,人心之裁制道者,天理之自然。馁,饥乏而气不充体也。言人能养成此气,则其气合乎道义而为之助,使其行之勇决,无所疑惮。若无此气,则其一时所为虽未必不出于道义,然其体有所不充,则亦不免于疑惧,而不足以有为矣。

⑤慊,口簟反,又口劫反。朱子章句:集义,犹言积善,盖欲事事皆合于义也。袭,掩取也,如齐侯袭莒之袭。言气虽可以配乎道义,而其养之之始,乃由事皆合义,自反常直,是以无所愧怍,而此气自然发生于中,非由只行一事偶合于义,便可掩袭于外而得之也。慊,快也,足也。言所行一有不合于义,而自反不直,则不足于心,而其体有所不充矣。然则义岂在外哉?告子不知此理,乃曰仁内义外,而不复以义为事,则必不能集义以生浩然之气矣。上文不得于言,勿求于心,即外义之意,详见《告子上篇》。

⑥长,上声。揠,乌八反。舍,上声。朱子章句:必有事焉而勿正,赵氏、程子以七字为句。近世或并下文"心"字读之者,亦通。必有事焉,有所事

也,如有事于颙臾之有事。正,预期也。《春秋传》曰"战不正胜"是也。如作正心,义亦同。此与《大学》之所谓正心者语意自不同也。此言养气者,必以集义为事,而勿预期其效。其或未充,则但当勿忘其所有事,而不可作为以助其长,乃集义养气之节度也。闵,忧也。揠,拔也。芒芒,无知之貌。其人,家人也。病,疲倦也。舍之不耘者,忘其所有事。揠而助之长者,正之不得而妄有作为者也。然不耘则失养而已,揠则反以害之。无是二者,则气得其养而无所害矣。如告子不能集义,而欲强制其心,则必不能免于正助之病。其于所谓浩然者,盖不惟不善养,而又反害之矣。

译文

公孙丑问:"请问夫子擅长干什么呢?"孟子说:"我了解言辞,我善于培养自己的浩然之气。"公孙丑说:"请问什么叫作浩然之气呢?"孟子说:"这比较难说。它作为气,最广大、最刚强,用正直来培养它而不加损害,就会充盈于天地之间。它作为气,与义和道相匹配,没有它们,它就没有力量了。它是义在内心积累起来所产生的,不是义由外入内而取得的,如果行为使内心感到愧疚,它就没有力量了。我之所以说告子未曾了解义,就是因为他把义看作外在的东西。去做一件事情必须不要中止,心中不要忘记这件事,不要用外力帮助它成长,不要像宋人那样。有个宋国人担心禾苗不长而去拔高它,弄得很疲倦地回到家里,告诉家人说:'今天累坏了,我帮助禾苗生长了。'他的儿子跑去一看,禾苗都枯萎了。普天之下不帮助禾苗生长的人是很少的,认为帮助没有益处而放弃不干的,就是那不锄草的;用外力帮助它生长的,就是那拔高禾苗的人。这样做不仅没有益处,反而会伤害它。"

评析

所谓浩然之气,就是刚正之气,就是人间正气,是大义大德造就一身正气。孟子认为,一个人有了浩气长存的精神力量,面对外界一切巨大的诱惑也好,威胁也好,都能处变不惊,镇定自若,达到"不动心"的境界。也就是孟子曾经说过的富贵不能淫、贫贱不能移、威武不能屈的高尚情操。

公孙丑上

孟子曰:"人皆有不忍人之心。①先王有不忍人之心,斯有不忍人之政矣。以不忍人之心,行不忍人之政,治天下可运之掌上。②所以谓人皆有不忍人之心者,今人乍见孺子将入于井,皆有怵惕恻隐之心,非所以内交于孺子之父母也,非所以要誉于乡党朋友也,非恶其声而然也。③由是观之,无恻隐之心,非人也;无羞恶之心,非人也;无辞让之心,非人也;无是非之心,非人也。④恻隐之心,仁之端也;羞恶之心,义之端也;辞让之心,礼之端也;是非之心,智之端也。⑤人之有是四端也,犹其有四体也。有是四端而自谓不能者,自贼者也;谓其君不能者,贼其君者也。⑥凡有四端于我者,知皆扩而充之矣,若火之始然,泉之始达。苟能充之,足以保四海;苟不充之,不足以事父母。"⑦

注释

①天地以生物为心,而所生之物,因各得夫天地生物之心以为心,所以人皆有不忍人之心也。

②言众人虽有不忍人之心,然物欲害之,存焉者寡,故不能察识而推之政事之间。惟圣人全体此心,随感而应,故其所行无非不忍人之政也。

③怵,音黜。内,读为纳。要,平声。恶,去声,下同。朱子章句:乍,犹忽也。怵惕,惊动貌。恻,伤之切也。隐,痛之深也。此即所谓不忍人之心也。内,结。要,求。声,名也。言乍见之时,便有此心,随见而发,并由此三者而然也。程子曰:"满腔子是恻隐之心。"谢氏曰:"人须是识其真心。方乍见孺子入井之时,其心怵惕,乃真心也。非思而得,非勉而中,天理之自然也。内交、要誉、恶其声而然,即人欲之私矣。"

④恶,去声,下同。朱子章句:羞,耻己之不善也。恶,憎人之不善也。辞,解使去己也。让,推以与人也。是,知其善而以为是也。非,知其恶而以为非也。人之所以为心,不外乎是四者,故因论恻隐而悉数之。言人若无此,则不得谓之人,所以明其必有也。

⑤恻隐、羞恶、辞让、是非,情也。仁、义、礼、智,性也。心,统性情者也。端,绪也。因其情之发,而性之本然可得而见,犹有物在中而绪见于外也。

⑥四体,四支,人之所必有者也。自谓不能者,物欲蔽之耳。

⑦扩,音廓。朱子章句:扩,推广之意。充,满也。四端在我,随处发见。知皆即此推广,而充满其本然之量,则其日新又新,将有不能自已者矣。能由此而遂充之,则四海虽远,亦吾度内,无难保者。不能充之,则虽事之至近而不能矣。此章所论人之性情,心之体用,本然全具,而各有条理如此。学者于此,反求默识而扩充之,则天之所以与我者,可以无不尽矣。程子曰:"人皆有是心,惟君子为能扩而充之。不能然者,皆自弃也。然其充与不充,亦在我而已矣。"又曰:"四端不言信者,既有诚心为四端,则信在其中矣。"愚按:四端之信,犹五行之土,无定位,无成名,无专气,而水、火、金、木,无不待是以生者。故土于四行无不在,于四时则寄王焉。其理亦犹是也。

译文

孟子说:"凡是人都有怜恤他人之心。先王有怜恤他人之心,于是才有怜恤他人的政略。用怜恤他人之心,来施行怜恤他人的政略,治理天下就能运转于手掌之上。之所以说'凡是人都有怜恤他人之心',是因为人们突然见到小孩子将要掉入井中,都会有惊惧同情之心。这样做并非是为了和孩子的父母拉关系,并非是为了在邻里朋友间沽名钓誉,也并非是因为厌恶孩子的哭叫声。由此看来,没有同情之心的不能算是人,没有羞耻之心的不能算是人,没有谦让之心的不能算是人,没有是非之心的不能算是人。同情之心是仁德发端,羞耻之心是义的发端,谦让之心是礼的发端,是非之心是智的发端。就好比他具有四肢一样。具有了这四项发端而自认为不行的,是自暴自弃;认为自己君长不行的,是暴弃自己的君长。凡是自身具备了这四项发端的人,知道都要扩大充实,就好比刚刚燃起的火焰、开始流出的泉水。假如能够扩充它们,就足以保有天下;假如不去扩充它们,连父母都不足以侍奉。"

评析

从人性的前提推导政治,具体来说,从人人都有"不忍人之心"的仁心推导仁政。由于这种"不忍人之心"是人本身所固有的,所以,仁政也应该是天经地义的,这就是孟子的思路。从另一方面来说,孟子也不是完全否认后天培养的作用。因为他认为"不忍人之心"包含四个方面,即"恻隐、羞恶、辞让、是非"之心,简称为"四心"。而这"四心"只是"仁义礼智"这四种道德范畴的发端,或者说"四端"。这"四端"就像刚刚燃烧的火或刚刚流出的泉水一样,还需要"扩而充之"才能够发扬光大,不然,就会熄灭或枯竭。"扩而充之"也就是后天的培养。

离娄下

孟子曰:"人之所以异于禽兽者几希,庶民去之,君子存之。[①]舜明于庶物,察于人伦,由仁义行,非行仁义也。"[②]

注释

①几希,少也。庶,众也。人物之生,同得天地之理以为性,同得天地之气以为形。其不同者,独人于其间得形气之正,而能有以全其性,为少异耳。虽曰少异,然人物之所以分,实在于此。众人不知此而去之,则名虽为人,而实无异于禽兽。君子知此而存之,是以战兢惕厉,而卒能有以全其所受之理也。

②物,事物也。明,则有以识其理也。人伦,说见前篇。察,则有以尽其理之详也。物理固非度外,而人伦尤切于身,故其知之有详略之异。在舜则皆生而知之也。由仁义行,非行仁义,则仁义已根于心,而所行皆从此出。非以仁义为美,而后勉强行之,所谓安而行之也。此则圣人之事,不待存之而无不存矣。朱子章句:尹氏曰:"存之者,君子也。存者,圣人也。君子所存,存天理也。由仁义行,存者能之。"

译文

孟子说:"人之所以不同于禽兽的地方很细小,普通人把它丢弃了,君子把它保留了。舜懂得万物的原理,明白做人的道理,依从仁义行事,不是去推行仁义。"

评析

这里的"几希"是什么呢？是"本心"。孟子认为人性本善，人人都有恻隐之心、羞恶之心、恭敬之心、是非之心，发端开来即仁义礼智。人与禽兽相异，尽在于此。但普通人把它丢弃了，"其所以放其良心者，亦斧斤之于木也"（《告子上》）。争权夺利、自私自利的时局和风气，让大多数人逐渐远离向善的人生轨道。这里孟子强调了客观环境和外部力量对人的控制和影响，同时隐含了对摧残人性的社会的批判。舜则是"君子存之"的表率。孟子说，舜对世间一切事物，对人际关系各种问题，都明察于心，并且从仁义之心出发处理所有事情，不是为了行仁义而行仁义。在孟子看来尧和舜都有仁义之心，他们行仁义是出于本性，自然而然、不假思索的。孟子说过，德行高尚的人都是"不失其赤子之心者"（《离娄下》）。赤子之心是人的初心、本心，天真纯朴，没有污染，亦称良心。孟子强调，人与禽兽除了心的不同，其他都差不多。是孟子确立了心为人性之本，而仁义则是心之本。作为人，必须坚守本心，坚持仁义。

离娄下

孟子曰："天下之言性也，则故而已矣。故者以利为本。① 所恶于智者，为其凿也。如智者若禹之行水也，则无恶于智矣。禹之行水也，行其所无事也。如智者亦行其所无事，则智亦大矣。② 天之高也，星辰之远也，苟求其故，千岁之日至，可坐而致也。"③

注释

①性者，人物所得以生之理也。故者，其已然之迹，若所谓天下之故者也。利，犹顺也，语其自然之势也。言事物之理，虽若无形而难知，然其发见之已然，则必有迹而易见。故天下之言性者，但言其故而理自明，犹所谓善言天者必有验于人也。然其所谓故者，又必本其自然之势，如人之善、水之下，非有所矫揉造作而然者也。若人之为恶、水之在山，则非自然之故矣。

②恶、为，皆去声。朱子章句：天下之理，本皆顺利，小智之人，务为穿凿，所以失之。禹之行水，则因其自然之势而导之，未尝以私智穿凿而有所

事,是以水得其润下之性而不为害也。

③天虽高,星辰虽远,然求其已然之迹,则其运有常。虽千岁之久,其日至之度,可坐而得。况于事物之近,若因其故而求之,岂有不得其理者,而何以穿凿为哉? 必言日至者,造历者以上古十一月甲子朔夜半冬至为历元也。程子曰:"此章专为智而发。"愚谓事物之理,莫非自然。顺而循之,则为大智。若用小智而凿以自私,则害于性而反为不智。程子之言,可谓深得此章之旨矣。

译文

孟子说:"普天之下所谈论的人性,不过是行为的本原罢了,本原的东西以顺乎自然为原则。之所以嫌恶聪明人是因为他们穿凿,如果聪明人像禹疏通水流那样就不会对聪明嫌恶了。禹的疏通水流,是让它们不违反自然地流行,如果聪明人也使自己不违反自然地行事,那么也就更聪明了。天如此之高,星辰如此之远,假如寻求他们运行的本原,以后一千年的冬至都能坐着得知。"

评析

这一段是孟子批评当时人们对于人性问题的普遍理解,而不是单纯表述自己的观点。孟子这里的意思是说,现在天下人谈论"性",所据仅是"故"而已,即把所谓人性简单理解为现实中人类的已然状态,也就是已经呈现出来的样子。但孟子并不认为人的"性"就是人的"故"。他所说的人的善性,并非就是现实中人的已然状态。因此,仅以"故"来理解人性,孟子是不认可的。

离娄下

孟子曰:"君子所以异于人者,以其存心也。君子以仁存心,以礼存心。①仁者爱人,有礼者敬人。②爱人者人恒爱之,敬人者人恒敬之。③有人于此,其待我以横逆,则君子必自反也:我必不仁也,必无礼也,此物奚宜至哉?④其自反而仁矣,自反而有礼矣,其横逆由是也,君子必自反也:我必不忠。⑤自反而忠矣,其横逆由是也,君子曰:'此亦妄人也已矣。如此,则与禽兽奚择哉?

于禽兽又何难焉?'⑥是故君子有终身之忧,无一朝之患也。乃若所忧则有之:舜人也,我亦人也。舜为法于天下,可传于后世,我由未免为乡人也,是则可忧也。忧之如何?如舜而已矣。若夫君子所患则亡矣。非仁无为也,非礼无行也。如有一朝之患,则君子不患矣。"⑦

注释

①以仁礼存心,言以是存于心而不忘也。
②此仁礼之施。
③恒,胡登反。朱子章句:此仁礼之验。
④横,去声,下同。朱子章句:横逆,谓强暴不顺理也。物,事也。
⑤由,与犹同,下放此。朱子章句:尽己之谓。我必不忠,恐所以爱敬人者,有所不尽其心也。
⑥难,去声。朱子章句:奚择,何异也。又何难焉,言不足与之校也。
⑦夫,音扶。朱子章句:乡人,乡里之常人也。君子存心不苟,故无后忧。

译文

孟子说:"君子之所以不同于常人,是由于他们所存的心。君子把仁存于心,把礼存于心。仁人爱护他人,有礼的人尊敬他人。爱护他人的人,人们常常爱护他;尊敬他人的人,人们常常尊敬他。在此有个人,他用蛮横的态度对待我,君子必定会反躬自省:一定是我不仁,一定是我无礼,否则怎么会遭遇这样的事呢?反躬自省而有仁了,反躬自省而有礼了,而蛮横的态度依然如故,君子必定会反躬自省:一定是我不忠。反躬自省而忠了,而蛮横的态度依然如故,君子会说:'这不过是个狂妄的人罢了。像这样,与禽兽有什么不同呢?对于禽兽又有什么可责备的呢?'因此,君子有终身的忧愁,没有一时的担心。至于忧愁的事是有的:舜是人,我也是人,舜被天下的人所效法,能传之后世,我仍不免是个乡里的普通人,这才是值得忧愁的。忧愁那些干什么呢?要像舜那样罢了。至于君子所担心的事就没有了。不合乎仁的事不去干,不合乎礼的事不去做,即使有一时的祸患,君子也不担心了。"

评析

君子之所以跟一般人不一样,就在于是否存有这颗心。撇开道路上的旁枝末节(因为人很难专注),把心专注到仁义上面,而仁义不在别处,本在心上。

告子上

公都子曰:"告子曰:'性无善无不善也。'① 或曰:'性可以为善,可以为不善。是故文、武兴,则民好善;幽、厉兴,则民好暴。'② 或曰:'有性善,有性不善。是故以尧为君而有象;以瞽瞍为父而有舜;以纣为兄之子且以为君,而有微子启、王子比干。'③ 今曰'性善',然则彼皆非与?"④ 孟子曰:"乃若其情,则可以为善矣,乃所谓善也。⑤ 若夫为不善,非才之罪也。⑥ 恻隐之心,人皆有之;羞恶之心,人皆有之;恭敬之心,人皆有之;是非之心,人皆有之。恻隐之心,仁也;羞恶之心,义也;恭敬之心,礼也;是非之心,智也。仁义礼智,非由外铄我也,我固有之也,弗思耳矣。故曰:'求则得之,舍则失之。'或相倍蓰而无算者,不能尽其才者也。⑦《诗》曰:'天生蒸民,有物有则。民之秉彝,好是懿德。'孔子曰:'为此诗者,其知道乎! 故有物必有则,民之秉夷也,故好是懿德。'"⑧

注释

①此亦生之谓性、食色性也之意,近世苏氏、胡氏之说盖如此。

②好,去声。朱子章句:此即湍水之说也。

③韩子性有三品之说盖如此。按此文,则微子、比干皆纣之叔父,而《书》称微子为商王元子,疑此或有误字。

④与,平声。

⑤乃若,发语辞。情者,性之动也。人之情,本但可以为善而不可以为恶,则性之本善可知矣。

⑥夫,音扶。朱子章句:才,犹材质,人之能也。人有是性,则有是才,性既善则才亦善。人之为不善,乃物欲陷溺而然,非其才之罪也。

⑦恶,去声。舍,上声。莸,音师。朱子章句:恭者,敬之发于外者也;敬者,恭之主于中者也。铄,以火消金之名,自外以至内也。算,数也。言四者之心人所固有,但人自不思而求之耳。所以善恶相去之远,由不思不求而不能扩充以尽其才也。前篇言是四者为仁义礼智之端,而此不言端者,彼欲其扩而充之,此直因用以著其本体,故言有不同耳。

⑧好,去声。《诗》,《大雅·蒸民》之篇。蒸,《诗》作烝,众也。物,事也。则,法也。夷,《诗》作彝,常也。懿,美也。有物必有法,如有耳目则有聪明之德,有父子则有慈孝之心,是民所秉执之常性也,故人之情无不好此懿德者。以此观之,则人性之善可见,而公都子所问之三说,皆不辩而自明矣。程子曰:"性即理也,理则尧、舜至于涂人一也。才秉于气,气有清浊,秉其清者为贤,秉其浊者为愚。学而知之,则气无清浊,皆可至于善而复性之本,汤、武身之是也。孔子所言下愚不移者,则自暴自弃之人也。"又曰:"论性不论气,不备;论气不论性,不明。二之则不是。"张子曰:"形而后有气质之性,善反之则天地之性存焉。故气质之性,君子有弗性者焉。"愚按:程子此说才字,与孟子本文小异。盖孟子专以其发于性者言之,故以为才无不善;程子兼指其秉于气者言之,则人之才固有昏明强弱之不同矣,张子所谓气质之性是也。二说虽殊,各有所当,然以事理考之,程子为密。盖气质所秉虽有不善,而不害性之本善;性虽本善,而不可以无省察矫揉之功。学者所当深玩也。

译文

公都子说:"告子说:'本性没有善,没有不善。'有人说:'本性可以成为善,可以成为不善。所以,文王、武王在位,民众就崇尚善;幽王、厉王在位,民众就崇尚暴。'有人说:'有的人本性善,有的人本性不善。所以,尧这样的君主却有象,瞽瞍这样的父亲却有舜,纣这样的侄儿、这样的君主却有微子启、王子比干。'如今老师认为性善,那么他们都错了吗?"孟子说:"按人们的性情是能够成为善的,这就是我所说的善。至于成为不善,不是资质的罪过。同情之心人人都有,羞耻之心人人都有,恭敬之心人人都有,是非之心人人都有。同情之心属仁,恭敬之心属义,恭敬之心属礼,是非之心属智。

仁、义、礼、智不是从外面注入的,是我本来就有的,只是未曾去领悟罢了。所以说,求索就得到,放弃就失去,有的人相差一倍、五倍甚至无数倍的,就是没能充分发挥他们资质的缘故。《诗》说:'上天生育万民,事物都有法则。民众把握常规,崇尚美好品德。'孔子说:'作这篇诗的人,恐怕懂得大道呀!所以有事物必定有法则,民众把握了常规,故而崇尚那美好的德行。'"

评析

这一章是孟子和告子关于人性论的辩论之一。告子认为"性无善无不善",其思想很明显是针对"以善论性"和"以仁义为性"的说法,认为性既如材质,又如流水,可以塑造,但本身无分善恶。孟子对其说法都予以反驳。孟子认为告子以生释性,就不能分辨每个事物的特殊性,会造成"犬之性犹牛之性,牛之性犹人之性"的结果。他在这一章对于性善的观点是,同情、羞耻、恭敬、是非这四种心是人人都有的,是仁义礼智的发端,只是需要充分加以发挥。需要注意的是,孟子所说的"性"是专指人的道德感知与判断能力,是一个纯粹伦理学的概念,而不考虑生理本质与生物特性,而此种人性正是人与禽兽分别之所在。因此,君子只是能够保存生而本善的性罢了。

告子上

孟子曰:"仁,人心也;义,人路也。①舍其路而弗由,放其心而不知求,哀哉!②人有鸡犬放,则知求之;有放心,而不知求。③学问之道无他,求其放心而已矣。"④

注释

①仁者,人之德,程子所谓心如谷种,仁则其生之性是也。然但谓之仁,则人不知其切于己,故反而名之曰人心,则可以见其为此身酬酢万变之主,而不可须臾失矣。义者,行事之宜,谓之人路,则可以见其为出入往来必由之道,而不可须臾舍矣。

②舍,上声。朱子章句:"哀哉"二字,最宜详味,令人惕然有深省处。

③程子曰:"心至重,鸡犬至轻。鸡犬放则知求之,心放则不知求,岂爱其至轻而忘其至重哉?弗思而已矣。"愚谓上兼言仁义,而此下专论求放心

者,能求放心,则不违于仁而义在其中矣。

④学问之事,固非一端,然其道则在于求其放心而已。盖能如是,则志气清明,义理昭著,而可以上达;不然,则昏昧放逸,虽曰从事于学,而终不能有所发明矣。故程子曰:"圣贤千言万语,只是欲人将已放之心约之,使反复入身来,自能寻向上去,下学而上达也。"此乃孟子开示要切之言,程子又发明之,曲尽其指,学者宜服膺而勿失也。

译文

孟子说:"仁是人的心,义是人的路。舍弃了路不去走,丢失了心不知道去找,可悲啊!人们有鸡狗丢失就知道去找,丢失了心却不知道去找。学问之道没有别的,只是找回丢失的心罢了。"

评析

这里的"放心"如果照现在的意思解,那就成了做学问没有别的,就是要让自己心绪安定下来。实际上,这里的"放"大体上相当于现代汉语中"失落"的意思。放心,就是失落在外面的心。这个"心",其实就是先天的道德,但人在后天的行为中把它失去了;"求放心",就是要通过修养,把先天的道德找回来。孟子提出的"求放心"和他的整个体系本身,都是一套先验论的哲学。孟子将知识等同于道德,又提出道德的根基在于人的"本心";他还说"人之所不学而能者,其良能也;所不虑而知者,其良知也",认为后天习得的都不是最好的东西。那么最好的东西是什么呢?当然就是"心",所以要"求放心",追回失去的赤子的道德,人世间也有了最高程度的"善",那就是"放心"中的道德,它作为道德的发端出现,又作为道德的终点重生。人的"本心"成为道德评判的尺度,发展到极致,就成了"至善"。

尽心上

孟子曰:"尽其心者,知其性也。知其性,则知天矣。①存其心,养其性,所以事天也。②夭寿不贰,修身以俟之,所以立命也。"③

注释

①心者,人之神明,所以具众理而应万事者也。性则心所具之理,而天又理之所从以出者也。人有是心,莫非全体,然不穷理,则有所蔽而无以尽乎此心之量。故能极其心之全体而无不尽者,必其能穷夫理而无不知者也。既知其理,则其所从出,亦不外是矣。以《大学》之序言之,知性则物格之谓,尽心则知至之谓也。

②存,谓操而不舍。养,谓顺而不害。事,则奉承而不违也。

③夭寿,命之长短也。贰,疑也。不贰者,知天之至,修身以俟死,则事天以终身也。立命,谓全其天之所付,不以人为害之。

朱子章句:

程子曰:"心也,性也,天也,一理也。自理而言谓之天,自禀受而言谓之性,自存诸人而言谓之心。"张子曰:"由太虚,有天之名;由气化,有道之名;合虚与气,有性之名;合性与知觉,有心之名。"愚谓尽心知性而知天,所以造其理也;存心养性以事天,所以履其事也。不知其理,故不能履其事,然徒造其理而不履其事,则亦无以有诸己矣。知天而不以夭寿贰其心,智之尽也;事天而能修身以俟死,仁之至也。智有不尽,固不知所以为仁,然智而不仁,则亦将流荡不法,而不足以为智矣。

译文

孟子说:"竭尽了人的本心就知晓了人的本性,知晓了人的本性就知晓了上天。保持人的本心,养育人的本性,以此来侍奉上天。短命长寿都不三心二意,修饬自身来等候上天的安排,以此来安身立命。"

评析

尽心知性知天,是孟子认识论与道德修养的基本方法。孟子认为心、性、天是统一的,人之仁、义、礼、智等善德,皆发端于自身固有的心性,"恻隐之心,仁之端也;羞恶之心、义之端也;辞让之心,礼之端也;是非之心,智之端也"(《孟子·公孙丑上》)。所以,人的道德修养与理性认识就在于发掘、扩充心中固有的善端,即"尽心";能尽其心,乃知其性,认识人性中固有的善德;既知其性,亦知天理。着眼于认识论,即谓之"尽心、知性、知天";立足于道德修养,则谓之"存心、养性、事天"。

尽心下

孟子曰:"养心莫善于寡欲。其为人也寡欲,虽有不存焉者,寡矣;其为人也多欲,虽有存焉者,寡矣。"①

注释

①欲,如口鼻耳目四支之欲,虽人之所不能无,然多而不节,未有不失其本心者,学者所当深戒也。

朱子章句:

程子曰:"所欲不必沉溺,只有所向便是欲。"

译文

孟子说:"养心没有比减少欲望更好的了。为人减少了欲望,即使有失去本心的人,也是少数;为人增多了欲望,即使有保存本心的人,也是少数。"

评析

周濂溪先生对孟子以寡欲养心说不完全赞同,周子曰:"予谓养心不止于寡焉而存耳,盖寡焉以至于无,无则诚立、明通。诚立,贤也;明通,圣也。是圣贤非性生,必养心而至之。"(《养心亭说》)周子认为寡欲说还不够究竟而主张以"无欲"养心,其对孟子之言可谓求全责备。然而,孟子认为"养心莫善于寡欲","养心"有特定的内涵,养心即存心养性事天,不及尽心知性知天。养心是学知利行事,尽心为生知安行事,以"寡欲"对应"养心"是完全合适的。这里的"寡"通"约","寡欲"乃由博反约,涉及大体与小体之间的辩证关系。孟子所谓寡欲,对应存心养性功夫,到了至极,应如孔子所谓"随心所欲而不逾矩",而不是"无欲故静"。

(二)《近思录》

卷四 存养(凡七十条)第三条

动息节宣,以养生也。饮食衣服,以养形也。威仪行义,以养德也。推己及物,以养人也。(《易传》卷二,页四十二上,《释颐卦第二十七》)

泽田武冈曰:动与息对,节与宣对。节者,节制之"节",宣,发畅舒缓之意,犹语所谓申。申字意相似。如人之俨然危坐者,节也。悠悠便坐者,宣也。盖人身动而不息,息而不动,节而不宣,宣而不节,皆伤其生。医书言久立伤骨,久坐伤肉,久行伤筋,久寝伤气是已。只其一动一息,一节一宣,变化循环,而后其生自养也。(《说略》卷四,页二下,总页四〇四)

译文

动静之间要节制言语,用以养生;饮食和衣服,用来保养形体;庄严的容貌举止,正确的行为,用来涵养德行;推己及物,用来养育他人。

评析

这四个"养",什么意思?"动息节宣,以养生也",也就是说,我们人一定要劳动,但过分劳动对身体就不好,"动息节宣"都要恰到好处,它们的结构要合理,这样就可以养生,也就是可以让身体状况保持良好的状态。其次"养形",就是形体要适中,靠平常的饮食,而且衣服穿着也要得宜,什么都要适合,这叫养形。接下来"养德",威仪行义就是一个君子,在平常没做事时坐有坐相、立有立相,在处理事情的时候,完全都合于天理、顺乎人心,这样就得到大家的敬重,即养德。最后"养人",自己做得好,也要能够推己及物及人,即养人。所以我们现在讲存养,就是这种道理。

卷四 存养(凡七十条)第四条

慎言语以养其德,节饮食以养其体。事之至近而所系至大者,莫过于言

语饮食也。(《易传》卷二,页四十三上,《释颐卦第二十七之象传》)

或云:谚有"祸从口出,病从口入",甚好。朱子曰:此语前辈曾用以解颐之象,"慎言语,节饮食"。(《语类》卷七十一,第九十九条,页二八七二/一八〇四)

译文

慎言语以存养自己的德行,节饮食以保养自己的身体。事情中与自身最切近而关系又最大的,没有超过言语和饮食的。

评析

病从口入,祸从口出,所以要"慎言语"。同时应当节制饮食,这样就是在养自己的身体。事情跟我们最贴近而关系最大的,莫过于言语和饮食。我们每个人每天都要讲话和吃饭喝水,因此要利用讲话吃饭的时候来养德和养体,这都是讲存养的问题。

卷四　存养(凡七十条)第九条

李籲[①]问:每常遇事,即能知操存之意。无事时如何存养得熟?曰:古之人,耳之于乐,目之于礼,左右起居,盘盂几杖,有铭有戒。动息皆有所养。今皆废此,独有理义之养心耳。但存此涵养意,久则自熟矣。"敬以直内[②]",是涵养意。(《遗书》,卷一,页五下)

东正纯曰:《学》《庸》《语》《孟》,其说静存之方详矣。而汉以来圣学湮灭,仅止省察一边。而及程、朱诸大儒出,始说涵养之方。圣学大明于世。在今日无此等之间,程、朱之泽大矣。(《参考》卷四,页七五三)

注释

①李籲(壮年一〇八八),字端伯,二程弟子。元祐(一〇八六——〇九三)中为秘书省校书郎卒。《伊洛渊源录》卷八,《宋史》卷四二八,《宋元学案》卷三十均有传。

②《易经·坤卦第二·文言》。

译文

李籲问:平常遇事的时候,就能够明白操持存养内心的意思。但在没事的时候,怎样能存养内心使之纯熟呢?程颢回答说:古代的人,用音乐通过耳来涵养心性,用礼仪通过眼睛来涵养心性,日常生活中行为活动,用具如盘盂几杖,都有铭文有箴戒之词,动中静时都有所涵养。现在这些都废弃了,只有礼乐铭戒中体现的义理还保存着,也只能用这义理来涵养内心了。涵养的办法就是,只要你心中经常保持这涵养的意识,时间长了自会纯熟的。《周易》上说的"用敬来使内心正直",就是涵养的意思。

评析

古人在但凡能够耳闻目染的起居环境里,都刻写警戒之语,以图随时养性修身。盘盂、手杖、桌几……随处可见对自我的提点之词。例如商汤王,在自己的洗澡盆上铭刻了这句话"苟日新,日日新,又日新",是在每天洗澡的时候不忘提醒自己:人既要盥洗身体,更要涤荡心灵,使身心都除旧布新、出陈易新,以新生般充满活力的精神面貌迎接每一天。

卷四 存养(凡七十条)第二十五条

伊川先生曰:入道莫如敬。未有能致知而不在敬者。今人主心不定,视心如寇贼而不可制。不是事累心,乃是心累事。当知天下无一物是合少得者,不可恶也。(《遗书》卷三,页五下至六上)

问:"入道莫如敬。未有能致知而不在敬者。"朱子曰:故则此心惺惺。(《语类》卷十八,第四十八条,页六四五/四〇二)

又曰:伊川谓"学莫先于致知。未有致知而不在敬者"。致知是主善而师之也。敬是克一而协之也。(同上,第四十九条,页六四五/四〇二)

问:程子云:"未有致知而不在敬者。"盖敬则胸次虚明,然后能格物而判其是非。曰:虽是如此,然亦须格物,不使一毫私欲得以为之蔽,然后胸次方得虚明。只一个持敬,也易得做病。若只持敬,不时时提撕者,亦易以昏明。须是提撕,方见有私欲底意思来,便屏去。且谨守着,到得复来,又屏去。时时提撕,私意自当去也。(同上,第五十一条,页六四五/四〇二)

又曰:盖语应事,先须穷理。而欲穷理,又须养得心地本原,虚静明澈,方能察见几微,剖析烦乱而无所差。若只如此终日驰骛,何缘见得事理分明?程夫子所谓"学莫先于致知,又未有致知而不在敬者",正为此也。(《文集·别集》卷三,《答彭子寿第一书》页七下)

译文

程颐说:进修圣道没有比持敬更重要的了。从来没有能够致知明理而心不存于敬的。现在的人心中没有一个主宰而不安定,把心看作贼寇一样严加防范而又不可制服的,这不是外事牵累了你的心,却是你的心牵累了外事。应该懂得天下没有任何一事一物是应该缺少的,所以不可讨厌。

评析

"心为形役。"患着现代病的人们早已经远离了那种内在的平和和喜悦——我们对"静"已经很陌生了。其实能够不为外在的人、事、物所移,这才是真实而持久的。

卷四　存养(凡七十条)第四十五条

闲邪则固一矣。然主一则不消言闲邪。有以一为难见,不可下工夫,如何?一者无他,只是整齐严肃,则心便一。一则只是无非僻之干。此意但涵养久之,则天理自然明。(《遗书》卷十五,页六下)

问:"闲邪则固一矣。主一则更不消言闲邪。"朱子曰:只是觉见邪在这里,要去闲他,则这心便一了。所以说道"闲邪则固一矣"。既一则邪便自不能入,更不消说又去闲邪。恰如知得外面有贼,今夜用须防他,则便醒了。既醒了,不须更说防贼。(《语类》卷九十六,第二十八条,页三九一五/二四六五)

或问:闲邪主一如何?曰:主一似"持其志[①]",闲邪似"无暴其气[②]。"闲邪只是要邪气不得入,主一则守之于内。二者不可有偏,此内外相养之道也。(同上,第二十九条,页三九一五/二四六五)

注释

①《孟子·公孙丑第二上》第二章。
②同上。

译文

外肃容貌、内齐思虑就使思虑更加专一了。如能主于一就不需要再说防邪。有人以为一字玄虚不可捉摸,没法去下工夫,怎么办呢?其实一没有别的意思,只要仪容整齐神情严肃,心就能专一。一不过是没有邪僻之念的干扰而已。这个意思只要涵养得久了,也就自然能明天理。

评析

这是"闲邪"的修养功夫。《易·乾·文言》曰:"闲邪存其诚。""闲邪"的意思就是约束或防范邪恶、消除妄念。

卷四 存养(凡七十条)第四十六条

有言未感时知①何所寓?曰:"操则存,舍则亡,出入无时,莫知其乡。②"更怎生寻所寓?只是有操而已。操之之道,"敬以直内③"也。(《遗书》卷十五,页七上)

用之④问:"有言未感时知何所寓"?朱子曰:"操则存,舍则亡。出入无时,莫知其乡。"更怎生寻所寓?只是有操而已。朱子曰:这处难说,只争一毫子。只是看来看去,待自见得。若未感时,又更操这所寓,便是有两个物事。所以道"只是操而已"。只操便是主宰在这里。(《语类》卷九十六,第三十条,页三九一五/二四六五至二四六六)

注释

①"知",诚如茅星来所云(《近思录集注》卷四,页十七上),"'知'指心之知觉而言"。郑晔(《近思录释疑》卷四,页十上下)强解"知"为"不知",而金长生(《近思录释疑》《沙溪先生全书》卷十九,页十二下)沿之。《遗书》原文"知"下有"如"字。"何"与"如何"意义相同。

②《孟子·告子第六上》第八章。
③《易经·坤卦第二·文言》。
④刘砺,字用之,朱子门人。录《语类》约一百条,问答三四十条。

译文

有人说:没有事相感时,知道心寄寓在哪里呢?程颐说:"守持着它,就存在,舍弃了它,就亡失;出出进进没有一定时候,也不知它去向何处。"又怎么去找它寄寓的地方呢?只是要操持它不使亡失而已。操持心的办法,就是《周易》上说的"敬以直内"。

评析

"直内"也就是有"诚心"。"直"与"诚"为伴,与"伪"相敌。"自古直道之行,本于正心诚意之际。"(唐仲友语,见《宋元学案·说斋学案》)直内的信仰事理,要靠"敬"来持守。"不敢欺,不敢慢,尚不愧屋漏,是皆敬之事也。"(程颢语,见《宋元学案·伊川学案上》)"直"与"敬"皆为虚位。存于心之仁、义、礼、智、信,无加损,无扭曲,是为"直"。笃信之,虔诚地恭奉,不敢冒犯,是为"敬"。所以有敬持守,才能保证"直"。程颐也说过:"敬,只是主一也。主一,则既不之东,又不之西,如是则只是中;既不之此,又不之彼,如是则只是内。存此,则自然天理明白。学者须是将'敬以直内'涵养此意。直内是本。"(《宋元学案·伊川学案上》)正直之人也是立场坚定之人,对自己的信念有笃敬之心,所以不愿遮掩它,委屈它,加损它。正直也必须以"敬"来培养。

(三)《传习录》

卷中　答顾东桥书　第一三四条

来书云:所释《大学》古本①,谓"致其本体之知"②,此固孟子尽心③之旨。

朱子亦以虚灵知觉④为此心之量⑤。然尽心由于知性⑥，致知在于格物⑦。

"尽心由于知性，致知在于格物。"此语然矣。然而推本吾子之意，则其所以为是语者，尚有未明也。朱子以尽心知性知天为物格知致⑧，以存心养性事天为诚意正心修身⑨，以夭寿⑩不二修身以俟为知至仁尽。圣人之事⑪，若鄙人之见，则与朱子正相反矣。夫尽心知性知天者，生知安行，圣人之事也。存心养性事天者，学知利行，贤人之事也。夭寿不二，修身以俟者，困知勉行⑫，学者之事也。岂可专以尽心知性为知，存心养性为行乎？吾子骤闻此言，必又以为大骇矣。然其间实无可疑者，一为吾子言之。夫心之体，性也；性之原，天也。能尽其心，是能尽其性矣。《中庸》云："惟天下至诚，为能尽其性。"⑬又云："知天地之化育。"⑭"质诸鬼神而无疑，知天也。"⑮此惟圣人而后能然。故曰：此生知安行，圣人之事也。存其心者，未能尽其心者也，故须加存之之功。必存之既久，不待于存而自无不存，然后可以进而言尽。盖知天之知，如知州知县之知。知州，则一州之事皆己事也；知县，则一县之事皆己事也，是与天为一者也。事天则如子之事父，臣之事君。犹与天为二也。天之所以命于我者，心也，性也。吾但存之而不敢失，养之而不敢害，如"父母全而生之，子全而归之"⑯者也。故曰，此学知利行，贤人之事也。至于夭寿不二，则与存其心者又有间矣。存其心者虽未能尽其心，固已一心于为善，时有不存，则存之而已。今使之夭寿不二，是犹以夭寿二其心者也。犹以夭寿二其心，是其为善之心犹未能一也，存之尚有所未可，而何尽之可云乎？今且使之不以夭寿二其为善之心。若曰死去夭寿，皆有定命，吾但一心于为善，修吾之身，以俟天命而已。是其平日尚未知有天命也。事天虽与天为二，然已真知天命之所在。但惟恭敬奉承之而已耳。若俟之云者，则尚未能真知天命之所在，犹有所俟者也。故曰所以立命。立者，创立之立，如立德、立言、立功⑰、立名之类。凡言立者，皆是昔未尝有，而今始建立之谓。孔子所谓"不知命，无以为君子"⑱者也。故曰此困知勉行，学者之事也。今以尽心知性知天为格物致知，使初学之士，尚未能不二其心者，而遽责之以圣人之生知安行之事，如捕风捉影，茫然莫知所措。其心几何而不至于"率天下而路"⑲也？今世致知格物之弊，亦居然可见矣。吾子所谓务外遗内，博而寡要者，无乃亦是过欤？此学问最紧要处。于此而差，将无往而不差矣。此鄙人之所以冒天下之非笑，忘其身之陷于罪戮，呶呶其言，其不容已者也。

东正纯云：《语录》别有一条云（见下卷第二七八条），与此亦少不同，正所以横竖无所不可也。

注释

①大学古本，即"十三经"《礼记》之《大学》。程颐、程颢（字伯淳，世称明道先生，一○三二——一○八五）与朱子均改易章句。

②致知，语见阳明之《大学古本序》。（《全书》卷七，页二十五下）

③尽心，《孟子·尽心篇》第七上第一章："尽其心者，知其性也。"

④知觉，朱子《中庸章句序》："心之虚灵知觉，一而已。"（《朱子文集》卷七十六，页二十一下）

⑤心之量，朱子《孟子集注》注《孟子·尽心篇》第七第一章云："心者，心之神明。人有是心，莫非全体。然不穷理，则有所蔽而无以尽乎此心之量。"

⑥知性，《孟子·尽心篇》第七上第一章："尽其心者，知其性也。"

⑦格物，《大学》经文："致知在格物。"

⑧致，王本作"至"。

⑨修身，王本无此二字。

⑩夭寿，王本此下有"末节"二字。

⑪圣人之事，《孟子·尽心篇》第七第一章："尽其心者，知其性也。知其性，则知天矣。存其心，养其性，所以事天也。夭寿不贰，修身以俟之，所以立命也。"朱子《孟子集注》释之曰："以《大学》之序言之，知性则物格之谓。尽心则知至之谓也。……存，谓操而不舍。养，谓顺而不害。事，则奉承而不违也。……尽心知性而知天，所以造其理也。存心养性以事天，所以履其事也。……知天而不以夭寿二其心，智之尽也。事天而能修身以俟死，仁之至也。"

⑫生知安行，参看上注《孟子·尽心篇》第七第一章；又《中庸》第二十章："或生而知之，或学而知之，或困而知之。及其知之，一也。或安而行之，或利而行之，或勉强而行之。及其成功，一也。"

⑬尽性,语见《中庸》第二十二章。

⑭化育,同上。

⑮知天,《中庸》第二十九章。

⑯全归,《礼记·祭义篇》语。

⑰立德,《左传》襄公二十四年:"太上有立德,其次有立功,其次有立言。"

⑱知命,《论语·尧曰篇》第二十第三章语。

⑲率天下,语见《孟子·滕文公篇》第三上第四章。

译文

来信写道:"先生在对《大学》旧本进行注解时认为,致知是获得本体的知,这与孟子尽心的主旨固然相符。但朱熹也用虚灵知觉来指人心的全体,而他认为,尽心是因为知性,致知依赖于格物。"

尽心是因为知性,致知依赖于格物,这句话是正确的。然而,仔细推敲你话中的意思,你这样说,是因为还未理解我所说的致知。朱熹说"尽心、知性、知天"是格物、致知;"存心、养性、事天"是诚意,正心、修身;"夭寿不二,修身以俟"是知的终至、仁的尽头,是圣人的事情。我的看法,与朱熹正好相反。"尽心、知性、知天"即为生知安行,是圣人的事情;"存心、养性、事天",即为学知利行,是贤人的事情;"夭寿不二,修身以俟"即为困知勉行,是学者的事情。怎能只认为"尽心知性"是知,"存心养性"是行呢?你开始听这话,肯定会大吃一惊。但是,此处不可置疑,且待我一一解释明白。心的本体是性,性的本源是天。能尽自己的心,也就是能尽自己的性。《中庸》中说:"惟天下至诚为能尽其性。"又说:"知天地之化育","质诸鬼神而无疑,知天也。"这些唯有圣人能做到。因而说,这是生知安行,是圣人的事情。需要存养心,是因为不能尽心,因此必须有存养的功夫,必须是存养了很长时间,到了不需再存养而自然无时不存养的时候,方可说是尽心。"知天"的知,如同"知州""知县"的知。知州,那么,一个州的事情都是自己的事;知县,那么,一个县的事情都是自己的事。"知天",就是与天合而为一。"事天"就好比儿女侍奉父母,大臣侍奉君主,还是把人与天分开为二了。天给予我的,是心,是性。我只能保留而不能遗失,只能养护而不敢伤害,犹如"父母全而生之,子全而归之"一般。所以说,学知利行,是贤人的事情。"夭寿不二"的问题与存养心的人又有区别。存养心的人,虽然不能穷尽自己的心,但他已经一心向善。有时失去了本心在所难免,只要加以存养就行了。现今要求人不论夭寿始终如一,这依然是将夭寿一分为二。用夭寿把心分为二,是由于他向善的心不能专一,连存养都谈不上,尽心又从何说起?现今要求人不要因为夭寿而改变行善的心,这好比说死生夭寿都是命,我只要一心向善,修养自身借以等待天命而已。这主要是由于他平素不知道有天命。事天虽是把人和天分开为二,但已真正知道了天命之所在,人只要恭敬地顺应天就够了。说到等待天命,就是还不能真正知道天命之所在,还在等待,所以说"所以立命"。立是"创立"的立,宛如"立德""立言""立功"的立。大凡说立,均为从前没有,现在才建立的意思,亦即孔子所谓的"不知命,无以为君子"。因此说,困知勉行,是学者的事情。如今把"尽心、知性、知天"看成格物致知,使刚学的人不能不分散他的心,就马上督促他去做圣人做的生知安行的事情。这如同捕风捉影,使人茫然不知所措。这岂能避免"率天下而路"的后果呢?现在,致知格物的弊端,已明显看见了。你所讲的重视外在知识而忽略内在修养,虽知识广博却不得要领,这怎么就不是错误呢?这正是做学问的关键之处,此处一出差错,就会无处不出差错。这正是我之所以甘冒天下之非议与嘲讽,不顾身陷罪戮,仍唠叨不停的原因。

评析

阳明先生认为,心的本体是性,性的本源是天,能尽心也就是能尽自己的性。而尽心必须有存养的功夫,到了不需存养而自然无时不存养时,方可说是尽心。天给予我的,我只能加以养护而不是伤害,只能保留而非遗失。虽然在生命成长中失去本心在所难免,只要加以存养就行了。

卷中　答陆原静书　第一五二条

来信云:良知亦有起处云云①。

此或听之未审。良知者,心之本体,即前所谓恒照者也。心之本体无起无不起,虽妄念之发,而良知未尝不在。但人不知存,则有时而或放耳。虽昏塞之极,而良知未尝不明。但人不知察,则有时而或蔽耳。虽有时而或放,其体实未尝不在也,存之而已耳。虽有时而或蔽,其体实未尝不明也,察之而已耳。若谓良知亦有起处,则是有时而不在也,非其本体之谓矣。

注释

①云云,王本作"否"。捷案,"云云"二字,即来书原文尚有多字。阳明复书省之而已。此为用"云云"之通习。王贻乐固不必替以"否"字也。

译文

来信写道:"良知也有开端的地方……"

也许你没有仔细听讲。良知是心的本体,也就是前面说到的恒照。心的本体,无所谓有否开端。即使妄念产生了,良知依然存在。然而,人若不知存养,有时就会放失了。就是人糊涂闭塞到极点,良知仍旧光明。但是,人不知体察,有时就会被蒙蔽。即使有时放失了,良知的本体并未消失,此时只要存养它就够了。即使有时被蒙蔽,良知的本体仍旧光明,此时只要体察也就够了。如果说良知也有开端的地方,那么,良知就有时不会存在,如此,良知就不为心之本体了。

评析

在前文《答顾东桥书》中,已明确指出了良知为"天下之大本",心为"万物之主"。也就是说,心即理,天理即良知,万物为一体。宇宙万物是无始无终的,根本谈不上开端和终止,所以,良知也是没有开端的。

卷下 黄修易录 第二三八条

问:"近来用功,亦颇觉妄念不生。但腔子里黑窣窣的,不知如何打得光明?"先生曰:"初下手用功,如何腔子里便得光明?譬如奔流浊水,才贮在缸里,初然虽定,也只是昏浊的。须俟澄定既久,自然渣滓尽去,复得清来。汝只要在良知上用功,良知存久,黑窣窣①自能光明矣。今便要责效,却是助长②,不成功夫。"

注释

①黑窣窣,真黑之义。越之俗语。"窣"音"突"。
②助长,《孟子·公孙丑篇》第二上第二章:"宋人有闵其苗之不长,而揠(拔)之者。芒芒(无知)然归。谓其人(家人)曰:'今日病(倦)矣。予助苗长矣。'其子趋而往视之,苗则槁矣。"

译文

有人问:"近来用功,也颇感妄念不会再滋生。然而,内心深处却一团漆黑,不知如何才能让它光明?"先生说:"开始用功时,心里怎么会立即光明?例如,奔流着的污水刚置入缸中,开始即使静止不动,也是浑浊的。只有经过长时间的澄清,水中的渣滓才会沉淀,又会成为清水。你只要在良知上用功,良知经过长时间的存养,心中的黑暗自会光明。如今若要它立刻见效,只不过是揠苗助长,不能看成是功夫。"

评析

王阳明在贵阳时提出了"无事时存养"的主张,其目的是用以加强内心修养而体认天理和良知。主张通过"静坐思虑",在无事时将好名、好色、好货等私欲杂念逐渐地克服掉,使心恢复到如水如镜、洁净晶莹的本体。

卷下 黄以方录 第三三二条

问:"近来妄念也觉少,亦觉不曾着想定要如何用功。不知此是工夫否?"先生曰:"汝且去着实用功,便多这些着想也不妨,久久自会妥帖。若才下得些功,便说效验,何足为恃①?"

注释

①恃,三轮执斋本、佐藤一斋本无此字。

译文

有弟子问:"最近感觉到妄念减少了,也不曾想一定要如何用功,但不知这是不是功夫?"先生说:"你只要去实实在在用功,就是有这些想法也无关紧要,时间一久,自然会妥当的。刚开始用了一点功夫就要说效果,如此怎能靠得住?"

评析

人禀受天地变化而诞生,五官在体外,五脏在体内,内外互为表里。肝主目,肾主耳,脾主舌,肺主鼻,胆主口。人与天地相类同,头是圆的,效法天象,脚是方的,效法地象。胆为云,肺为气,脾为风,肾为雨,肝为雷(怒伤肝)。血气是人的精华,是天地之气凝成的。血气积聚于体内而不向外翻腾,就会胸腹充实,而嗜欲寡少。嗜欲寡少,就会耳聪目明。所以,圣人持守内心,存养天理,而不失外形。对他,祸患无从降临,邪气不能袭身。天地运行而相通,身心总合而致知。

卷上 薛侃录 第一一七条

梁日孚①问:"居敬穷理是两事,先生以为一事,何如?"先生曰:"天地间只此一事,安有两事? 若论万殊,礼仪三百,威仪三千②,又何止两? 公且道居敬是如何? 穷理是如何?"曰:"居敬是存养工夫,穷理是穷事物之理。"曰:"存养个甚?"曰:"是存养此心之天理。"曰:"如此亦只是穷理矣。"曰:"且道如何穷事物之理?"曰:"如事亲,便要穷孝之理。事君,便要穷忠之理。"曰:"忠与孝之理,在君亲身上? 在自己心上? 若在自己心上,亦只是穷此心之理矣。且道如何是敬?"曰:"只是主一。"③"如何是主一?"曰:"如读书,便一心在读书上。接事,便一心在接事上。"曰:"如此则饮酒便一心在饮酒上,好色便一心在好色上④。却是逐物⑤。成甚居敬功夫?"

但衡今云:本节在传习问答中,最为亲切。字字精审,句句圆融。于王学心外无物,心外无理,心外无事,可以得到分晓。治王学者,取大学问编互相印摄,则胸次豁达,物我无间矣。又云:事理物三者,分殊无极,而以居敬穷理合于一。自是王学第一胜义。

注释

①梁日孚,名焯,南海(广东)人。正德九年(一五一四)进士。官至职方

主事。以谏南巡被杖。王学之传播于粤,以日孚之功为大。参看《明儒学案》卷三十序。但衡今云,旧本刊曰孚。今流行本刊日孚。或为之取"巳日乃孚"(《易经·革卦》辞)之义。

②三千,《中庸》第二十七章之语。

③主一,专心于一事,不适他事。

④好色,参看《传习录》第十五条。

⑤逐物,同上。

译文

梁日孚问:"居敬与穷理是两码事,而先生为什么认为是一码事呢?"先生说:"天地间唯有一件事,怎么会有两件事? 至于说到事物的千差万别,礼仪三百、威仪三千,又何止两件? 您不妨先说一下何谓居敬? 何谓穷理?"梁日孚说:"居敬是存养功夫,穷理是穷尽事物之理。"先生问:"存养什么?"梁日孚说:"存养己心中的天理。"先生说:"这样也就是穷尽事物之理了。"先生又说:"暂且谈一下怎样穷尽事物之理?"梁日孚说:"例如,侍奉父母就要穷尽孝的理,侍奉君主就要穷尽忠的理。"先生说:"忠和孝的理,是在君主、父母身上,还是在自己心上? 如果在自己心上,也就是要穷尽此心的理了。先谈一下什么是敬?"梁日孚说:"敬,就是主一。"先生问:"怎样才算是主一?"梁日孚说:"例如,读书就一心在读书上,做事就一心在做事上。"先生说:"这样一来,饮酒就一心在饮酒上,好色就一心在好色上。这是追逐外物,怎么能称为居敬功夫呢?"

评析

"天地间只此一事,安有两事?"圣人只有一算,常人为什么会有千算? 这都是由于心地境界的不同。圣人的心地中存养着天理,天理中包含了天地万物的本体;常人心地常起杂念,念头杂芜,事理自然出现了差异。

五、克　治

（一）《四书》

1. 大学

第六章

所谓诚其意者，毋自欺也。如恶恶臭，如好好色，此之谓自谦。故君子必慎其独也！①

注释

①恶、好，上字皆去声。谦，读为慊，苦劫反。朱子章句：诚其意者，自修之首也。毋者，禁止之辞。自欺云者，知为善以去恶，而心之所发有未实也。慊，快也，足也。独者，人所不知而己所独知之地也。言欲自修者知为善以去其恶，则当实用其力，而禁止其自欺。使其恶恶则如恶恶臭，好善则如好好色，皆务决去，而求必得之，以自快足于己，不可徒苟且以徇外而为人也。然其实与不实，盖有他人所不及知而己独知之者，故必谨之于此以审其几焉。

译文

所谓意念真诚，就是说不要自欺，像厌恶难闻气味那样厌恶邪恶，像喜爱美丽的女子一样喜爱善良，这样才能说心安理得，所以君子在独处时必定要谨慎。

评析

这一章是解释"诚意"。曾子说:"经文所谓诚其意者,是要人于意念发动之时,就真真实实禁止自己欺瞒的意思,使其恶恶如恶恶臭的一般,是真心恶他,而于恶之所在,务要决去。好善如好好色的一般,是真心好他,而于善之所在,务要必得。这等才是好善恶恶的本心,无有亏欠,才得自己心上快足,所以谓之自慊。然欺曰自欺,慊曰自慊,是意之实与不实,人不及知,我心里独自知道,这个去处,虽甚隐微,却是善恶之所由分,不可不谨,所以君子在此处,极要谨慎,看是自欺,便就禁止,看是自慊,便加培植,不敢有一毫苟且,亦不待发现于声色事为之际,而后用力也。"经文之所谓诚意者,盖如此。

第八章

所谓齐其家在修其身者:人之其所亲爱而辟焉,之其所贱恶而辟焉,之其所敬畏而辟焉,之其所哀矜而辟焉,之其所敖惰而辟焉。故好而知其恶,恶而知其美者,天下鲜矣![1]故谚有之曰:"人莫知其子之恶,莫知其苗之硕。"[2]此谓身不修不可以齐其家。

右传之八章。释修身齐家。

注释

[1]辟,读为僻。恶而之恶、敖、好,并去声。鲜,上声。朱子章句:人,谓众人。之,犹于也。辟,犹偏也。五者,在人本有当然之则,然常人之情惟其所向而不加审焉,则必陷于一偏而身不修矣。

[2]谚,音彦。硕,叶韵,时若反。朱子章句:谚,俗语也。溺爱者不明,贪得者无厌,是则偏之为害,而家之所以不齐也。

译文

整顿家族的途径是修饬自身,是指人们对于自己所亲爱的人会有所偏颇,对于自己所厌恶的人会有所偏颇,对于自己所敬畏的人会有所偏颇,对于自己所怜悯的人会有所偏颇,对于自己所轻视的人会有所偏颇。所以,喜爱一个人而能知道他的缺点,厌恶一个人而能知道他的优点,世间少有。因此有句俗话说:"人都不知道自己孩子的缺点,不知道自己禾苗的肥壮。"这是说,自身不修饬就不能整顿自己的家族。

评析

这一章讲齐家在于修身。而之所以有亲爱、贱恶、敬畏、哀矜、敖惰这五个方面的情感,朱子认为是人人本来就有的。他完全是以世间人的标准,没有让我们把这些情感断除掉。要知道,这些情感统统属于烦恼,这些烦恼一般人都会有,朱子这里讲的,只是常人有这些烦恼的时候,不加以审查和克制,所以会陷于一偏,故心偏颇、心不正就身不修。儒家认为要控制这些烦恼而不是将它们完全根除。

2. 中庸

第二章

仲尼曰:"君子中庸,小人反中庸。①君子之中庸也,君子而时中;小人之中庸也,小人而无忌惮也。"②

右第二章。此下十章,皆论中庸以释首章之义。文虽不属,而意实相承也。变和言庸者,游氏曰"以性情言之,则曰中和;以德行言之,则曰中庸"是也。然中庸之中,实兼中和之义。

注释

①中庸者,不偏不倚、无过不及而平常之理,乃天命之所当然,精微之极致也。唯君子为能体之,小人反是。

②王肃本作"小人之反中庸也",程子亦以为然。今从之。朱子章句:君子之所以为中庸者,以其有君子之德,而又能随时以处中也。小人之所以反中庸者,以其有小人之心,而又无所忌惮也。盖中无定体,随时而在,是乃平常之理也。君子知其在我,故能戒谨不睹、恐惧不闻,而无时不中。小人不知有此,则肆欲妄行,而无所忌惮矣。

译文

孔子说:"君子中庸,小人违背中庸。君子之所以中庸,是因为身为君子而随时遵循中;小人之所以违背中庸,是因为身为小人而没有顾忌畏惧。"

评析

这一段话是对"君子而时中"的生动说明。也就是说,过分与不够貌似不同,其实质却是一样的,都不符合中庸的要求。中庸的要求是恰到好处,如宋玉笔下的大美人:"增之一分则太长,减之一分则太短;著粉则太白,施朱则太赤。"(《登徒子好色赋》)

第十三章

君子之道四,丘未能一焉:所求乎子,以事父,未能也;所求乎臣,以事君,未能也;所求乎弟,以事兄,未能也;所求乎朋友,先施之,未能也。庸德之行,庸言之谨,有所不足,不敢不勉,有余不敢尽。言顾行,行顾言,君子胡不慥慥尔![1]

注释

[1]子、臣、弟、友,四字绝句。朱子章句:求,犹责也。道不远人,凡己之所以责人者,皆道之所当然也,故反之以自责而自修焉。庸,平常也。行者,践其实。谨者,择其可。德不足而勉,则行益力;言有余而讱,则谨益至。谨之至则言顾行矣,行之力则行顾言矣。慥慥,笃实貌。言君子之言行如此,岂不慥慥乎!赞美之也。凡此皆不远人以为道之事。张子所谓"以责人之心责己,则尽道"是也。

译文

君子之道有四个方面,我一个方面也没能做到:用要求儿女该做到的来侍候父母,我没能做到;用要求臣仆该做到的来侍奉君主,我没能做到;用要求弟弟该做到的来尊敬兄长,我没能做到;用要求朋友该做到的自己先来实行,我没能做到。平常的德行要去实践,平常的言论要谨慎,有不足之处不敢不努力,能够做到的则不敢骄傲自满。言论要顾及行为,行为要顾及言论,君子怎么会不忠厚诚实呢!

评析

道不可须臾离的基本条件是道不远人。换言之,一条大道,欢迎所有的人行走。相反,如果只允许自己走,而把别人推得离道远远的,就像鲁迅笔下的假洋鬼子只准自己"革命"而不准别人(阿Q)"革命",那自己也就不是真正的革命者了。推行道的另一条基本原则是从实际出发,从不同人不同的具体情况出发。既然如此,就不要对人求全责备,而应该设身处地、将心比心地为他人着想,自己不愿意的事,也不要施加给他人。只要做到忠恕,也就离道不远了。说到底,还是要"言顾行,行顾言",不走偏锋,不走极端,这就是"中庸"的原则,这就是中庸之道。

第三十三章

《诗》云:"潜虽伏矣,亦孔之昭!"故君子内省不疚,无恶于志。君子之所不可及者,其唯人之所不见乎。

译文

《诗·小雅·正月》说:"潜藏虽然很深,依然昭然若揭。"所以君子自我省察没有愧疚,没有恶念存在于心中。君子所不可企及的,大概就在人们所看不见的地方。

评析

内省不疚,无恶于志:这是修德的第二步——修心。修心就是修诚,也就是《大学》里所讲的"格物致知正心诚意",《大学》讲"君子无所不用其极",通过"道学""自修",而"知止"。君子之所不可及者,其唯人之所不见乎:君子之所以成为君子,主要是因为他内在的品德,而这些品德是他不断地自我修炼而来,人们比不上的,或者说一般人没有成为君子的原因,就在于缺乏通过"自省"而"自修"的精神。

3. 论语

学而第一

曾子曰:"吾日三省吾身:为人谋而不忠乎?与朋友交而不信乎?传不习乎?"[1]

注释

[1]省,悉井反。为,去声。传,平声。朱子章句:曾子,孔子弟子,名参,字子舆。尽己之谓忠。以实之谓信。传谓受之于师,习谓熟之于己。曾子以此三者日省其身,有则改之,无则加勉,其自治诚切如此,可谓得为学之本矣。而三者之序,则又以忠信为传习之本也。尹氏曰:"曾子守约,故动必求诸身。"谢氏曰:"诸子之学,皆出于圣人,前后愈远而愈失其真。独曾子之学,专用心于内,故传之无弊,观于子思、孟子可见矣。惜乎其嘉言善行,不尽传于世也。其幸存而未泯者,学者其可不尽心乎!"

译文

曾子说:"我每天多次省察自身:替他人谋事是否忠诚?与朋友交往是否守信?传授他人的学业是否熟习了?"

评析

曾子在孔门中是最重修身的一个人,他通过"一日三省"之法,铸就了完美的人格。在曾子看来,反省是一种很好的修养手段,通过这种方法,人们可以找到自身的不足之处,并及时地加以改正,提升自身的思想修为和道德境界,在反思中不断地完善自己的人格。若是一个人不善于自我反省,就不会有真正的提高,就会一次又一次地在同一个地方跌倒。比方说,在战国末年,六国相继被秦国所灭,其原因基本上如出一辙。引用苏洵的话便是"六国破灭,非兵不利,战不善,弊在赂秦"。倘若在韩国被灭时,其他五国及时反省,联合起来抵抗强秦,未必会丢了祖宗社稷。

里仁第四

子曰:"富与贵,是人之所欲也,不以其道得之,不处也。贫与贱,是人之所恶也,不以其道得之,不去也。①君子去仁,恶乎成名?②君子无终食之间违仁,造次必于是,颠沛必于是。"③

注释

①恶,去声。朱子章句:不以其道得之,谓不当得而得之。然于富贵则不处,于贫贱则不去,君子之审富贵而安贫贱也如此。

②恶,平声。朱子章句:言君子所以为君子,以其仁也。若贪富贵而厌贫贱,则是自离其仁,而无君子之实矣,何所成其名乎?

③造,七到反。沛,音贝。朱子章句:终食者,一饭之顷。造次,急遽苟且之时。颠沛,倾覆流离之际。盖君子之不去乎仁如此,不但富贵、贫贱取舍之间而已也。言君子为仁,自富贵、贫贱取舍之间,以至于终食、造次、颠沛之顷,无时无处而不用其力也。然取舍之分明,然后存养之功密;存养之功密,则其取舍之分益明矣。

译文

孔子说:"富有和显贵是人们所想望的,不通过正当途径达到目的,就不承受;贫困和微贱是人们所嫌恶的,不通过正当途径达到目的,就不抛弃。君子抛弃了仁,怎么成就名声呢?君子任何时候都不违背仁,匆忙时必定如此,颠沛时必定如此。"

评析

《里仁》通篇讲"仁",但主要还是讲仁的用,告诉我们应怎样去做,怎样保持仁者的风范。这里"造次必于是,颠沛必于是"就是仁者的最高境界。造次的解释为匆忙、仓促、鲁莽、轻率。颠沛的意思是无家可归,不断漂泊,居无定所。《新华字典》"造"有到、前往之意,如造访;"次"有旅途中暂时停留的场所之意,如旅次、途次、舟次。再联系孔子周游列国颠沛流离居多,在某地暂时停留较少。这句话其实就是孔子一生求仁的真实写照。因此,造次可以理解为到达暂时停留的场所。引申到人生中"人生不如意事十有八九",孔子告诫世人,一个人在得意时应归于仁,不要得意忘形;平淡是人生的常态，也要时刻依于仁，失意时更不能失意忘形。无论处于什么境地，随时都要思考检查自己的言行思想是否符合道德要求，这即是省察克治。

子罕第九

子绝四：毋意，毋必，毋固，毋我。①

注释

①绝，无之尽者。毋，《史记》作无，是也。意，私意也。必，期必也。固，执滞也。我，私己也。四者相为终始，起于意，遂于必，留于固，而成于我也。盖意、必常在事前，固、我常在事后，至于我又生意，则物欲牵引，循环不穷矣。

朱子章句：

程子曰："此毋字，非禁止之辞。圣人绝此四者，何用禁止？"张子曰："四者有一焉，则与天地不相似。"杨氏曰："非知足以知圣人，详视而默识之，不足以记此。"

译文

孔子戒绝四件事情：不任意、不专断、不固执、不自大。

评析

人是种很自我的动物，从起心动念处，喜欢无根据妄加猜测，表达观点时主观武断，一旦行动起来则喜欢固执己见，做事的过程中更是自以为是。这四种毛病，可以说是人人都有的，它涉及人的本能心理和行为习惯问题，会对人们认知客观世界和行为做事有着深刻的影响。为了纠正这几种毛病，孔子提出了人生四戒：毋意（不任意），毋必（不一定如此），毋固（无可无不可），毋我（平常，不标榜，不特异）。通俗解释即不放任、不钻死胡同、不固执、不自我。

4. 孟子

公孙丑上

孟子曰:"矢人岂不仁于函人哉?矢人唯恐不伤人,函人唯恐伤人。巫、匠亦然。故术不可不慎也。①孔子曰:'里仁为美。择不处仁,焉得智?'夫仁,天之尊爵也,人之安宅也。莫之御而不仁,是不智也。②不仁、不智、无礼、无义,人役也。人役而耻为役,由弓人而耻为弓,矢人而耻为矢也。③如耻之,莫如为仁。④仁者如射,射者正己而后发。发而不中,不怨胜己者,反求诸己而已矣。"⑤

注释

①函,音含。朱子章句:函,甲也。恻隐之心,人皆有之,是矢人之心,本非不如函人之仁也。巫者为人祈祝,利人之生。匠者作为棺椁,利人之死。

②焉,於虔反。夫,音扶。朱子章句:里有仁厚之俗者,犹以为美。人择所以自处而不于仁,安得为智乎?此孔子之言也。仁、义、礼、智,皆天所与之良贵。而仁者天地生物之心,得之最先,而兼统四者,所谓元者善之长也,故曰尊爵。在人则为本心全体之德,有天理自然之安,无人欲陷溺之危。人当常在其中,而不可须臾离者也,故曰安宅。此又孟子释孔子之意,以为仁道之大如此,而自不为之,岂非不智之甚乎?

③由,与犹通。朱子章句:以不仁,故不智。不智,故不知礼义之所在。

④此亦因人愧耻之心而引之,使志于仁也。不言智、礼、义者,仁该全体,能为仁,则三者在其中矣。

⑤中,去声。朱子章句:为仁由己,而由人乎哉?

译文

孟子说:"造箭的难道比制甲的更不仁吗?造箭的唯恐不能伤人,制甲的唯恐人受伤,巫师和木匠也是如此,因此选择谋生之术不可不谨慎。孔子说:'与仁相处是完美的,能自由选择而不与仁共处,怎么能算得上智呢?'仁,是上天尊贵的爵位,是人们安逸的居所,没有什么阻碍却做不到仁,是不智。不仁不智、无礼无义,就是他人的仆役。作为仆役却耻于为他人所役使,正好比做弓的却耻于制弓、造箭的耻于制箭。如果对此感到羞耻,不如做到仁。仁这种东西如同射艺,射箭者端正自己的姿态然后发箭,箭发而不中不去埋怨胜过自己的人,只是返回来从自身寻求原因。"

评析

孟子在这一章中论说的核心是"仁",表达了三层意思:其一,择仁而居。选择职业不可不慎重;又因孔子之言"里仁为美",强调人要择仁、处仁,要选择仁的职业和有仁厚之俗的地方,择不处仁,是最不明智和愚蠢的。其二,为仁由己。是不是行仁,关键在自己。要知仁行仁,仁是上天所与的最尊贵的爵位,是人最安适的居处。其三,行仁先正己。正如射箭,正己而后发。自己做得不好,不要去抱怨和嫉妒那些超过你的人,应该反省自问,在"正己"上找原因。

尽心下

孟子曰:"身不行道,不行于妻子;使人不以道,不能行于妻子。"①

注释

①身不行道者,以行言之。不行者,道不行也。使人不以道者,以事言之。不能行者,令不行也。

译文

孟子说:"自身不践行大道,对妻室、子女都推行不了;不依大道来使唤他人,连妻室、子女都不能差遣。"

评析

此节讲"道"的实行,推理方法仍然是由近及远。告诉人们,自己不能以身作则,就不可能影响周围的人;自己都做不到,却要求别人做到,这也不可能。"其身正,不令则行;其身不正,虽令不行"就是这个道理。

尽心下

孟子曰："尧、舜，性者也；汤、武，反之也。①动容周旋中礼者，盛德之至也。哭死而哀，非为生者也。经德不回，非以干禄也；言语必信，非以正行也。②君子行法，以俟命而已矣。"③

注释

①性者，得全于天，无所污坏，不假修为，圣之至也。反之者，修为以复其性，而至于圣人也。

朱子章句：

程子曰："性之、反之，古未有此语，盖自孟子发之。"吕氏曰："无意而安行，性者也；有意利行，而至于无意，复性者也。尧、舜不失其性，汤、武善反其性，及其成功则一也。"

②中、为、行，并去声。朱子章句：细微曲折，无不中礼，乃其盛德之至。自然而中，而非有意于中也。经，常也。回，曲也。三者亦皆自然而然，非有意而为之也，皆圣人之事，性之之德也。

③法者，天理之当然者也。君子行之，而吉凶祸福有所不计，盖虽未至于自然，而已非有所为而为矣。此反之之事，董子所谓"正其义不谋其利，明其道不计其功"，正此意也。朱子章句：程子曰："动容周旋中礼者，盛德之至。行法以俟命者，'朝闻道，夕死可矣'之意也。"吕氏曰："法由此立，命由此出，圣人也。行法以俟命，君子也。圣人性之，君子所以复其性也。"

译文

孟子说："尧、舜是天性，成汤、周武王是返回了天性。举动、仪容无不合乎礼的，是德行深厚到了极点。哭泣死者而悲哀，不是为了活着的人；恪守德行而不违背，不是为了谋取爵禄；言语必须诚实，不是为了端正行为。君子依法度行事只是用以期待命运罢了。"

评析

这一节讲的就是尧舜遵从本性，安而行之的品德。"遵从本性，安而行之"是什么样的呢？不这么做就浑身都难受，没有丝毫做给别人看的意思，做的标准呢，都是良知良能，符合天理之公，没有人欲之私，这是遵从本性，安而行之。

（二）《近思录》

卷五　改过迁善克己复礼（凡四十一条）第一条

濂溪先生曰：君子乾乾不息于诚[1]，然必惩忿窒欲迁善改过[2]而后至。乾之用其善是，损益之大莫是过，圣人之旨深哉！吉凶悔吝生乎动[3]。噫！吉一而已，动可不慎乎！（《通书》，第三十一章）

朱子曰：此以乾卦爻辞，损益大象，发明思诚之方。盖乾乾不息者，体也。去恶迁善者，用也。无体则用无以行，无用则体无所措。故以三卦合而言之。或曰："'其'字亦是'莫'字。"[吉凶悔吝]四者一善而三恶。故人之所值，福常少而祸常多，不可不谨。（《通书注》第三十一章，《周子全书》卷十，页一八六至一八七）

问：此章前面"惩忿窒欲，迁善改过"，皆是自修底事。后面忽说动者，何故？曰：所谓"惩忿窒欲，迁善改过"，皆是动上有这般过失。须于方动之时审之，方无凶悔吝。所以再说个动。（《语类》卷九十四，第二一七条，页三八二八/二四一二）

注释

①《易经·乾卦第一·九三文言》述意。
②同上，《损卦第四十一》与《益卦第四十二》之《象传》。
③同上《系辞下传》第一章。

译文

周敦颐说：君子勤勉不息以求达到诚的境界，然而必须戒除愤怒，堵塞欲念，迁善改过，而后才能达到诚的境界。乾道的功用善处在此，损卦益卦的大道理也无过于此,圣人的思想深邃呀!《周易·系辞》说:"吉凶悔吝生乎动。"嗳,"吉与凶,悔与恨"中有利的只有一个"吉"字而已,可以不慎重地对待自己的言行心念吗?

评析

濂溪先生在这里说明了怎么样从乾卦以及损、益两卦来学习、怎么来修身。我们应当刚健不息地来使自己的心意变得真诚无妄,要惩忿窒欲、迁善改过。君子绝不轻举妄动,要动就要有所建树,要能够垂为典范。

卷五　改过迁善克己复礼(凡四十一条)第五条

晋之上九,"晋其角,维用伐邑。厉吉,无咎,贞吝①"。《传》曰:人之自治,刚极则守道愈固,进极则迁善愈速。如上九者,以之自治,则虽伤于厉,而吉且无咎也。严厉非安和之道,而于自治则有功也。虽自治有功,然非中和之道。故于贞正之道为可吝也。(《易传》卷三,页十七上,《释晋第三十五之上九爻辞》)

朱子曰:"晋",进也。……角,刚而居上。上九刚进之极,有其象矣。占者得之,而以伐其私邑,则虽危而吉且无咎。然以极刚治小邑,虽得其正,亦可咎矣。(《周易本义》,注晋之上九爻辞)

注释

①《易经·晋卦第三十五》,上九爻辞。

译文

《周易·晋卦》上九爻辞说:"这一爻处晋卦的上方,象卦的角而为刚,只有用来讨伐不服的城邑,这是化危厉为吉而至无咎。但严格来说,仍属于羞吝。"程颐解释说:人的自我修治,刚到极点则守道就更加坚固,进到极点向善就更为迅速。像上九这一爻,用这种精神自我修治,虽然伤于过分严厉,但还是无害的。严厉不符安定中和之道,但用于自修则有功效。尽管自修有效,但不是中和之道,严格来说仍是可羞吝的。

评析

人在整治自己的时候,偶尔严厉还是可以的。但是不要滥用严厉,严厉只有在关键时刻,要适当来用。

卷五　改过迁善克己复礼(凡四十一条)第十一条

明道先生曰:义理与客气①常相胜。只看消长分数多少,为君子、小人之别。义理所得渐多,则自然知得客气消散得渐少。消尽者是大贤。(《遗书》卷一,页三下)

叶采曰:义理者性命之本然。客气者形气之使然。(《集解》卷五,页七)

注释

①茅星来(《近思录集注》卷五,页九上)解作"血气,以其非心性之本然,故曰客气"。宇都宫遁庵(《鳌头近思录》卷五,页十上)云:"义理者道心之谓也。客气者人心之谓也。"泽田武冈(《近思录说略》卷五,页九下,总页四九○)以"所欲者以其自外入以动其气,故谓之客气"。中村惕斋(《近思录示蒙句解》卷五,页二三三)亦以人欲由形气之私以生,如客之往来。其他日本注家如秋月胤继(《近思录》页一八六),井上哲次郎(《近思录》卷五,页七)等,皆以客气为私欲如客之外来。

译文

程颢说:人身上义理与客气互相争斗常常互有胜负,只看双方消长比例的多少,来区分君子和小人。义理所得渐多,则自然能清楚自己身上的客气而加以控制,客气渐渐消散得少,消尽客气的人是大贤。

评析

我们可以用义理跟客气来自己衡量。但是,这里的"客气"不是现代语文客客气气的那个客气。理学所讲的客气,指外来的气质之性。外来的后天的那种跟义理相对的,才叫客气。

卷五　改过迁善克己复礼（凡四十一条）第七条

夬九五曰："苋陆①，夬夬，中行无咎。"《象》曰："中行无咎。中未光也②。"《传》曰：夫人心正意诚，乃能极中正之道，而充实光辉。若心有所比，以义之不可而决之，虽行于外，不失其中正之义，可以无咎。然于中道未得为光大也。盖人心一有所欲，则离道矣。夫子于此，示人之意深矣。（《易传》卷三，页四十八上，释《夬卦》第四十三之九五《象传》）

张伯行曰：此释夬卦九五爻象也。苋陆今马齿苋，感阴气之多者。夬夬，决而又决也。夬之卦体，下乾上兑，五阳决一阴。而九五又以刚居刚，为夬之主，必不系累于阴柔者。但与上六切近，如苋陆得阴气之多，恐不能无所比。虽迫于众阳之合力，且已有阳刚中正之德，必能决而决之，不失中正之道，可以无咎。而象谓中未光者，程子释其意，以为人必心无正私昵，意诚无勉强，乃能极大中至正之道，充实于内，而光辉于外。今九五比于上爻狎习亲昵，心未必正。特以迫于义之不可而勉强决去之，则其意亦非尽出于诚。虽所行中正，有无咎之道。然胜人之邪者，必先自胜其邪。邪念一分未尽，天理便一分未光何也？人有所欲，则离道矣。（《集解》卷五，页七上）

注释

①朱子以为苋陆是两物，苋者马齿苋，陆者章陆（《语类》卷七十二，第一一三条，页二九二五／一八三七）。

②夬卦九五《爻辞》与《象传》。

译文

《夬卦》的九五爻辞说："马齿苋决而又决，中道而行无害。"而《象》辞却说："虽然中道而行无害，但内心不算光明。"《易传》解释说：人能做到心正意诚，才能行于至中至正之道，内心德行充实而光辉显扬于外。如果心中与不善者有朋比，只是由于大义不允许而与之决断，那么尽管外在行为不失其中正义，可以没有妨害，但就其中道说不能算是诚而有光辉的。因为人心一有所欲，就偏离大道了。孔老夫子在这里要告诉人的道理多么深刻呀！

评析

这里强调了正心诚意的重要性。正心是说心要端正而不存邪念;诚意是指意必真诚而不自欺。人心受到忿激、恐惧、好乐、忧患等情欲的影响会不得其正,而心必须有所诚求,才能不乱而正。

卷五　改过迁善克己复礼(凡四十一条)第三十三条

横渠先生①曰:湛一气之本,攻取气之欲。口腹于饮食,鼻舌于臭味,皆攻取之性也。知德者属厌而已。不以嗜欲累其心,不以小害大,末丧本焉尔。(《诚明》第六,《张子全书》卷二,页十八下)

问:"湛一气之本,攻取气之欲。"朱子曰:湛一是未感物之时,湛然纯一。此是气之本。攻取如目之欲色,耳之欲声,便是气之欲。曰:攻取是攻取那物否? 曰:是。(《语类》卷九十八,第一二〇条,页四〇二〇/二五三〇)

注释

①横渠姓张,名载,字子厚(一〇二〇——一〇七七),陕西横渠镇人。少喜谈兵,年十八,上书范仲淹(九八九——一〇五二)。范氏授以《中庸》,告以儒者自有名教,何事于兵? 已而求诸佛老,乃反求之六经。尝坐虎皮讲《易》于京师。二程至与论《易》。次日撤座辍讲,尽弃异学,淳如也。举进士为云岩令。以吕公著(一〇一八——一〇八九)荐,迁军事判官,充崇文院校书。王安石不喜载,以按狱浙东出之。狱成。托疾归横渠。学者从之,告以知礼成性,变化气质之道。其学以《易》为宗,以《中庸》为体,以孔孟为法,谓太虚无形,气之本体。吕大防(一〇二七——一〇九七)荐知太常礼院。与有司议不合,复以疾归。中途而逝。贫以无敛。门人共买棺葬于涪州。所著曰《正蒙》《西铭》《横渠易说》。世称横渠先生。传其学者称为关学。

译文

张载说:清净纯粹是气的本体,取得外物是气的欲望,口腹对于饮食,鼻舌对于气味和滋味,都是感受外物之性的表现。那些明白大德的人对于外物,不过适足而已,不让过分的嗜欲连累其本善之心。本心是根本,是大端,嗜欲是末端,是细节,他们不会因小害大,不会因末节丧失根本。

评析

气质之性也叫作"攻取之性"。攻是排斥,取是吸引。人的嗜欲都是攻取之性。就气质之性来讲:"饮食男女皆性也,是乌可灭?"天地之性是同一的,气质之性则人与人异。不能因嗜欲而失了天地之本性。

(三)《传习录》

卷下 陈九川录 第二一八条

有一属官,因久听讲①先生之学,曰:"此学甚好。只是簿书讼狱繁难,不得为学。"先生闻之,曰:"我何尝教尔离了簿书讼狱,悬空去讲学?尔既有官司之事,便从官司的事上为学,才是真格物。如问一词讼,不可因其应对无状,起个怒心。不可因他言语圆转,生个喜心。不可恶其嘱②托,加意治之。不可因其请求,屈意从之。不可因自己事务烦冗,随意苟且断之。不可因旁人谮③毁罗织,随人意思处之。有许多意思皆私,只尔自知,须精细省察克治。惟恐此心有一毫偏倚,枉④人是非,这便是格物致知。簿书讼狱之间,无非实学。若离了事物为学,却是着空。"

刘宗周云:因物付物,便是格物。先生却每事用个克己为善去恶之功,更自切实在。

孙奇逢云:六个"不可",正见格物实学。

但衡今云:阳明"不可"云云,辞旨平时亲切,且无一字及他,诚忠厚之至。正阳明巡抚南赣(江西),提督军务,用兵八寨时也(正德十二至十三年,一五一七至一五一八)。

注释

①讲,与阳明门人讲论。
②嘱,闽本、朱本、俞本、张本均作"口"。

③谮,三轮执斋本作"赞"。
④枉,全书作"杜",误。

译文

有一位下属官员,长期听先生的讲学,他说道:"先生讲说的的确精彩,只是文件、案件极其繁重,没有时间去做学问。"先生听后,对他说:"我何尝教你放弃文件案件而悬空去讲学?你既然需要断案,就从断案的事上学习,如此才是真正的格物。例如,当你判案时,不能因为对方的无礼而恼怒;不能因为对方言语婉转而高兴;不能因为对方的请托而存心整治他;不能因为对方的哀求而屈意宽容他;不能因为自己的事务烦冗而随意草率结案;不能因为别人的诋毁和陷害而随别人的意愿去处理。这里所讲的一切情况都是私,只有你个人清楚,你必须仔细省察克治。唯恐心中有丝毫偏离而枉人是非,这就是格物致知。处理文件与诉讼,全是切实的学问。如果抛开事物去学,反而会不着边际。"

评析

关于格物致知的功夫,王阳明提出了"无事时存养"和"有事时省察"两种方法。所谓"有事时省察",强调的是在处世、工作中自然而然地按照良知的要求去行事,去贯彻伦理道德。他认为这就是"真格物"。"真实克己",如人走路一样,应边走边认,边问边走,在"事上磨炼","人须在事上磨炼做工夫乃有益",通过"声色货利"这些日常事务,"实地用功",去体认良知。

卷上　陆澄录 第八四条

先生曰:"今为吾所谓格物之学者,尚多流于口耳。况为口耳之学者,能反于此乎?天理人欲,其精微必时时用力省察克治,方日渐有见。如今一说话之间,虽只①讲天理,不知心中倏忽之间,已有多少私欲。盖有窃发而不知者,虽用力察之,尚不易见,况徒口讲而可得尽知乎?今只管讲天理来顿放着不循,讲人欲来顿放着不去,岂格物致知之学?后世之学,其极至,只做得个义袭而取②的工夫。"

注释

①只,三轮执斋本、佐藤一斋本均作"口"。

②义袭而取,出《孟子·公孙丑篇》第二上第二章。朱子《孟子集注》云:"由只行一事偶合于义,便可掩袭于外而得之。"

译文

先生说道:"现在从事我说的格物之学的人,大多还停滞在言论上。更何况从事口耳之学的人,能不这样吗?天理人欲,其细微处只有时时用力省察克治,才能一天天有所发现。现在说的这番话,虽是探讨天理,但不知转眼间,心中又有多少私欲。私欲悄悄产生,人则毫无感觉,即使用力省察还不易发现,更何况空口白说,能全部知道吗?此刻只顾论天理,却放在一旁不去遵循,论人欲却放在一旁不去清除,怎么是格物致知之学?后世的学问,其终点也最多做一个'义袭而取'的功夫罢了。"

评析

格物,是指对事物道理的推究。从表及里,由此及彼,溯其本源,考其流变,推其发展,究其义理,尽管无听不及,却又无所能及。天之高远,无有止境;地之深邃,无有止境。天地无止境,理亦无止境,这是常人的认知。但在圣人的"圣算"中,无止境的事理又有止境。零度是温度表上的止境,纯朴是天理与私欲的止境,没有止境,温度便无零上与零下的区分,人便无圣人与常人的区分。这个止境在有些人心目中模糊不清,在有些人心目中最为分明,圣人心中的止境更是省察得毫厘不爽。

卷上 陆澄录 第三九条

一日论为学工夫。先生曰:"教人为学不可执一偏。初学时心猿意马①,拴缚不定,其所思虑多是人欲一边,故且教之静坐息思虑。久之,俟其心意稍定,只悬空静守,如槁木死灰②,亦无用,须教他省察克治。省察克治之功,则无时而可间。如去盗贼,须有个扫除廓清之意。无事时,将好色好货好名等私,逐一追究搜寻出来,定要拔去病根,永不复起,方始为快。常如猫之捕鼠,一眼看着,一耳听着③。才有一念萌动,即与克去。斩钉截铁④,不可姑容与⑤他方便,不可窝藏,不可放他出路,方是真实用功,方能扫除廓清。到得无私可克,自有端拱⑥时在。虽曰'何思何虑'⑦,非⑧初学时事。初学必须思⑨省察克治,即是思诚。只思一个天理,到得天理纯全,便是何思何虑矣。"⑩

佐藤一斋云:到得天理纯全,是所谓"不勉而中,不思而得,从容中道"(《中庸》第二十章)者。故曰:"何思何虑。"

三轮执斋云:今案以何思何虑为自然的地头,故曰:"非初学时事。"是盖先生前说乎?《答周道通书》曰:"《系》言'何思何虑',是言所思所虑,只是一个天理,更无别思别虑耳"(第一四五节)云云。可交考。

东正纯云:何思何虑,王子矣初年以效验说之。

但衡今云:不云无思无虑,所思所虑,而云何思何虑者,盖以无思无虑,则堕断灭。所思所虑,则沦执著。阳明只思一个天理,犹嫌沾滞。

注释

①心猿意马,佛语。

②槁木死灰,出自《庄子》卷一《齐物论》第二,页十八下:"形固可使如槁木,而心固可使如死灰乎?"

③猫捕鼠,《朱子文集》卷七十一(页六下)《偶读漫记》云:"释氏有清草堂者(宋之善清禅师),有名丛林间。其始学时,若无所入。有(黄龙禅师)告之曰:'子不见猫之捕鼠乎?四足据地,首尾一直,目睛不瞬,心物它念。唯其不动,动则鼠无逃矣。'清用其言,乃有所入。"此系黄龙祖心禅师答宝峰善清禅师语。见《五灯会元》卷十七《黄龙祖心禅师法嗣章》(《续藏经》一辑,贰编乙,十一套,页三三五),又《联灯会要》卷十五《宝峰善清禅师章》(《续藏经》一辑,贰编乙,九套,页三三九)。黄龙祖心(黄龙山麓南禅,一〇〇二—一〇六九,之弟子)语其弟子善清云:"子见猫儿捕鼠乎?目睛不瞬,四足踞地,诸根顺向,首尾一直。拟无不中。子能如是,心无异缘。六根自根,默然而究。万无一失也。"

④《景德传灯录》,卷十七(页四下)云居道膺禅师(八三五?—九〇二)

谓众云:"学佛法底人,如斩钉截铁始得。"

⑤姑容与,张本"姑容"断句。"与"作"为"。

⑥端拱,端坐拱手。

⑦何思何虑,《易经·系辞》下传第五章:"天下何思何虑! 天下同归而殊途,一致而百虑。天下何思何虑!"

⑧非,陈本"非"上有"要"字。

⑨必须思,陈本"必须思"绝句。

⑩参看《传习录》第一四五条。

译文

一天,师生共同探讨怎样做学问。先生说:"教人做学问,不可偏执一端。初学之始,三心二意,神心不宁,所考虑的大多是私欲方面的事。因此,应该教他静坐,借以安定思绪。时间放长一点,是为了让他心意略有安定。但若一味悬空守静,槁木死灰一般,也没有用。此时必须教他做省察克治的功夫。省察克治的功夫就没间断的时候,好比铲除盗贼,要有一个杜绝的决心。无事时,将好色、贪财、慕名等私欲统统搜寻出来,一定要将病根拔去,使它永不复发,方算痛快,好比猫逮鼠,眼睛盯着,耳朵听着。摒弃一切私心杂念,态度坚决,不给老鼠喘息的机会。既不让老鼠躲藏,也不让它逃脱,这才是真功夫。如此才能扫尽心中的私欲,达到彻底干净利落的地步,自然能做到端身拱手。所谓'何思何虑',并非始学之事。始学时必须思考省察克治的功夫,亦即思诚,只想一个天理,等到天理完全纯正时,也就是'何思何虑'了。"

评析

《礼记·学记》中说:"精通熔炼铜铁修补器具的人的儿子,一定会先练习缝缀皮袄;善于制弓的人的儿子,一定会先练习用柳条编簸箕;开始让马驹驾车与熟练的马驾车相反,要把马驹系在车后。道德高尚的人明察这三件事,即可立志于学问了。"这里的三个比喻说明:为学必须从简易入手,循序渐进。

卷中　答陆原静书二　第一六三条

来书云：佛氏又有常提念头①之说，其犹孟子所谓"必有事"②，夫子所谓致良知之说乎？其即常惺惺③、常记得、常知得、常存得者乎？于此念头提在之时，而事至物来，应之必有其道。但恐此念头提起时少，放下时多，则工夫间断耳。且念头放失，多因私欲客气之动而始。忽然惊醒而后提。其放而未提之间，心之昏杂，多不自觉。今欲日精日明，常提不放。以何道乎？只此常提不放，即全功乎？抑于常提不放之中，更宜加省克之功乎？虽曰常提不放，而不加戒惧克治之功，恐私欲不去。若加戒惧克治之功焉，又为思善之事，而于本来面目④又未达一间也。如之何则可？

戒惧克治，即是常提不放之功，即是必有事焉，岂有两事邪？此节所问，前一段已自说得分晓，末后却是自生迷惑，说得支离⑤，及有本来面目未达一间之疑。都是自私自利将迎意必⑥之为病，去此病自无此疑矣。

王应昌云：原静以戒惧与本来面目隔一层。曾闻先生戒惧即本体之训否？

注释

①提念头，禅语，出处未考。

②必有事焉，《孟子·公孙丑篇》第二上第二章："必有事焉而勿正（预期）。心勿忘。勿助长焉。"

③常惺惺，瑞岩禅师（约八五〇—约九一〇）之语，见于《五灯会元》第七章（《续藏经》第一辑第二编下，第十一函，页一二〇下）。《明觉禅师语录》卷三引之（《大正新修大藏经》第四十七册，页六九〇）。唯不见《景德传灯录》（《四部丛刊》本）卷十七（页十七下至十八上）《瑞岩禅师言行录》。

④本来面目，《六祖法宝坛经·行由品》第一（《大正新修大藏经》第四十八册，页三四九："惠能云：不思善，不思恶，正与应时，那个是明上座本来面目。"）

⑤支离，佐藤一斋谓此指来书"抑于常提不放之中"以下。

⑥将迎意必，意必，语见《论语·子罕篇》第九第四章："子绝四：毋意，毋

必,毋固,毋我。"将迎,语见《庄子》(《四部丛刊》本,名《南华真经》)卷七《知北游》第二十二(页五十五下):"无有所将(送),无有所迎。"

译文

来信写道:"佛教还有常提念头的观点,这与孟子讲的'必有事'、您说的致良知是一回事吗? 这是不是'常惺惺'、常记得、常知得、常存得呢? 当这个念头提起时,应付诸多事物一定会有正确的办法。但只怕这念头提起的时候少而放失的时候多,那么工夫就有间断了。并且,这念头的放失,多是因为私欲和气的萌动引起的,猛然惊醒之后又可提起,但在放失而未提起时,由于心的昏暗与杂乱自己往往不能感觉到。今天,要想念头日益精进光明、常提不放,又使用什么方法呢? 只要这念头常提不放就是全部功夫了吗? 还是在这常提不放中,更应该有省察克治的功夫呢? 虽然这念头常提不放,然而,若不再有戒惧克治的功夫,私欲只怕还是不能剔除。如果有戒惧克治的功夫,又成为'思善'的事情,这与本来面目又不相符,到底怎样做才算正确呢?"

戒惧克治就是常提不放的功夫,就是"必有事焉",这岂能当两回事看待? 关于你这一段问的问题,前面我已说得十分清楚。这里却是你自我迷惑,言语说得支离破碎、凌乱不堪。至于与本来面目不相符的疑问,都是自私自利、将、迎、意、必的毛病引起的,剔除这个毛病,这个疑问也就迎刃而解了。

评析

中国禅宗中有许多这样的故事,弟子向师父请教,"什么是佛""祖师西来意是什么"等问题时,师父往往是即景发凡,应机施教,如:"祖师西来意?"答:"门前柏树子。"问:"什么是佛?"答:(竖起食指不语)。此种教法实在是机锋作略,大阐真谛。

卷上 薛侃录 第一一一条

子仁①问:"'学而时习之,不亦说乎?'②先儒以学为效先觉之所为③。如何?"先生曰:"学是学去人欲,存天理。从事于去人欲存天理,则自正诸先觉,考诸古训。自下许多问辨思索存省克治工夫。然不过欲去此心之人欲,存吾心之天理耳。若曰效先觉之所为,则只说得学中一件事。亦似专求诸外了。'时习'者,'坐如尸'④,非专习坐也。坐时习此心也。'立如斋',非专习立也。立时习此心也。'说'是'理义之说我心'⑤之'说'。人心本自说理义。如目本说色,耳本说声,惟为人欲所蔽所累,始有不说。今人欲日去,则理义日洽浃,安得不说?"

但衡今云:考亭(朱子)《集注》"学之为言效也"云云,与阳明云学去人欲,存天理,并无二致。阳明乃揭其"所为"二字,只说得学中一事。且专事诸求,而置其人性本善,明善复初而不论。迹近周纳,当为门下作意为之,未可尽信也。

注释

①子仁,佐藤一斋谓子仁,栾氏,名惠。浙江人。孙锵则谓子仁,姓冯,名恩,号尚江,华亭人,见《儒林宗派》,并谓不知一斋何据。按栾惠姓名见于《阳明年谱》。正德九年(一五一四)五月,阳明至南京,栾惠陆澄等二十余人同聚师门,但未言栾惠之字为子仁。《明儒学案》字子仁者又有林春,东城泰州(江西)人(《学案》三二),师阳明弟子王心斋(王艮,一四八三——一五四〇),非事阳明。东敬治谓不知此子仁指栾惠抑指林春。叶钧谓子仁,栾惠字,浙江西安人,郡守请往施行乡约,四方学者云集。不知叶氏何所本。《学案》无栾惠传。余重耀《阳明弟子传纂》目录页十八有栾惠,谓见于《阳明年谱》,无字里,《传纂》亦无传。综上所论,则孙锵是也。《明儒学案》卷二十五《南中王门学案序》云:"冯恩,字子仁,号南江(孙作尚江,盖印误),华亭(今江苏松江)人。嘉靖丙辰(一五五六)进士。阳明征思、田(一五二七至一五二八),南江以行人使其军。因束脩为弟子。"

②学而,语出《论语·学而篇》第一第一章。

③效先觉,朱子《论语集注》注上章云:"学之为言效也。人性皆善,而觉有先后。后觉者,必效先觉之所为,乃可以明善而复其初也。"

④坐如尸,谢良佐(一〇五〇—约一一二〇)论此章而引《礼记·曲礼》"坐如尸""立如斋"之言。朱子引谢氏以申其说。

⑤义理,《孟子·告子篇》第六上第七章。说,即悦。

译文

子仁问:"'学而时习之,不亦说乎?'先儒说,学是效法先觉者的行为,这样说正确吗?"先生说:"学,是学去人欲、存天理。如果去人欲、存天理,就自然会求正于先觉,考求于古训,就自然会下很多问辨、思索、存养、省察、克治的功夫。这些也不过是要除去己心的私欲,存养己心的天理罢了。至于说'效先觉之所为',那只是说了学中的一件事,也似乎专门向外求取了。'时习'犹如'坐如尸',不是专门练习端坐,是在端坐时锻炼这颗心。'立如斋',不是专门练习站立,是在站立时锻炼这颗心。'悦'是'理义之说我心'的'说'。人心原本就欢喜义理,好比眼睛本来欢喜美色、耳朵欢喜音乐一样。只因为私欲的蒙蔽和拖累,人心才有不悦。如果私欲一天天减少,那么,理义就能一天天滋润身心,人心又怎能不悦呢?"

评析

历来贤德之士不偏私、不结党。他们温柔而又刚强,清虚而又充实。他们超然脱俗,好像忘记了自身的存在。他们藐视细碎小事,志在做大事情。他们看上去没有勇力,但却不怕恐吓、威胁,坚定果敢,不受污辱、伤害。遭遇患难能够守义不失,行事高瞻远瞩而不贪图小利。视听超尘绝俗可以安定社会,德行尊重道理而耻于耍奸弄巧。胸怀宽广不诋毁他人而心志非常高远,难被外物打动而决不妄自屈节。为什么?理义天天滋润着他们的身心,愉悦时时在他们心中。

六、警　戒

(一)《四书》

1. 大学

第九章

一家仁,一国兴仁;一家让,一国兴让;一人贪戾,一国作乱。其机如此。此谓一言偾事,一人定国。①尧、舜帅天下以仁,而民从之;桀、纣帅天下以暴,而民从之;其所令反其所好,而民不从。

注释

①偾,音奋。朱子章句:一人,谓君也。机,发动所由也。偾,覆败也。此言教成于国之效。

译文

君主的家族仁爱,整个国家就盛行仁爱;君主的家族礼让,整个国家就盛行礼让;君主贪暴,整个国家就发生动乱。事情的关键就是这样。这是说,君主一句话就能败坏事情,一个人就能安定国家。尧舜用仁爱来统御天下,民众随之仁爱;桀纣用贪暴来统御天下,民众随之贪暴。如果他们的命令违背了自己所倡导的东西,民众就不听从了。

评析

这一章举了尧舜及桀纣的例子来警示君王,应当首先做到自身品德高尚,并且治理好自己的家族,然后才推己及人,治理好国家。

第十章

此谓唯仁人为能爱人,能恶人。① 见贤而不能举,举而不能先,命也;见不善而不能退,退而不能远,过也。② 好人之所恶,恶人之所好,是谓拂人之性,菑必逮夫身。③ 是故君子有大道,必忠信以得之,骄泰以失之。④

注释

①朱子章句:言有此媢疾之人,妨贤而病国,则仁人必深恶而痛绝之。以其至公无私,故能得好恶之正如此也。

②命,郑氏云当作慢,程子云当作怠,未详孰是。远,去声。朱子章句:若此者,知所爱恶矣,而未能尽爱恶之道,盖君子而未仁者也。

③菑,古灾字。夫,音扶。朱子章句:拂,逆也。好善而恶恶,人之性也。至于拂人之性,则不仁之甚者也。自《秦誓》至此,又皆以申言好恶公私之极,以明上文所引《南山有台》《节南山》之意。

④君子,以位言之。道,谓居其位而修己治人之术。发极自尽为忠,循物无违谓信。骄者矜高,泰者侈肆。此因上所引《文王》《康诰》之意而言。章内三言得失,而语益加切,盖至此而天理存亡之几决矣。

译文

这是说,只有仁人才能亲近人,才能憎恶人。遇到贤才而不能选拔,选拔了而不能重用,是怠慢;遇到恶人而不能贬斥,贬斥了而不能远逐,是过错。喜好他人所厌恶的,厌恶他人所喜好的,叫作违背人的本性,灾难必定会降临到身上。因此,君子有一条大道,一定要忠信才能得到它,而骄傲放纵就会失去它。

评析

一个人即使没有什么才能,但只要心胸宽广能容人,"宰相肚里能撑船",便可以重用。相反,即使你非常有才能,但如果你嫉贤妒能,容不得人,也是危害无穷,不能任用的。所以,"唯仁人为能爱人,能恶人"。当政治国的人必须要有识别人才的本领。

第十章

长国家而务财用者,必自小人矣。彼为善之,小人之使为国家,灾害并至。虽有善者,亦无如之何矣!此谓国不以利为利,以义为利也。①

注释

①长,上声。"彼为善之",此句上下,疑有阙文误字。朱子章句:自,由也,言由小人导之也。此一节,深明以利为利之害,而重言以结之,其叮咛之意切矣。

译文

拥有一国一家而专门注重财利的,必定出自小人的诱导。他们想要为善,但听从了小人的主张来治理国政、家政,灾难和祸害将一并降临。即使有善人,对此也无可奈何了。这是说,治理国家不以财为利,而要以义为利。

评析

这句话是规劝国君既不要去欣赏小人,也不要欣赏小人的所作所为,更不要让小人去治理国家;否则后果很严重。这是治国平天下的一个要点。

第十章

《诗》云:"节彼南山,维石岩岩。赫赫师尹,民具尔瞻。"有国者不可以不慎,辟则为天下僇矣。①《诗》云:"殷之未丧师,克配上帝,仪监于殷,峻命不易。"道得众则得国,失众则失国。②

注释

①节,读为截。辟,读为僻。僇与戮同。朱子章句:《诗》,《小雅·节南山》之篇。节,截然高大貌。师尹,周太师尹氏也。具,俱也。辟,偏也。言在上者人所瞻仰,不可不谨。若不能絜矩而毫无徇于一己之偏,则身弑国亡,为天下之大戮矣。

②丧,去声。仪,《诗》作宜。峻,《诗》作骏。易,去声。朱子章句:《诗》,

《文王》篇。师，众也。配，对也。配上帝，言其为天下君，而对乎上帝也。监，视也。峻，大也。不易，言难保也。道，言也。引《诗》而言此，以结上文两节之意。有天下者，能存此心而不失，则所以絜矩而与民同欲者，自不能已矣。

译文

《诗·小雅·节南山》说："巍峨的南山啊，岩石矗立；显赫的太师啊，民众瞩目。"执掌政权者不可以不谨慎，有所偏颇就会被天下所离弃。《诗·大雅·文王》说："尚未丧失民心的殷商，还能得到上天的保佑。应该以它的灭亡为鉴戒，天命不容易长久保有。"这是说，得到民众就能得到国家，失去民众就会失去国家。

评析

这里重点强调在位的君子要遵守絜矩之道，不能逾越一步，要时刻谨慎小心，不可偏袒偏私，不然将会引起众怒，会遭到百姓的讨伐。水能载舟，亦能覆舟。百姓是国家的根本，要重视百姓的感受，这样才能和谐社会。应当用殷朝的兴亡作为鉴戒，认识到长保天命并非容易的事。得到民众的承认和拥护就能保有国家；失去民众的承认和拥护就会失去国家。

2. 中庸

第二十八章

子曰："愚而好自用，贱而好自专，生乎今之世，反古之道。如此者，灾及其身者也。"①

注释

①好，去声。灾，古灾字。朱子章句：以上孔子之言，子思引之。反，复也。

译文

孔子说："愚昧而喜好自以为是，卑贱而喜好自作主张，生活在现今的时世却违背自古以来的准则。像这样,灾祸就会降临到身上。"

评析

孔子通过前面的三种假设警戒世人,处世应当认清现实,把握时势之变化,顺应自然而为之。

第三十三章

《诗》曰:"予怀明德,不大声以色。"子曰:"声色之于以化民,末也。"

译文

《诗·大雅·皇矣》说:"令人向往啊,美善的德行,它从不疾言厉色。"孔子说:"用疾言厉色来教化民众,是最拙劣的。"

评析

中庸落实到治国化民上,就是要德治。通过自己的修养,完善自我,从而带动诸侯百姓效法,这种治理是一种影响力的发散过程;而"声色"则是借助于职务性、暴力性的强制力来完成治理,这种借助压迫性力量的治理不但不能使百姓心悦诚服地接受,反而会遭到反抗。

3. 论语

为政第二

子曰:"攻乎异端,斯害也已!"[1]

注释

[1]范氏曰:"攻,专治也,故治木石金玉之工曰攻。异端,非圣人之道,而别为一端,如杨、墨是也。其率天下至于无父无君,专治而欲精之,为害甚矣!"朱子章句:程子曰:"佛氏之言,比之杨、墨,尤为近理,所以其害为尤甚。学者当如淫声美色以远之,不尔,则骎骎然入于其中矣。"

译文

孔子说:"学习异端邪说,这才是祸害啊!"

评析

这一句误解很多。容易被曲解为"党同伐异"。我们看到异端,容易想到西方的宗教裁判所之所为。而文中的异端,则是偏于一端,攻乎异端,就是走小道,不走中道。走小道,往往短时间内很有效果,但是长远看,走不通的。夫子是主张和而不同,执两用中。

里仁第四

子曰:"士志于道,而耻恶衣恶食者,未足与议也。"①

注释

①心欲求道,而以口体之奉不若人为耻,其识趣之卑陋甚矣,何足与议于道哉?朱子章句:程子曰:"志于道而心役乎外,何足与议也?"

译文

孔子说:"士人有志于道却以粗衣糙食为耻的,不足以与之相谋。"

评析

心中有道,志于求仁才是最重要的,只讲物欲要求的生活是不完全的,是低层次的。没有充实精神的物欲要求是空虚的,心灵空虚的人就如一具行尸走肉。"粗食者志坚,华美者心卑。""非淡泊无以明志,非宁静无以致远。"只有对精神层次的追求超过对物质的追求时,我们的生命才会富有价值和意义。

述而第七

子曰:"德之不修,学之不讲,闻义不能徙,不善不能改,是吾忧也。"①
①尹氏曰:"德必修而后成,学必讲而后明,见善能徙,改过不吝,此四者,日新之要也。苟未能之,圣人犹忧,况学者乎?"

译文

孔子说:"道德不去修行,学问不去讲习,知晓了义理不能转变观念,不好的地方不能改正,这些是我所担忧的。"

评析

面对世风日下的社会,孔子提出了自己的四大忧虑,即"道德不修、学问不讲、知善不从、有过不改"。如果我们来个反向思考,就可以说孔子对我们的个人修养提出了四条建议:一是加强道德培养,二是勤奋为学,三是择善固执、多行义举,四是有了错误及时改正。这四点建议能够促使我们不断进步,实现自我完善。

卫灵公第十五

子曰:"群居终日,言不及义,好行小慧,难矣哉!"①

注释

①好,去声。朱子章句:小慧,私智也。言不及义,则放辟邪侈之心滋。好行小慧,则行险侥幸之机熟。难矣哉者,言其无以入德,而将有患害也。

译文

孔子说:"整天聚在一起,言谈不涉及正理,喜欢耍小聪明,这就难以造就了。"

评析

孔子在这里揭示了一类人,这类人终日无所事事,有很多空余时间,靠闲聊打发时间,说的话没有任何意义。不仅如此,他们还常常卖弄小聪明。这种行为对他人、对社会都没有任何益处,这种人要有所成就是很困难的。

卫灵公第十五

子曰:"巧言乱德,小不忍则乱大谋。"①

注释

①巧言,变乱是非,听之使人丧其所守。小不忍,如妇人之仁、匹夫之勇皆是。

译文

孔子说:"花言巧语扰乱德行,小处不能忍耐就会败坏大事。"

评析

"小不忍则乱大谋"这句话包含着极高的智慧。对那些有志于修养大丈夫人格的人来说,这句话更是至关重要的。有志向、有理想的人,不会斤斤计较个人得失,更不应在小事上纠缠不清,而应有开阔的胸襟、远大的抱负,只有如此,才能成就大事,从而达到自己的目标。

阳货第十七

子曰:"饱食终日,无所用心,难矣哉! 不有博弈者乎? 为之,犹贤乎已。"①

注释

①博,局戏也。弈,围棋也。已,止也。朱子章句:李氏曰:"圣人非教人博弈也,所以甚言无所用心之不可尔。"

译文

孔子说:"整天吃得饱饱的,一点不动脑筋,真难以教诲啊! 不是有六博、弈棋吗? 去弄弄也比闲着好。"

评析

孔子的这段名言是对人们惰性的当头棒喝。孔子重视人生的完满,认为不应该无谓地浪费时间,即便是花些心思玩些博弈之类的游戏,也好过成天无所事事。

4. 孟子

梁惠王下

邹与鲁鬨。穆公问曰:"吾有司死者三十三人,而民莫之死也。诛之,则不可胜诛;不诛,则疾视其长上之死而不救,如之何则可也?"①孟子对曰:"凶年饥岁,君之民老弱转乎沟壑,壮者散而之四方者,几千人矣;而君之仓廪实,府库充,有司莫以告,是上慢而残下也。曾子曰:'戒之戒之!出乎尔者,反乎尔者也。'夫民今而后得反之也。君无尤焉!②君行仁政,斯民亲其上、死其长矣。"③

注释

①鬨,胡弄反。胜,平声。长,上声,下同。朱子章句:鬨,斗声也。穆公,邹君也。不可胜诛,言人众不可尽诛也。长上,谓有司也。民怨其上,故疾视其死而不救也。

②几,上声。夫,音扶。朱子章句:转,饥饿辗转而死也。充,满也。上,谓君及有司也。尤,过也。

③君不仁而求富,是以有司知重敛而不知恤民。故君行仁政,则有司皆爱其民,而民亦爱之矣。范氏曰:"《书》曰:'民惟邦本,本固邦宁。'有仓廪府库,所以为民也。丰年则敛之,凶年则散之,恤其饥寒,救其疾苦。是以民亲爱其上,有危难则赴救之,如子弟之卫父兄,手足之捍头目也。穆公不能反己,犹欲归罪于民,岂不误哉?"

译文

邹国与鲁国发生冲突,邹穆公问孟子:"我们的官吏死了三十三个,而民众却没有为之献身的。若处罚他们,罚不了那么多人;若不处罚,又恨他们眼看着长官死难却不去救助,怎么样才好呢?"孟子答道:"灾荒歉收的年成,您的民众,年老体弱的在山沟荒野奄奄一息,年轻力壮的四散逃难,有近千人。然而,您的粮仓充溢、库房盈实,官吏却不把这一情况上报,这是在上者怠慢并残虐下民。曾子说:'切切警惕啊!你怎样对待他人,他人将照样回报你。'民众们如今有机会回报了。您不要责怪他们,您施行仁政,那么民众就会亲近他们的上级,为他们的长官赴死了。"

评析

关于人与人之间的相处之道,孔子主张"己所不欲,勿施于人";孟子主张"行有不得者,皆反求诸己"。同样,上下之间、政府与民众之间也是如此。孟子讲的仁政,首先是君主及其官僚机器能够认识到,百姓是国家的主体,要真心爱护百姓,让百姓安心从事生产从而获得充分的生活保障,只有民富才能国强。孟子深刻地意识到,官民矛盾和对立的根源,在于君主及其官僚阶层仅仅是把百姓当作生产工具和奴役对象,因而毫无忌惮地疯狂聚敛社会财富,以至于上则仓廪府库盈溢,君主和官吏肆意挥霍;下则百姓艰难生存,苟延残喘。孟子引用曾子的话,阐明"出乎尔者,反乎尔者也"的道理,这意味着是把君主和百姓放在对等的位置上看待。在两千多年前能够有这样的思想,可以说极为难能可贵。只是后来的成语"出尔反尔",不再表示你怎样对待别人,对方也将怎样对待你;而是表示言行前后自相矛盾,反复无常。这样的语义流变,有些类似于孟子宝贵的民本思想在后世的遭遇。

公孙丑上

孟子曰:"仁则荣,不仁则辱。今恶辱而居不仁,是犹恶湿而居下也。①如恶之,莫如贵德而尊士,贤者在位,能者在职。国家闲暇,及是时明其政刑。虽大国,必畏之矣。②《诗》云:'迨天之未阴雨,彻彼桑土,绸缪牖户。今此下民,或敢侮予?'孔子曰:'为此诗者,其知道乎!能治其国家,谁敢侮之?'③今国家闲暇,及是时般乐怠敖,是自求祸也。④祸福无不自己求之者⑤。《诗》云:'永言配命,自求多福。'《太甲》曰:'天作孽,犹可违;自作孽,不可活。'此之谓也。"⑥

注释

①恶,去声,下同。朱子章句:好荣恶辱,人之常情。然徒恶之而不去其得之之道,不能免也。

②闲,音闲。朱子章句:此因其恶辱之情,而进之以强仁之事也。贵德,

犹尚德也。士,则指其人而言之。贤,有德者,使之在位,则足以正君而善俗。能,有才者,使之在职,则足以修政而立事。国家闲暇,可以有为之时也。详味"及"字,则惟日不足之意可见矣。

③彻,直列反。土,音杜。绸,音稠。缪,武彪反。朱子章句:《诗》,《豳风·鸱鸮》之篇,周公之所作也。迨,及也。彻,取也。桑土,桑根之皮也。绸缪,缠绵补葺也。牖户,巢之通气出入处也。予,鸟自谓也。言我之备患详密如此,今此在下之人,或敢有侮予者乎?周公以鸟之为巢如此,比君之为国,亦当思患而预防之。孔子读而赞之,以为知道也。

④般,音盘。乐,音洛。敖,音傲。朱子章句:言其纵欲偷安,亦惟日不足也。

⑤结上文之意。

⑥孽,鱼列反。朱子章句:《诗》,《大雅·文王》之篇。永,长也。言,犹念也。配,合也。命,天命也。此言福之自己求者。《太甲》,《商书》篇名。孽,祸也。违,避也。活,生也,《书》作逭。逭,犹缓也。此言祸之自己求者。

译文

孟子说:"仁就会得到荣耀,不仁就会遭受责辱。现今人们虽然厌恶责辱却又自处于不仁,这好比是厌恶潮湿而自处于地下的地方。如果真的厌恶责辱,不如敬奉德行而尊重士人,使贤德的人治理国家,让能干的人担任官职,国家就没有内忧外患了,再趁着这样的时机条理政策法规,即使是大国也必定会对此感到畏惧。《诗》说:'趁着天还没有阴雨,把桑树根上的皮儿剥取,修整好门儿窗户。现今这些下面的人啊,谁还敢把我欺侮。'孔子说:'写作这首诗的人真是懂得道理啊!能够治理自己的国家,谁还敢欺侮他们呢?'现今国家没有内忧外患,在这时享乐怠惰,等于是自招灾祸。灾祸或幸福无不是自己招来的。《诗》说:'行事一直与天命相符,自己寻求更多的幸福。'《太甲》说:'上天降灾还可躲开,自己作孽无法逃避。'就是指这种情况。"

评析

当时的诸侯君主无不是在为了自己的享乐而努力,但他们又害怕没有一个好名声,害怕人民不尊敬他们,害怕《春秋》之类的编年史埋没他们,不记载他们的政绩。所以孟子一针见血地指出:爱民则荣耀,不爱民则会被埋没。见享乐而不动心,就是自求福;"般乐怠敖"就是自求祸。无论是福是祸,都是自己求得的。天降灾祸而给人带来痛苦,那是大自然运行规律所造成的,人们拿天没有办法,而因为自己享乐带给别人痛苦,就逃脱不了灭亡的结果了,因为人拿人总会是有办法的。

滕文公下

戴盈之曰:"什一,去关市之征,今兹未能。请轻之,以待来年,然后已,何如?"①孟子曰:"今有人日攘其邻之鸡者,或告之曰:'是非君子之道。'曰:'请损之,月攘一鸡,以待来年,然后已。'②如知其非义,斯速已矣,何待来年?"③

注释

①去,上声。朱子章句:盈之,已宋大夫也。什一,井田之法也。关市之征,商贾之税也。已,止也。

②攘,如羊反。朱子章句:攘,物自来而取之也。损,减也。

③知义理之不可而不能速改,与月攘一鸡何以异哉?

译文

戴盈之说:"田租十分取一,取消关卡、市场的税收,今年还办不到。我先减轻征收,等到明年再完全改正,怎么样?"孟子说:"现在有个人每天偷他邻居的鸡,有人对他说:'这不是君子的行为。'那人说:'我先少偷些,每月偷一只,等到明年再完全改正。'如果知道这样做不符合正道,就赶快改正,为什么要等到明年呢?"

评析

改革的目标很好,但改革是不是今天一定下方案,蓝图一出来,明天就能全部变成现实呢?这是不可能的。孟子这里可能有点急,但他这个急也是有道理的。他希望人们一旦立下志向,就应当马上落实到自己的行动中,绝对不要懈怠。这就是孟子的用意。

离娄上

孟子曰:"规矩,方员之至也;圣人,人伦之至也。①欲为君尽君道,欲为臣尽臣道,二者皆法尧、舜而已矣。不以舜之所以事尧事君,不敬其君者也;不以尧之所以治民治民,贼其民者也。②孔子曰:'道二:仁与不仁而已矣。'③暴其民甚,则身弑国亡;不甚,则身危国削。名之曰'幽'、'厉',虽孝子慈孙,百世不能改也。④《诗》云'殷鉴不远,在夏后之世',此之谓也。"⑤

注释

①至,极也。人伦,说见前篇。规矩尽所以为方员之理,犹圣人尽所以为人之道。

②法尧、舜以尽君臣之道,犹用规矩以尽方员之极,此孟子所以道性善而称尧、舜也。

③法尧、舜,则尽君臣之道而仁矣;不法尧、舜,则慢君贼民而不仁矣。二端之外,更无他道。出乎此,则入乎彼矣,可不谨哉?

④幽,暗。厉,虐。皆恶谥也。苟得其实,则虽有孝子慈孙爱其祖考之甚者,亦不得废公义而改之。言不仁之祸必至于此,可惧之甚也。

⑤《诗》,《大雅·荡》之篇。言商纣之所当鉴者,近在夏桀之世。而孟子引之,又欲后人以幽、厉为鉴也。

译文

孟子说:"圆规、曲尺是方、圆的最高境界,圣人是做人的最高境界。要做国君就应尽国君之道,要做臣属就应尽臣属之道,这两者都是效法尧、舜而已。不以舜事奉尧的做法来侍奉君主,就是不敬奉自己的君主;不以尧治理民众的做法来治理民众,就是虐害自己的民众。孔子说:'准则两条,仁与不仁而已。'残虐自己的民众过于厉害的,自身被杀、国家灭亡;不太厉害的,自身危险、国家削弱,死后被称为'幽''厉',即使是孝顺仁慈的子孙,经百世之后也无法更改。《诗》说'殷商的鉴戒并不遥远,就在那夏朝统治的时代',就是这个意思。"

评析

孟子这一段论述,意在告诫当政者应当吸取历史的经验教训,善待百姓,实施仁政,如此方可以长治久安。孟子所说"尽君道",也就是仿效尧实行仁政;所谓"尽臣道",《孟子·告子下》明确指出:"君子之事君也,务引其君以当道,志于仁而已。"

离娄上

孟子曰:"不仁者可与言哉? 安其危而利其菑,乐其所以亡者。不仁而可与言,则何亡国败家之有?① 有孺子歌曰:'沧浪之水清兮,可以濯我缨;沧浪之水浊兮,可以濯我足。'② 孔子曰:'小人听之! 清斯濯缨,浊斯濯足矣,自取之也。'③ 夫人必自侮,然后人侮之;家必自毁,而后人毁之;国必自伐,而后人伐之。④《太甲》曰:'天作孽,犹可违;自作孽,不可活。'此之谓也。"⑤

注释

①菑与灾同。乐,音洛。朱子章句:安其危、利其菑者,不知其为危菑而反以为安利也。所以亡者,谓荒淫暴虐,所以致亡之道也。不仁之人,私欲固蔽,失其本心,故其颠倒错乱至于如此,所以不可告以忠言,而卒至于败亡也。

②浪,言郎。朱子章句:沧浪,水名。缨,冠系也。

③言水之清浊,有以自取之也。圣人声入心通,无非至理,此类可见。

④夫,音扶。朱子章句:所谓自取之者。

⑤解见前篇。朱子章句:此章言心存则有以审夫得失之几,不存则无以辨于存亡之著。祸福之来,皆其自取。

译文

孟子说:"不仁的人可以与他交谈吗?他们苟安于自身的危险,贪利于自身的灾祸,耽乐于导致自身灭亡的事。不仁的人可以与之交谈,那怎么会有亡国败家的事呢?有个孩子唱道:'清澈的沧浪水啊,能用来洗我的冠缨;浑浊的沧浪水啊,能用来洗我的双脚。'孔子说:'后生们听着!清的水洗冠缨,浊的水洗双脚,都是水自身招致的。'人必定自辱了才有他人来侮辱,家必定自毁了才有他人来毁灭,国必定自伐了才有他人来讨伐。《太甲》说:'上天降灾还可躲开,自己作孽无法逃避',就是这个意思。"

评析

当时的从政者全无长远的政治眼光,没有历史责任感和社会道义感;他们或者沉溺于声色犬马的物质享受,或者陶醉于歌功颂德的如潮谀辞;或者纠缠于无休止的争权夺利的内斗,你死我活,导致内政混乱;或者贪欲膨胀,为了统治更多的土地和人口而冒险搞军事扩张,为此不惜与各诸侯国为敌,诸如此类,不一而足。孟子认为,这些都不是政治应有的题中之义。君主不能给本国民众带来更多的福利,心里只有一己之私,那就属于自作孽不可活,无可救药。但当时没有君主能够理解和接受孟子的仁政思想。孟子充分意识到,在他与当政者之间不存在语言交流的障碍,只是因为双方价值观根本不同,事实上是两个世界的人,因此"不可与言"。孟子断言,不仁者当政,全无仁爱悲悯的情怀,最终只能走向亡国败家的绝路。

(二)《近思录》

卷十二 改过及人心疵病(凡三十三条) 第一条

濂溪先生曰:仲由①喜闻过,令名无穷焉②。今人有过,不喜人规。如护疾而忌医,宁灭其身而无悟也。噫!(《通书》,第二十六章)

朱子曰:喜其得闻而改之,其勇于自修如此。(《孟子集注·公孙丑第二

上》第八章)

注释

①即子路。子路,姓仲,名由,又称季路,孔子弟子。为鲁国卫国邑宰。
②《孟子·公孙丑上》第八章。

译文

周敦颐先生说:子路爱听到别人指出自己的过错,因而有无穷的美名。今天的人犯了过错,不喜欢人来规劝,就像护着身上的病而忌讳医治,宁可灭亡自身也不醒悟。唉!

评析

都说忠言逆耳利于行,可细想想,若想悦纳逆耳忠言实非易事。我们每个人身上都有缺点,有些自己知道,有些不知道。自负的人知道缺点也会假装不知道。子路喜欢别人指出自己的缺点,是因为他懂得在通往自我完善的路上,又可以斩断一条看不见的荆棘了。

卷十二　改过及人心疵病(凡三十三条)　第三条

人之于豫乐,心说之故迟迟。遂至于耽恋不能已也。豫之六二,以中正自守。其介如石,其去之速,不俟终日。故贞正而吉也①。处豫不可安且久也。久则溺矣。如二可谓见几而作者也。盖中正故其守坚,而能辨之早,去之速也。(《易传》卷二,页六上,释《豫卦》第十六之六二《爻辞》)

朱子曰:豫虽主乐,然易以溺人。溺则反而忧矣。卦独此爻中而得正,是上下皆溺于豫。而独能中正自守,其介如石也。其德安静而坚确。故其思虑明审,不俟终日而见凡事之几微也。《大学》曰:"安而后能虑,虑而后能得②",意正如此。(《周易本义》《豫卦》六二《爻辞注》)

注释

①《易经》《豫卦》六二《爻辞》曰:"介于石,不终日,贞吉。"豫卦震上坤下。二者均阴爻在中,故中正自守。

②《大学》经文。

译文

人对于安逸豫享乐,心中喜悦,不肯断然舍弃,故迟之又迟,终至于迷恋安乐而不能自拔。《豫》卦的六二爻,能以中正自守,其品质高介如石,能够很快舍弃逸乐而去,不等过完这一天。像六二爻之明智,可以称得上是看到征兆就迅速行动的了。由于其处中正之位所以能守身坚定,又能及早区别逸乐之害,而迅速地舍弃它。

评析

面对"愉悦"之乐,不耽于安逸,速速舍弃,耿介如石,才能吉祥。诚如宋儒杨慈湖先生所言:"水静则清,清则明;人静则清明,人心本清明。"(杨简《杨氏易传》)在"愉悦"之境,不为"安乐"所惑,静心自观,顿悟心外诸事变化。这即是守正之道,也是吉祥之道。

卷十二　改过及人心疵病(凡三十三条)　第五条

圣人为戒,必于方盛之时。方其盛而不知戒,故狃安富则骄侈生,乐舒肆则纲纪坏,忘祸乱则衅孽萌。是以浸淫,不知乱之至也。(《易传》卷二,页十五下《释临卦第十九》)

张伯行曰:此极言安乐之害。见常人之乐,君子所惧也。(《集解》卷十二,页二下)

译文

圣人戒备祸患,一定要在正当兴盛之时。当兴盛的时候不知戒惧,因而习惯于安乐富足就会产生骄侈,乐于舒适肆意纲纪就会破坏,忘怀于祸乱事端就会萌动,因此就像水渐积渐多一样,国家也会在不知不觉中终至发生动乱。

评析

悦心是人之本心,以人物为悦心之本,则悦物愉情而失之本真,故正善之心不明,而无得乎悦心之正道,不能放达于圣人无喜无悲、若喜若悲之圣境。悦物愉情是追权逐利的开始,是纵情声色的发端,惑于悦色、迷乎愉情,则去圣贤之道远矣。

卷十二 改过及人心疵病(凡三十三条) 第十三条

虽舜之圣,且畏巧言令色①。说之惑人易入而可惧也如此。(《易传》卷四,页四十二下,释《兑卦》第五十八之九五《爻辞》)

朱子曰:好其言,善其色,致饰于外,务以悦人,则人欲肆而本心之德亡矣。(《论语集注·学而第一》第三章)

注释

①《书经·皋陶谟》第二节。《书经》所指是尧而非舜。

译文

即使圣如虞,他尚且害怕那些花言巧语、以媚顺之色讨好人的人,可见取悦的手段迷惑人,是多么容易攻入人心而且可畏呀。

评析

欲是顺情接物的感受,是道障理蔽的根源。远小人、亲君子,是止恶悦善的根本,圣人悦以仁忍正善,则不惑于美言渔利之徒矣。

卷十二 改过及人心疵病(凡三十三条) 第十四条

治水,天下之大任也。非其至公之心,能舍己从人,尽天下之议,则不能成其功。岂方命圮族①者所能乎?鲧虽九年而功弗成。然其所治,固非他人所及也。惟其功有叙,故其自任益强,咈戾圮类益甚。公议隔而人心离矣。是其恶益显,而功卒不可成也。(《经说》卷二《书解》页六上下)

朱子曰:天下之事,逆理者如何行得?……禹之治水,亦只端的见得须是如此,顺而行之而已。鲧绩之不成,正为不顺耳。(《语类》卷五十七,第六

十三条,页二一四七/一三五四)

注释

①程子解"方命"为不顺正理(《经说》卷二,页五下),叶采(《近思录集解》卷十二,页五)等从之。谓不顺正理而毁圮族类。朱子则解"方命"为"止其命令而不行"(《语类》卷七十八,第一〇〇条,页三一六九/一九九五)。据《书经·尧典》第十一节,洪水为害,群臣皆以禹之父鲧可用。尧不以为然,谓鲧逆命而伤同类。某臣请试用之。九年而治水不成。

译文

治水,是天下重大责任呀,除非他有至公之心,能够抛弃一己之私而顺从他人,充分采纳天下人的议论,则不能成其功,难道是依仗一己之能、悖理行事、危害同族的人所能承担的吗?鲧虽然治水九年而没有成功,但他所治理的,自然不是其他人所能赶得上的。正因为他取得了足够可叙之功,所以就更加自信个人的能力,更加严重地情性乖离毁败群类,天下公议听不到了,人也与他离心离德,如此一来,他的恶性就更加暴露,而最后也不可能成功。

评析

这一条通过举例鲧治水而发警戒,人不能不顺耳,过于自大而不采纳他人好的建议,再强的个人能力也无法取得大的成就。

(三)《传习录》

卷上　陆澄录　第十九条

孟源①有自是好名之病,先生屡责之。一日,警责方已。一友自陈日来工夫请正。源从傍曰:"此方是寻着源旧时家当。"②先生曰:"尔病又发。"源色变,议拟欲有所辨。先生曰:"尔病又发。"因喻之曰:"此是汝一生大病根。譬如方丈地内,种此一大树。雨露之滋,土脉之力,只滋养得这个大根。四傍纵要种些嘉谷,上面被此树树叶遮覆,下面被此树根盘结,如何生长得成?须用伐去此树,纤根勿留,方可种植嘉种。不然,任汝耕耘培壅,只是滋养得此根。"③

注释

①孟源,字伯生,安徽滁州人。余不详。《明儒学案》无传。此条为陆澄所记。普通应用字,今用名,或是孟源为后辈也。

②家当,财产,器具也。

③佐藤一斋云:此条施本、南本、宋本在第一二九条之后。

译文

孟源自以为是、贪求虚名的毛病屡屡不改,因而受到老师的多次批评。一天,先生刚刚教训了他,有位朋友谈了他近来的功夫,请先生指正。孟源却在一旁说:"这正好找到了我过去的家当。"先生说:"你的老毛病又犯了。"孟源闹了个大红脸,正想为自己辩解。先生说:"你的老毛病又犯了。"接着开导他:"这正是你人生中最大的缺点。打个比方吧。在一块一丈见方的地里种一棵大树,雨露的滋润,土地的肥沃,只能对这棵树的根供给营养。若在树的周围栽种一些优良的谷物,可上有树叶遮住阳光,下被树根盘结,缺乏营养,它又怎能生长成熟?所以只有砍掉这棵树,连须根也不留,才能种植优良谷物。否则,任你如何耕耘栽培,也只是滋养大树的根。"

评析

《礼记·曲礼上》中说:"傲不可长,欲不可从,志不可满,乐不可极。"这就是教人要时时注意自身的修养,如果放纵自身,甚至骄傲、狂妄、过分追求享乐,势将导致学业的滞废、事业的失败。所以,圣人时时修君子之德,修正自身,端正身心,完善人格,然后方为君子,方为圣人。

卷上　陆澄录　第五一条

问:"孔子谓武王未尽善①,恐亦有不满意。"先生曰:"在武王自合如此。"曰:"使文王未没,毕竟如何?"曰:"文王在时,天下三分已有其二②。若到武王伐商之时,文王若在,或者不致兴兵。必然这一分亦来归了。只善处纣,使不得纵恶而已。"

注释

①尽善,《论语·八佾》第三第二十五章:"子谓《韶》,尽美矣,又尽善也。谓《武》,尽美矣,未尽善也。"《韶》,帝舜之乐。《武》,武王之乐。

②有其二,见《论语·泰伯篇》第八第二十章。

译文

陆澄问:"孔子认为武王没有尽善,大概孔子也有对武王不满意之处。"先生说:"对武王来说,得到这样的评价已不错了。"陆澄问:"如果文王尚在,将会如何?"先生说:"文王在世时,他拥有三分之二的天下。武王伐纣时,如果文王还活着,也许不会动用兵甲,余下三分之一的天下也一定归附了。文王只要妥善处理与纣的关系,使纣不再纵恶就够了。"

评析

此段答词完全是阳明先生的一种假设,一种推断。不过有一点是可以肯定的:得道者多助,失道者寡助,国家的统一乃是历史的必然规律和人心所向。

卷上　陆澄录　第六四条

先生曰:"诸公近见时,少疑问,何也?人不用功,莫不自以为已知,为学只循而行之是矣。殊不知私欲日生,如地上尘,一日不扫,便又有一层。着实用功,便见道无终穷,愈探愈深。必使精白①无一毫不彻②方可。"

注释

①精白,如米之磨至最纯洁处。

②彻,通也,明白也。

译文

先生说:"各位最近见面时,为什么没有多少问题了?人不用功,都满以为已知怎样为学,只需根据已知的行动就可以了。但不知私欲一天天膨胀,像地上的灰尘,一天不打扫就会又多一层。踏实用功,就能了解道的永无止境,越究越深,一定要达到纯净洁白,无一丝一毫不透彻的境界才行。"

评析

道无止境,玄妙幽深;但道又简单明白,只要用到功夫,就能达到纯净洁白、透彻圆融的境界。可见得道在功夫。

卷上　薛侃录　第一〇七条

德章①曰:"闻先生以精金喻圣,以分两喻圣人之分量,以锻炼喻学者之工夫②,最为深切。惟谓尧舜为万镒,孔子为九千镒,疑未安。"先生曰:"此又是躯壳上起念,故替圣人争分两。若不从躯壳③上起念,即尧舜万镒不为多,孔子九千镒不为少。尧舜万镒,只是孔子的。孔子九千镒,只是尧舜的。原无彼我,所以谓之圣。只论精一④,不论多寡。只要此心纯乎天理处同,便同谓之圣。若是力量气魄,如何尽同得?后儒只在分两上较量,所以流入功利。若除去了比较分两的心,各人尽着自己力量精神,只在此心纯天理上用功,即人人自有,个个圆成⑤,便能大以成大,小以成小,不假外慕,无不具足。此便是实实落落,明善诚身⑥的事。后儒不明圣学,不知就自己心地良知良能上体认扩充,却去求知其所不知,求能其所不能。一味只是希高慕大,不知自己是桀纣心地,动辄要做尧舜事业,如何做得?终年碌碌,至于老死。竟不知成就了个甚么,可哀也已。"

注释

①德章,姓刘,余不详。其名不见《王文成传本》《王文成公全书》之《年谱》与书札及《儒林宗派》。

②以金喻圣,见《传习录》第九十九条。

③躯壳,即身体,私心之意。

④精一,《书经·大禹谟》第十五节:"人心惟危(易私故险),道心(依道之心)惟微(细微)。惟精(不杂形气之私)惟一(专一依据义理),允执厥中。"

⑤圆成,三轮执斋谓语出菩提达摩(四六〇—五三四?)之六门集,日本注家从之。《六门》集著者为谁尚是悬案。《大正新修大藏经》第四十八册(页三六七至三七六)《六门集》全文无此语。《续藏经》第一辑乙部第八函第五册之节本《六门集》亦无此语。东敬治谓《六明集》载达摩之语曰:"人人具足,个个圆成。"为此语之所本。"六明"恐为"六门"之误,盖无《六明集》之书也。"人人具足,个个圆成",据柳田圣山教授所示,乃出于《楚石梵琦禅师语录》卷七(《续藏经》第一辑,乙部,第二十九函,册一,页六六下)。梵琦禅师一二九〇年生,一三七〇年卒。铃木大拙先生来函疑《六门集》非达摩所作,语亦不限于禅宗。然彼不忆首次用此语者为谁。《碧岩录》第六十二则圆悟克勤禅师(一〇六三——一一三五)评唱云:"乾坤之内,宇宙之间,中有一宝秘在,形山大意明,人人具足,个个圆成。""人人具足,个个圆成"之语,又见《圆悟语录》卷十一。《圆悟语录》卷十三、《圆悟心要》卷下亦云:"人人具足,各各圆成。"

⑥明善诚身,《中庸》第二十章:"诚身有道。不明乎善,不诚乎身矣。"

译文

德章说:"曾听说先生把精金比喻圣人,用分量的轻重比喻圣人才力的大小,用锻炼比喻学者的工夫,这些喻义很深刻。只是您认为尧舜是万镒,孔子是九千镒,这种说法似乎不恰当。"先生说:"这是从外形上着眼的,因为替圣人争轻重。如果不是从外形上着眼,那么,尧、舜万镒不为多,孔子九千镒不为少。尧舜的万镒也就是孔子的,孔子的九千镒也就是尧舜的,彼此之间本来就没有区别。之所以称为圣,只看精一与否,不在数量多少。只要此心同样纯为天理,便同样可称之为圣。至于力量气魄,又怎么会完全相同呢?后世儒者只在分量上比较,所以陷入功利的泥潭之中。如果剔除比较分量的心,各人尽己之力与精神,只在此心纯是天理上下功夫,就能人人知足,个个功成,如此就能大的成就大的,小的成就小的,不必外求,无不足具。这就是实实在在的明善诚身的事。后儒不理解圣学,不懂得从自心的良知良能上体认扩充,却还要去了解自己不知道的,掌握自己不会做的,一味好高骛远。不知自己的心地宛如桀、纣,动不动就要做尧、舜的功业,如此怎么行得通?终年劳碌奔波,直至老死,也不知到底成就了什么,真可悲啊!"

评析

楚王向詹子请教治国的道理,詹子说:"我只听说过如何治身,没听说过如何治国。"詹子认为,治国之本在于治身,以修身来齐家,以齐家来治国,以治国来平天下。所以,圣人的事业,从大的方面看,可以包罗宇宙、概括日月;从小的方面看,又超不出自身。

卷下　陈九川录　第二〇三条

又问:"用功收心时有声色在前,如常闻见,恐不是专一。"曰:"如何欲不闻见?除是槁木死灰[①],耳聋目盲则可。只是虽闻见而不流去便是。"曰:"昔有人静坐,其子隔壁读书,不知其勤惰,程子称其甚敬[②]。何如?"曰:"伊川恐亦讥他。"

注释

①槁木死灰,出《庄子》卷一《齐物论》第二,页十八下:"形固可使如槁木,而心固可使如死灰乎?"

②甚敬,《二程遗书》卷三(页五上):"许渤(字仲容。天禧[一〇一七——一〇二一]进士)与其子隔一窗而寝,乃不闻其子读书与不读书。先生(伊川)谓此人持敬如此。"

译文

九川又问:"当用功收敛身心的时候,若有声色出现在眼前,还如同平常那样去听去看,只怕就不为专一了。"先生说:"怎么能不想听,怎么能不想看?除非是死灰槁木、耳聋眼瞎之人。虽然听见看见了,只要心不去跟随它也就行了。"九川说:"从前有人静坐,他儿子在隔壁读书,他却不知道儿子是否在读书。程颐赞扬他很能持静。这是怎么回事?"先生说:"程颐大概是讽刺他。"

评析

听有声之乐的人,耳朵会变聋;听无声之乐的人,耳朵会听得清楚。在王阳明看来,修行的专一工夫绝不是断绝一切闻见,而是在"声""色"这些外诱面前,心仍不为所动,这便是真正的"专一"。陈九川举的这个例子经阳明解为"讽刺"后,恰好在警示我们要抛开假意的"专一"。

第二编

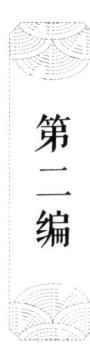

事功

一、义 利

(一)《四书》

1. 大学

第十章

有德此有人,有人此有土,有土此有财,有财此有用。①德者,本也;财者,末也。②

注释

①先谨乎德,承上文不可不谨而言。德,即所谓明德。有人,谓得众。有土,谓得国。有国,则不患无财用矣。

②本上文而言。

译文

有了德行这就有了民众,有了民众这就有了土地,有了土地这就有了财富,有了财富这就有了国家的用度。德行是本,财富是末。

评析

很明显,此段是儒家义利观的集中展现,先义后利、重义轻利是儒家义利观的基本内容。但我们仅仅看到这一层是不够的,在一定程度上说正当的利,社会生活所需的物质精神财富只有在公平正义的秩序下才能得以保证,而这正是儒家义利观的深层次意涵。

第十章

外本内末,争民施夺。①是故财聚则民散,财散则民聚。②是故言悖而出者,亦悖而入;货悖而入者,亦悖而出。③

注释

①人君以德为外,以财为内,则是争斗其民,而施之以劫夺之教也。盖财者人之所同欲,不能絜矩而欲专之,则民亦起而争夺矣。

②外本内末故财聚,争民施夺故民散。反是,则有德而有人矣。

③悖,布内反。悖,逆也。此以言之出入,明货之出入也。自先谨乎德以下至此,又因财货以明能絜矩与不能者之得失也。

译文

重本轻末,就会争夺民众的财富,因此,聚敛财货民众就离散,散施财富民众就归聚。所以,说出违背情理的话,也会听进违背情理的话;不正当得来的财富,也会不正当地失去。

评析

外本内末(外德内财),百姓就会争夺。百姓相互争夺,必然导致离散。可见义与利不能并行,百姓与钱财不能兼得。如果是外本内末(外德内财),上位者想聚财,财虽然聚了,却失了天下的心,那百姓都离心离德而怨叛之,没有财聚而百姓也聚的。如果是内本外末(内德外财),财散给下边的百姓,财虽然散了,却赢得了天下的心,那百姓都同心爱戴而自然归聚,没有财散而百姓也散的。这两样哪个有损、哪个有益,坐天下者当知如何辨别。

第十章

生财有大道,生之者众,食之者寡,为之者疾,用之者舒,则财恒足矣。①仁者以财发身,不仁者以身发财。②

注释

①恒,胡登反。吕氏曰:"国无游民,则生者众矣;朝无幸位,则食者寡

矣;不夺农时,则为之疾矣;量入为出,则用之舒矣。"愚按:此因有土有财而言,以明足国之道在乎务本而节用,非必外本内末而后财可聚也。自此以至终篇,皆一意也。

②发,犹起也。仁者散财以得民,不仁者亡身以殖货。

译文

生财也有大道,生产者多,消费者少,创造快而耗用慢,财富就经常充裕了。仁者拿财富来发展自身,不仁者拿自身来发财。

评析

这里包含了勤劳和节俭的美德,也提出了管理者要重人而不能重财轻人。

第十章

未有上好仁而下不好义者也,未有好义其事不终者也,未有府库财非其财者也。①

注释

①上好仁以爱下,则下好义以忠其上。所以事必有终,而库府之财无悖出之患也。

译文

没有上面喜好仁而下面不喜好义的,没有喜好义而任事不尽忠到底的,国库中的财富就不会不成为其财富了。

评析

上,是君上。下,指百姓。终,是成就的意思。从来没有上面喜好仁政,而下面的百姓不喜好忠义的;也没有喜好忠义而做事会半途而废的(意思是做事会善始善终),也不会出现国库的钱财不属于国君这样的事。对于最后一句,不太好理解。那么,我们先看看曾子说这话的语境,也就是对谁说的。

我们可以设想这样一幅场景:曾子与君王对面而坐。曾子说:君王,没有听说君王喜好仁而下属不喜好义的,也没有下属好义而做事半途而废的,也没有听说您国库里的钱财不属于您的(国家都是您的,您要那么多钱干什么呢?)。结合下面的"国不以利为利,以义为利"等长篇的论述,这段话其实是劝国君不要与小民争利的意思。

第十章

孟献子曰:"畜马乘,不察于鸡豚;伐冰之家,不畜牛羊;百乘之家,不畜聚敛之臣。与其有聚敛之臣,宁有盗臣。"此谓国不以利为利,以义为利也。①

注释

①畜,许六反。乘、敛,并去声。孟献子,鲁之贤大夫仲孙蔑也。畜马乘,士初试为大夫者也。伐冰之家,卿大夫以上,丧祭用冰者也。百乘之家,有采地者也。君子宁亡己之财,而不忍伤民之力,故宁有盗臣,而不畜聚敛之臣。此谓以下,释献子之言也。

译文

孟献子说:"士一做了大夫,出行有车马,就不去管喂鸡养猪的小事;丧祭用冰的卿大夫之家,不需要畜养牛羊;有采地的百乘之家,不应该有聚敛财富的臣属。与其有聚敛百姓财富的臣属,还不如有盗窃主人财富的臣属。"这是说,治理国家不以财为利,而要以义为利。

评析

社会每个人都能有饭吃、有衣穿,才能相对的稳定,如果很多人吃不上饭,那么,离动荡就不远了。社会底层的人由于自身的残疾,缺乏知识、技术、资源、人脉、资金等因素,获取生存资料的渠道很窄,如果把他们这一点点获利的渠道也霸占了,就会使他们生活更加窘迫。曾听说某IT互联网行业的企业巨头及房地产老板为了赚钱而纷纷去养猪,就是舍大义而赚小利啊!凭他们的高智商,养出个"金猪"都是没有问题的!但他们早已不是"伐冰之家","百乘之家"都不止了,为何还要"察鸡豚""蓄牛羊"呢?拉三轮车、钉鞋、出地摊、崩爆米花、卖纸壳与饮料瓶等是底层人赖以生存的渠道,如果月收入数十万元的人也不放弃赚这些小钱,就是与民争利,不给他们活路了。当富有者把普通百姓获利的渠道都一一封堵以后,百姓会受损害,但最终受害的是自己。能赚钱的人都是很聪明、很有能力的,但不去赚某些钱,是不是更是一种慈悲,更需要一种智慧呢?!

2. 中庸

第二十章

哀公问政。①子曰:"文、武之政,布在方策。其人存,则其政举;其人亡,则其政息。②人道敏政,地道敏树。夫政也者,蒲卢也。③故为政在人,取人以身,修身以道,修道以仁。④仁者,人也,亲亲为大。义者,宜也,尊贤为大。亲亲之杀,尊贤之等,礼所生也。⑤"

注释

①哀公,鲁君,名蒋。

②方,版也。策,简也。息,犹灭也。有是君,有是臣,则有是政矣。

③夫,音扶。朱子章句:敏,速也。蒲卢,沈括以为蒲苇是也。以人立政,犹以地种树,其成速矣,而蒲苇又易生之物,其成尤速也。言人存政举,其易如此。

④此承上文人道敏政而言也。为政在人,《家语》作"为政在于得人",语意尤备。人,谓贤臣。身,指君身。道者,天下之达道。仁者,天地生物之心,而人得以生者,所谓"元者善之长"也。言人君为政在于得人,而取人之则又在修身。能仁其身,则有君有臣,而政无不举矣。

⑤杀,去声。朱子章句:人,指人身而言。具此生理,自然便有恻怛慈爱之意,深体味之可见。宜者,分别事宜,各有所宜也。礼,则节文斯二者而已。

译文

鲁哀公询问政事。孔子说:"周文王、周武王的政事,都记载在典籍上。他们在世,这些政事就实施;他们亡故,这些政事就废弛。治人的途径是努力施政,治地的途径是努力种植。政事这种东西,就像是蒲苇。所以,政事的施行在于人才,选取人才取决于君王自身,修饬自身要有准则,拟订准则应依据仁。仁就是爱人,以亲近亲族最重要;义就是得体,以尊敬贤人最重要。亲近亲族的差别,尊敬贤人的等次,就是礼产生的原因。"

评析

"义利之辩",这个伦理学中道德评价标准的问题,在中国是由孔夫子最先揭举的。他在《论语·里仁》中提出:"君子喻于义,小人喻于利。"孔子要求,"君子义以为上"(《论语·阳货》),以"义"作为行动的指南;"君子义以为质"(《论语·卫灵公》),把"义"化为自己的血肉,使自己思想起本质变化;"君子"应该成为完美的人,而完美的人应该"见利思义"(《论语·宪问》)。孔子提出的这个"义",怎么解释呢?《中庸》本章开头解释说:"义者,宜也。"凡事适宜就叫作"义"。"义",就是人心中认同的做人的伦理道德准则。

或生而知之,或学而知之,或困而知之,及其知之一也;或安而行之,或利而行之,或勉强而行之,及其成功一也。①

注释

①强,上声。知之者之所知,行之者之所行,谓达道也。以其分而言,则所以知者知也,所以行者仁也,所以至于知之成功而一者勇也。以其等而言,则生知安行者知也,学知利行者仁也,困知勉行者勇也。盖人性虽无不善,而气禀有不同者,故闻道有蚤莫,行道有难易,然能自强不息,则其至一也。吕氏曰:"所入之涂虽异,而所至之域则同,此所以为中庸。若乃企生知安行之资为不可几及,轻困知勉行谓不能有成,此道之所以不明不行也。"

译文

有的人生来就知道,有的人学了才知道,有的人遇到困境刚刚知道,而他们知道的东西则是一样的;有的人自觉地实施它们,有的人为了谋取利益实施它们,有的人在督促强迫下实施它们,而他们因实施而成功则是一致的。

评析

有的人生而得智,可以轻松获得知识,他们只要自觉地去实行,就可以成功;有的人通过后天努力学习而获得知识,他们由利益驱动去实行,也可以成功;有的人通过克服困难而获得知识,他们因危机感而强迫自己去实行,最后同样成功了。无论是哪种人,最后都以他们各自的方式获得了知识,获得了成功。因此,它承认了不同人可以以不同的方式取得成就,给所有人以成功的希望。

齐明盛服,非礼不动,所以修身也;去谗远色,贱货而贵德,所以劝贤也;尊其位,重其禄,同其好恶,所以劝亲亲也;官盛任使,所以劝大臣也;忠信重禄,所以劝士也;时使薄敛,所以劝百姓也;日省月试,既禀称事,所以劝百工也;送往迎来,嘉善而矜不能,所以柔远人也;继绝世,举废国,治乱持危,朝聘以时,厚往而薄来,所以怀诸侯也。①

注释

①齐,侧皆反。去,上声。远、好、恶、敛,并去声。既,许气反。禀,彼锦、力锦二反。称,去声。朝,音潮。此言九经之事也。官盛任使,谓官属众盛,足任使令也,盖大臣不当亲细事,故所以优之者如此。忠信重禄,谓待之诚而养之厚,盖以身体之,而知其所赖乎上者如此也。既,读曰饩。饩禀,稍食也。称事,如周礼稿人职,曰"考其弓弩,以上下其食"是也。往则为之授节以送之,来则丰其委积以迎之。朝,谓诸侯见于天子。聘,谓诸侯使大夫来献。王制"比年一小聘,三年一大聘,五年一朝"。厚往薄来,谓燕赐厚而

纳贡薄。凡为天下国家有九经，所以行之者一也。一者，诚也。一有不诚，则是九者皆为虚文矣，此九经之实也。

译文

穿戴整齐鲜明的盛装，不符合礼仪的事情不做，是为了修饬自身；驱除谗臣，远离女色，轻视钱财而注重德行，是为了尊崇贤人；尊之以高爵，加之以厚禄，与之爱憎相一致，是为了勉励亲族亲近；有众多的官属听任使用，是为了勉励大臣；提高忠信者的俸禄，是为了勉励士；使役有时，减轻赋税，是为了勉励百姓；定时检核，多劳多得，是为了勉励匠师；送往迎来，嘉奖友好而照顾无能者，是为了勉励来客；延续断绝的世系，恢复灭亡的国家，平定祸乱，扶持危难，按时接受朝聘，赐送的礼物丰盛而收纳的贡品菲薄，是为了勉励诸侯。

评析

这里我们注意到对大臣、小臣和工人，不同的人实行不同的政策。总之，越是体力劳动的、较低职位的人，考核期要越短。最短的就是现在的小时工资制、计件工资制了。而对智力劳动，高级人才，就官属众盛、忠信厚禄，支持他自己去发挥。

3. 论语

里仁第四

子曰："富与贵，是人之所欲也，不以其道得之，不处也。贫与贱，是人之所恶也，不以其道得之，不去也。①君子去仁，恶乎成名？②君子无终食之间违仁，造次必于是，颠沛必于是。"③

注释

①恶，去声。不以其道得之，谓不当得而得之。然于富贵则不处，于贫贱则不去，君子之审富贵而安贫贱也如此。

②恶，平声。言君子所以为君子，以其仁也。若贪富贵而厌贫贱，则是

自离其仁,而无君子之实矣,何所成其名乎?

③造,七到反。沛,音贝。终食者,一饭之顷。造次,急遽苟且之时。颠沛,倾覆流离之际。盖君子之不去乎仁如此,不但富贵、贫贱、取舍之间而已也。言君子为仁,自富贵、贫贱、取舍之间,以至于终食、造次、颠沛之顷,无时无处而不用其力也。然取舍之分明,然后存养之功密;存养之功密,则其取舍之分益明矣。

译文

孔子说:"富有和显贵是人们所想望的,不通过正当途径达到目的,就不承受;贫困和微贱是人们所嫌恶的,不通过正当途径达到目的,就不抛弃。君子抛弃了仁,怎么成就名声呢?君子任何时候都不违背仁,匆忙时必定如此,颠沛时必定如此。"

评析

在孔子看来,每个人都想过上富裕的生活,摆脱贫困的局面,这本是好事。但是,对于君子而言,富与贵应当取之有道。即便贫困的生活再不好,想要去之也应有道,这才是君子所为。而这个道,就是仁义之道,它是君子安身立命的基础。无论是富贵还是贫贱,无论是在仓促之间还是颠沛流离之时,都不能违背这个原则。有些人认为,人生充满苦难,人总是在痛苦中挣扎。这个观点有些道理,但是我们再想一下,人们为何会这样呢?造成他们痛苦的根源是什么?有没有一种人能摆脱这种痛苦,让生命充实而又快乐?从某个角度看,造成人痛苦的根源在于思想的矛盾。比如,有人看重财富,可等他拥有了财富,面对子孙对自己的财富觊觎和争夺的现实,他心里充满苦恼。这是因为他脑子里有强烈的伦理思想,财富观念与伦理的冲突导致了他的痛苦。倘若坚守一个信念,他就不会痛苦了。譬如有的人看重家庭,在他的努力下,子孝妻贤,也许他们很贫穷,也许他们的生活备受磨难,但只要亲情还在,他们就能生活得很充实、很美好。"仁"就是有着积极意义的观念。如果坚守仁德,其实是不会在乎贫困还是富贵的,更不会去谋求不义之财,也不会为改变处境而出卖良知。

里仁第四

子曰:"放于利而行,多怨。"①

注释

①放,上声。孔氏曰:"放,依也。多怨,谓多取怨。"程子曰:"欲利于己,必害于人,故多怨。"

译文

孔子说:"依循利来行事,多招怨恨。"

评析

孔子的义利观认为,作为具有高尚人格的君子,他不会总是考虑个人利益上的得与失,更不会一心追求个人利益,否则,就会招致来自各方的怨恨和指责。那么,在具体处理事务时,利益到底应该处在什么位置呢?实际上儒家不是不重视利益,而是更重视"义"。义的繁体字是"義",上面是羊,下面是我,是会意字。我是大斧子,"義"的最本始的意义是把一只羊从中间分开,非常平均。即"義"的本义便是平均、公平。实际上一直到今天,义的最主要的意义依然是公平。人类应该摒弃"永恒的利益"而追求永恒的公平正义,在公平正义原则下的利益追求才是可以肯定的。

里仁第四

子曰:"君子喻于义,小人喻于利。"①

注释

①喻,犹晓也。义者,天理之所宜。利者,人情之所欲。程子曰:"君子之于义,犹小人之于利也。唯其深喻,是以笃好。"杨氏曰:"君子有舍生而取义者,以利言之,则人之所欲无甚于生,所恶无甚于死,孰肯舍生而取义哉?其所喻者义而已,不知利之为利故也,小人反是。"

译文

孔子说:"君子只知晓义,小人只知晓利。"

评析

"君子喻于义,小人喻于利"是孔子学说中对后世影响较大的一句话,被人们传说。这就明确提出了义利问题。孔子认为,利要服从义,要重义轻利,他的义指服从等级秩序的道德,一味追求个人利益,就会犯上作乱,破坏等级秩序。所以,把追求个人利益的人视为小人。经过后代儒家的发展,这种思想就变成义与利尖锐对立、非此即彼的义利观。

述而第七

子曰:"饭疏食饮水,曲肱而枕之,乐亦在其中矣。不义而富且贵,于我如浮云。"①

注释

①饭,符晚反。食,音嗣。枕,去声。乐,音洛。饭,食之也。疏食,麤饭也。圣人之心,浑然天理,虽处困极,而乐亦无不在焉。其视不义之富贵,如浮云之无有,漠然无所动于其中也。程子曰:"非乐疏食饮水也,虽疏食饮水,不能改其乐也。不义之富贵,视之轻如浮云然。"又曰:"须知所乐者何事。"

译文

孔子说:"吃粗食,饮凉水,弯起手臂当枕头,其中也是有乐趣的。不义却富有、显贵,对于我就如同浮云一般。"

评析

孔子极力提倡"安贫乐道",认为有理想、有志向的君子,不会总是为了自己的吃穿住而奔波的,"饭疏食饮水,曲肱而枕之",对于有理想的人来讲,可以说是乐在其中。同时,他还提出,不符合道的富贵荣华,他是坚决不予接受的,对待这些东西,如天上的浮云一般。这种思想深深影响了古代的知识分子,也为一般老百姓所接受。

子路第十三

子夏为莒父宰,问政。子曰:"无欲速,无见小利。欲速,则不达;见小利,则大事不成。"①

注释

①父,音甫。莒父,鲁邑名。欲事之速成,则急遽无序,而反不达。见小者之为利,则所就者小,而所失者大矣。程子曰:"子张问政,子曰:'居之无倦,行之以忠。'子夏问政,子曰:'无欲速,无见小利。'子张常过高而未仁,子夏之病常在近小,故各以切己之事告之。"

译文

子夏担任了莒父的长官,询问政务。孔子说:"不要求快,不要只看到小利。求快,就达不到目的;只看到小利,就不能成就大事。"

评析

欲速则不达,见小利则大事不成,不但处理政事,日常生活也如此,无论做什么,都要遵守事物的客观发展规律。比如小学一年级的学生,你让他直接上大学,拔苗助长非所益,根本达不到教育他成才的目的。只能循序渐进地学习,才能一步一步、慢慢地了解高深的知识。如果现实中有的人为鸡毛蒜皮的小事,天天唠叨,积怨填胸,和人争执,为五毛钱得失就要与人拼命,怎么能够成就大的事业呢?这就要求我们不但有眼光,而且要有容人的胸襟,踏踏实实地先做好眼前的工作,不要好高骛远,积沙成塔,积水成河,由量变到质变,只要默默地坚持遵循事物的客观规律,就一定会达到我们预期的目标。

4. 孟子

梁惠王上

孟子见梁惠王。①王曰:"叟不远千里而来,亦将有以利吾国乎?"②孟子对曰:"王何必曰利?亦有仁义而已矣。③王曰'何以利吾国',大夫曰'何以利吾家',士庶人曰'何以利吾身',上下交征利而国危矣。"

注释

①梁惠王,魏侯䓨也。都大梁,僭称王,谥曰惠。史记:"惠王三十五年,卑礼厚币以招贤者,而孟轲至梁。"

②叟,长老之称。王所谓利,盖富国强兵之类。

③仁者,心之德、爱之理。义者,心之制、事之宜也。此二句乃一章之大指,下文乃详言之。后多放此。

译文

孟子拜见梁惠王。惠王说:"老丈不远千里前来,将使我国有所获利吗?"孟子答道:"大王何必说利呢?只有仁义罢了。大王说'用什么使我国获利',大夫说'用什么使我家获利',士和庶人说'用什么使我自身获利',上上下下交相牟利,国家就危险了。"

评析

孟子告诉我们联系人与人之间最好的纽带是仁义,而不是利益;否则就必然会破坏和谐的关系。孟子说的不无道理。人与人之间如果利字当头,以是否得利作为待人处事的标准,那么一个人必然会为了利而失去羞耻心,违反规定,铤而走险。一个司机为了利益,就会去超载;一个商家为了利益就会以次充好,贩卖假货;一个工厂为了利益就会去生产劣质产品;而一个官员为了利益就会贪污受贿。一个社会如果人人都是为利而来,那就会是一个无耻而又无序的社会,人人都不得安宁。

离娄下

孟子曰:"大人者,言不必信,行不必果,惟义所在。"①

注释

①行,去声。必,犹期也。大人言行,不先期于信果,但义之所在,则必从之,卒亦未尝不信果也。尹氏云:"主于义,则信果在其中矣;主于信果,则未必合义。"王勉曰:"若不合于义而不信不果,则妄人尔。"

译文

孟子说:"作为君子,说话不拘泥于信守,行为不拘泥于果敢,只依据义的所在指导言行。"

评析

孟子以"义"为行为准则的出发点,并以此来评判人物的优劣。孟子认为,大义所在,应该依从。符合义的事情,就大胆地说,大胆地做。不符合义的事情,说出的话不必守信用,欲做的事也不必践行。如果刻板地以"言必信,行必果"来规范言行,就可能丧失"义"的准则,而有损仁义的事业。

万章上

伊尹耕于有莘之野,而乐尧舜之道焉。非其义也,非其道也,禄之以天下,弗顾也;系马千驷,弗视也。非其义也,非其道也,一介不以与人,一介不以取诸人。①

注释

①乐,音洛。莘,国名。乐尧舜之道者,诵其诗,读其书,而钦慕爱乐之也。驷,四匹也。介与草芥之芥同。言其辞受取与,无大无细,一以道义而不苟也。

译文

伊尹在莘国的郊野耕种,乐于尧舜之道。不合乎大义,不合乎大道,用整个天下作为俸禄他都不顾盼,给他一千辆马车他都不看一眼;不合乎大义,不合乎大道,一点东西也不给他人,一点东西也不从他人那儿拿取。

评析

孟子在此章中借伊尹之口,反复强调"义"和"道"。这种道义是伊尹精神世界的支柱,也是他做人的标准和原则;有了这个标准和原则,他便拥有视权力和财富如粪土的底气。当获得权力时,伊尹明白权力只是达成造福苍生的目标的工具,因此终其一生,他明白如何善用权力,因而有勇气放逐胡作非为的帝王太甲,自行摄政;在太甲悔改后又亲自迎回。

告子上

孟子曰:"鱼,我所欲也;熊掌,亦我所欲也,二者不可得兼,舍鱼而取熊掌者也。生,亦我所欲也;义,亦我所欲也,二者不可得兼,舍生而取义者也。①生亦我所欲,所欲有甚于生者,故不为苟得也;死亦我所恶,所恶有甚于死者,故患有所不辟也。②"

注释

①舍,上声。鱼与熊掌皆美味,而熊掌尤美也。
②恶、辟,皆去声,下同。释所以舍生取义之意。得,得生也。欲生恶死者,虽众人利害之常情;而欲恶有甚于生死者,乃秉彝义理之良心,是以欲生而不为苟得,恶死而有所不避也。

译文

孟子说:"鱼是我所想要的,熊掌也是我所想要的,如果两者不能兼有,就舍弃鱼而选取熊掌。生存是我所想要的,大义也是我所想要的,如果两者不能兼有,就舍弃生存而选取大义。生存也是我所想要的,但所想要有胜过生存的,所以不去随便得到它;死亡也是我所厌恶的,但所厌恶有胜过死亡的,所以有时不去躲避祸害。"

评析

本章是孟子以他的性善论为依据,对人的生死观进行深入讨论的一篇代表作。强调"正义"比"生命"更重要,主张舍生取义。孟子性善,自认为

"羞恶之心，人皆有之"，人就应该保持善良的本性，加强平时的修养及教育，不做有悖礼仪的事。这一思想，被认为是中华民族传统道德修养的精华，影响深远。

告子下

为人臣者怀利以事其君，为人子者怀利以事其父，为人弟者怀利以事其兄。是君臣、父子、兄弟终去仁义，怀利以相接，然而不亡者，未之有也。①

注释

①此章言休兵息民，为事则一，然其心有义利之殊，而其效有兴亡之异，学者所当深察而明辨之也。

译文

做臣属的怀着利来侍奉自己的国君，做儿子的怀着利来侍奉自己的父亲，做弟弟的怀着利来侍奉自己的兄长，这样，君臣、父子、兄弟之间完全去除了仁义，怀着利来相互对待，如此而不灭亡的还从未有过。

评析

一个社会提倡怎样的价值观，对整个社会的文明程度和人心世道的秩序，以及思维方式和行为模式，都有直接的影响。孟子认为，空洞的口号和理念不能引导社会价值观的形成，必须自上而下遵从共同的价值观来看待和处理各种社会问题，方能有效地建立起社会的价值体系。其实人们在做劝说工作时，大体上都是选择这样的角度。比如鼓动别人去做某事，就会努力描述做此事有什么好处；规劝别人不要做某事，则需要危言耸听地告诫对方做此事会造成怎样的危害。孟子肯定和称赞了宋牼为"禁攻寝兵"挺身而出的行为，但又郑重指出，用利益来劝说君王停止战争，假如成功了，会在不自觉之中影响到人们的思考方式。做事情的出发点，衡量事物的标准，逐渐都围绕着利益展开，整个社会便将彻底被功利至上的观念所左右。到最后，君臣、父子、兄弟之间不再存在道义、情感等关系，利益成为人与人联系的唯一纽带，这岂不是太可悲了吗？孟子并不曾否认利的存在，也不曾贬斥利的意义。孟子反复强调的是,不可以拿利来塑造社会的价值观。所谓义利之辨,在孟子的思想中是关于价值观构建和思维方式导向的问题。

(二)近思录

卷七　出处进退辞受之义　凡三十九条　第二十六条

孟子辨舜、跖之分,只在义利之间。[①]言间者,谓相去不甚远,所争毫末尔。义与利只是个公与私也。才出义,便以利言也。只那计较,便是为有利害。若无利害,何用计较? 利害者,天下之常情也。人皆知趋利而避害。圣人则更不论利害,惟看义当为不当为,便是命在其中也。(《遗书》卷十七,页二下。《孟子集注·尽心第七上》第二十五章引之)

泽田武冈曰:程子以"义"字换"善"字,盖"善"字泛,"义"字切。且对利字最当也。(《说略》卷七,页十二上,总页五五三)

或问义利之别。朱子曰:只是为己为人之分。才为己,这许多便自做一边去。义也是为己。天理也是为己。若为人,那许多便自做一边去。(《语类》卷十三,第三十七条,页三六一/二二七)

注释

①《孟子·尽心第七上》第二十五章:"欲知舜(圣人)与跖(大贼)之分,无他,利与善之间也。"

译文

孟子认为舜与跖的区别,只在于义与利的差异。所谓差异,意思是说相去不很远,只在毫厘之间。义与利的区别,无非只是公与私的区别。一涉及义,便用利来界说,那就是计较,就是有利害掺杂其间。如果无利害,何必计较? 利与害是天下的常情,人都知道趋利避害。圣人则根本不考虑利害,唯一考虑的是从道义的立场上看,这件事应当做还是不应当做。而所谓命,也就包括在义之中了。

评析

义与利之间的差别极小,完全在于做人做事的出发点于公还是于私:为他人,为集体,便是义;为自己,藏私心,便是利。当下社会完全抛开个人私利而纯粹去为他人已不多见,但无论是公司领导干部还是创业者依然需注意,自己的出发点一定要为了集体和公司整体,如果处处为自己争利,那么公司发展不会长久。

卷七　出处进退辞受之义　凡三十九条　第二十八条

赵景平①问:"子罕言利②",所谓利者,何利?曰:不独财利之利,凡有利心,便不可。如作一事,须寻自家稳便处,皆利心也。圣人以义为利,义安处便为利。如释氏之学,皆本于利,故便不是。(《遗书》卷十六,页一上)

问:程子曰:"义安处便为利",只是当然而然,便安否?朱子曰:是。也只万物各得其分,便是利。君得其为君,臣得其为臣,父得其为父,子得其为子,何利如之!此"利"字,即《易》所谓"利者义之和③",利便是义之和处。然那句解得不似此语却亲切,正好去解那句。义初似不和而却和。截然不可犯,似不和。分别后,万物各得其所便是和。不和生于不义,义则和而无不利矣。(《语类》卷九十六,第六十三条,页三九二八/二四七三)

注释

①赵景平,不详。
②《论语·子罕第九·第一章》。
③《易经·乾卦第一·文言》。

译文

赵景平问:"孔子不轻易说利,所谓利,是什么样的利呢?"程颐说:"所谓利,不只是钱财之利的利,凡有利己之心便不对。例如,做一件事,只想到自己怎样做稳当、方便,即是利己之心在作怪。圣人以义为利,义的牵引便是利之所在。佛教主张一切以利为本,因此,佛教的观念是错误的。"

评析

圣人以义为利,故能成为一个民族的榜样,儒家从来不排斥个人物质条件的富足、个人利益的获取,只是强调,圣人与君子不以私利为重,而要以义为重,就像我们每天都要呼吸,没有空气我们很快就会死,空气对我们来说当然是必需品,非常重要,但我们没有人是为了呼吸空气而活着的,活着要有别的意义,在圣人和君子那里,活着就是为了追求义之所在。

卷七　出处进退辞受之义　凡三十九条　第二十九条

问:邢七[①]久从先生,想都无知识,后来极狼狈。[②]先生曰:谓之全无知则不可,只是义利不能胜利欲之心,便至如此也。(《遗书》卷十九,页十一上)

朱子曰:此言以责人言之则恕,以教人言之则切。(引自江永《近思录集注》卷七,页五下。未详出处)

注释

①邢恕(壮年一一二七),字和叔,二程门人。历任侍郎尚书,属知州县。喜功名,性猜猾。《伊洛渊源录》卷十四、《宋史》卷四七一、《宋元学案》卷三十均有传。

②据《伊洛渊源录》卷十四,页五上,此是谢良佐之问。

译文

邢恕长期追随先生,想来他根本没有学到任何东西,以致后来变成小人,狼狈不堪。程颐说:"不能说他一点东西都没有学到,只是因为义理之心没有压倒他的利欲之心,才导致他后来种种可耻的表现。"

评析

前面我们说到,义与利的差别只在毫厘之间,区别就是为他人还是为自己,作为普通人,每每在内心做斗争,要力争让自己的义理之心压倒自己的利欲之心,如若不能,就会像邢恕一样,受人耻笑。

卷七　出处进退辞受之义　凡三十九条　第三十八条

人多言安于贫贱,其实只是计穷力屈,才短不能营画耳。若稍动得,恐未肯安之。须是诚知义理之乐于利欲也,乃能。(《张子全书》卷五,《气质》页八上)

朱子曰:人之所以戚戚于贫贱,汲汲于富贵,只缘不见这个道理。若见得这个道理,贫贱不能抗得,富贵不曾添得,只要知这道理。(《语类》卷十三,第一二五条,页三八四/二四一)

译文

人们往往说人应该安于贫贱,其实,这往往只是人们才能有限、力量不够,没有办法改变自己的命运时才这样说的。只要稍有点机会、有点能力,恐怕没有人能对贫贱安然处之,只有真正知道义理带来的快乐大于利欲之乐的人,才能安于贫贱。

评析

很多人用重义轻利来为自己的不努力找借口,这往往还是自己的能力不够,也不想努力。只有拿起过,才能谈放下。同理,只有自己有能力摆脱穷困境地的人,才有资格说自己是选择了安贫乐道的生活。

卷七　出处进退辞受之义　凡三十九条　第三十九条

天下事大患只是畏人非笑。不养车马,食粗衣恶,居贫贱,皆恐人非笑。不知当生则生,当死则死。今日万钟[1],明日弃之。今日富贵,明日饥饿。亦不恤。"惟义所在"[2]。(《张子全书》卷七,自道,页七上)

茅星来曰:张子因始持期丧,恐人非笑,己亦若有羞色者。后虽大小功亦服之,人亦熟之不为怪矣。因言此以见人非笑之不必畏也。(《集注》卷七,页十九上)

注释

[1]一钟六石四斗。
[2]《孟子·离娄第四下》第十一章。

译文

世间种种事情中,人最担心的是害怕遭到别人的非议嘲笑。没有华丽的马车坐,吃得粗糙,穿得简陋,生存境遇贫贱,如此等等,都怕被人非议嘲笑。这些人不知道,死生有命,该生则生,该死则死。如果懂得人生无常的道理,那么,今天拥有万钟粟,富贵显赫无比,明天即令荡然无存,备受饥饿,也会毫不在意,就能做到一切以"义"为转移。

评析

大多数人的忧患在于活在他人的眼光里,不自觉地就会跟人攀比房子、车子、票子,而真正的君子则完全不在意世俗的眼光,财富名利对君子而言是不值一提的,因为君子深知人生无常,他们的追求只有义之所在。

(三)传习录

卷上 陆澄录 第七十二条

澄曰:"好色、好利、好名等心,固是私欲,如闲思杂虑,如何亦谓之私欲?"

先生曰:"毕竟从好色、好利、好名等根上起,自寻其根便见。如汝心中决知是无有做劫盗的思虑,何也?以汝元无是心也。汝若于货①、色、名、利等心,一切皆如不做劫盗之心一般,都消灭了,光光只是心之本体,看②有甚闲思虑?此便是'寂然不动',便是'未发之中',便是'廓然大公'。自然'感而遂通'③,自然'发而中节'④,自然'物来顺应'⑤。"

注释

①货,施本、俞本作"好"。
②看,佐藤一斋本作"著"。
③感通,《易经·系辞上传》第十章:"寂然不动,感而遂通天下之故。"

④中节,《中庸》第一章:"喜怒哀乐之未发,谓之中。发而皆中节,谓之和。"

⑤顺应,明道《答横渠先生定性书》(《明道文集》卷三,页一上):"君子之学,莫若廓然而大公,物来而顺应。"

译文

陆澄问:"好色、贪财、慕名等心,固然是私欲,像那些闲思杂念,为什么也称私欲呢?"先生说:"闲思杂念,到底是从好色、贪财、慕名这些病根上滋生的,自己寻求本源定会发现。例如,你自信绝对没有做贼之想,什么原因?因为你根本就没有这份心思,你如果对色、财、名、利等想法,都似不做贼的心一样,都铲除了,完完全全只是心之本体,还何来闲思杂念?这便是'寂然不动',便是'未发之中',自然可以'发而中节',自然可以'物来顺应'。"

评析

闲思杂念中的善恶、是非,并不像高山和深谷、白昼和黑夜那样容易分辨。似乎明白的,又似乎不明白;好像看得清楚,又好像看不清楚。好色、贪财、慕名这些私欲正是在这种似是而非、朦朦胧胧的闲思杂念中潜滋暗长。所以,要修君子之德,首先要防心中之贼于"未发之中"。

二、群　己

(一)《四书》

1. 大学

第一章

大学之道,在明明德,在亲民,在止于至善。①

程子曰:"亲,当作新。"大学者,大人之学也。明,明之也。明德者,人之所得乎天,而虚灵不昧,以具众理而应万事者也。但为气禀所拘,人欲所蔽,则有时而昏;然其本体之明,则有未尝息者。故学者当因其所发而遂明之,以复其初也。新者,革其旧之谓也,言既自明其明德,又当推以及人,使之亦有以去其旧染之污也。止者,必至于是而不迁之意。至善,则事理当然之极也。言明明德、新民,皆当至于至善之地而不迁。盖必其有以尽夫天理之极,而无一毫人欲之私也。此三者,大学之纲领也。

译文

大学的宗旨,在于彰明内心的光明之德,在于使民众自新,在于达到至善的境界而不动摇。

评析

人总是处于一定的社会关系当中,并且在社会中有着自己独特的位置,想要从自己做起,影响整个社会,使整个社会秩序都能得到良性的发展,就需要我们提高自身道德修养的同时,亲爱他人,这样的以身作则,成为其他人行为的榜样,同时拉近了人与人之间的关系,为一个和谐至善的社会的实现创造了条件。

第三章

为人君,止于仁;为人臣,止于敬;为人子,止于孝;为人父,止于慈;与国人交,止于信。①

译文

当国君的,要达到仁的境界;当臣子的,要达到敬的境界;当子女的,要达到孝的境界;当父母的,要达到慈的境界;与国人交往,要达到信的境界。

评析

在社会的舞台上,每个人都会扮演不同的角色,对于各种各样的角色,该持什么样的心态呢?作为领导,如果能宅心仁厚,就会拥有强大的向心力和凝聚力,为下属树立榜样;作为下属,则应对上级和长辈充满孝敬之心,对人礼敬谦让。在家庭中,为人子女当以孝为本,为人父母则应慈爱照顾子女成长,在与他人来往时,做到诚信为本,才会得到大家的信任与认可。

第九章

尧舜帅天下以仁,而民从之;桀纣帅天下以暴,而民从之;其所令反其所好,而民不从。是故君子有诸己而后求诸人,无诸己而后非诸人。所藏乎身不恕,而能喻诸人者,未之有也。①

注释

①好,去声。此又承上文一人定国而言。有善于己,然后可以责人之善;无恶于己,然后可以正人之恶。皆推己以及人,所谓恕也,不如是,则所令反其所好,而民不从矣。喻,晓也。

译文

尧、舜用仁爱来统御天下,民众随之仁爱;桀、纣用贪暴来统御天下,民众随之贪暴。如果他们的命令违背了自己所倡导的东西,民众就不听从了。因此,君子自己具备的,才能去要求他人;自己不沾染的,才能禁止他人。自己的内心不以仁爱待人,却能教育好他人,是从来没有的。

评析

此章反复强调以身作则,指出"其所令反其所好,而民不从","所藏乎身不恕,而能喻诸人者,未之有也"。这些思想却并不因为社会时代的变迁而失去光彩。它既是对"欲治其国者"的告诫,值得推荐给当政为官的人作为座右铭;也是对儒学"恕道"原则的阐发,可广泛应用于生活的各个方面,作为我们立身处世、待人接物的有益参照。

第十章

《诗》云:"乐只君子,民之父母。"民之所好好之,民之所恶恶之,此之谓民之父母。①

注释

①乐,音洛。只,音纸。好、恶,并去声,下并同。《诗》,《小雅·南山有台》之篇。只,语助词。言能絜矩而以民心为己心,则是爱民如子,而民爱之如父母矣。

译文

《诗·小雅·南山有台》说:"喜悦的君子,民众的父母。"喜好民众所喜好的,厌恶民众所厌恶的,这就叫作民众的父母。

评析

关于民心的重要性,已经是古往今来都毋庸置疑的了。水能载舟,也能覆舟。不过,道理虽然是毋庸置疑的,但纵观历史,却往往是当局者迷,旁观者清。所以,才会有王朝的更迭,江山的改姓,当政者"为天下僇"。

第十章

《诗》云:"殷之未丧师,克配上帝;仪监于殷,峻命不易。"道得众则得国,失众则失国。①

注释

①丧，去声。仪，诗作宜。峻，诗作骏。易，去声。诗文王篇。师，众也。配，对也。配上帝，言其为天下君，而对乎上帝也。监，视也。峻，大也。不易，言难保也。道，言也。引诗而言此，以结上文两节之意。有天下者，能存此心而不失，则所以絜矩而与民同欲者，自不能已矣。

译文

《诗·大雅·文王》说："尚未丧失民心的殷商，还能得到上天的保佑。应该以它的灭亡为鉴戒，天命不容易长久保有。"这是说，得到民众就能得到国家，失去民众就会失去国家。

评析

得道多助、失道寡助的道理我们自小就知道，对于国家而言是这样，对于一个公司或单位来讲也是这样，为他人利益考虑，在上位时考虑下面人的感受，那么民众都会帮助你做成你要做的事，反之则处处受阻碍，诸事不成。

2. 中庸

第十三章

子曰："道不远人。人之为道而远人，不可以为道。①《诗》云：'伐柯伐柯，其则不远。'执柯以伐柯，睨而视之，犹以为远。故君子以人治人，改而止。②忠恕违道不远，施诸己而不愿，亦勿施于人。③"

右第十三章。"道不远人"者，夫妇所能，丘未能一者，圣人所不能，皆费也。而其所以然者，则至隐存焉。下章放此。

注释

①道者，率性而已，故众人之所能知所能行也，故常不远于人。若为道者，厌其卑近以为不足为，而反务为高远难行之事，则非所以为道矣。

②睨,研计反。朱子章句:《诗》,《豳风·伐柯》之篇。柯,斧柄。则,法也。睨,斜视也。言人执柯伐木以为柯者,彼柯长短之法,在此柯耳。然犹有彼此之别,故伐者视之犹以为远也。若以人治人,则所以为人之道,各在当人之身,初无彼此之别。故君子之治人也,即以其人之道,还治其人之身。其人能改,即止不治。盖责之以其所能知能行,非欲其远人以为道也。张子所谓"以众人望人,则易从"是也。

③尽己之心为忠,推己及人为恕。违,去也,如《春秋传》齐师"违谷七里"之违。言自此至彼,相去不远,非背而去之谓也。道,即其不远人者是也。施诸己而不愿,亦勿施于人,忠恕之事也。以己之心度人之心,未尝不同,则道之不远于人者可见。故己之所不欲,则勿以施之于人,亦不远人以为道之事。张子所谓"以爱己之心爱人,则尽仁"是也。

译文

孔子说:"道不远离人。人所施行的道却远离了人,那就不能作为道了。《诗·豳风·伐柯》说:'砍啊砍斧柄,式样并不远。'拿着斧头来伐木做斧柄(斧柄的式样),自己手中便有,一斜眼就能看到,但是(看到)离真正做出斧柄依然有不短的距离。所以,君子依据人来治理人,纠正了便作罢。忠、恕离道不远,施加于自身感到不愿意的事,也不要施加于他人。"

评析

"忠恕"是儒家特别强调的一点。"忠",即做事尽心尽力;"恕",即推己及人。一个人能做到忠恕的程度,那离成功就不远了。如果一件事我们不喜欢,就不要将同样的事强加给别人,即"己所不欲,勿施于人"。这也就是儒家在社群和个人的关系问题上很重要的一个观点。

第二十章

天下之达道五,所以行之者三。曰:君臣也,父子也,夫妇也,昆弟也,朋友之交也,五者天下之达道也。知、仁、勇三者,天下之达德也。所以行之者一也。①或生而知之,或学而知之,或困而知之,及其知之,一也。或安而行之,或利而行之,或勉强而行之,及其成功,一也。②子曰:"好学近乎知,力行近乎仁,知耻近乎勇。"③知斯三者,则知所以修身;知所以修身,则知所以治人;知所以治人,则知所以治天下国家矣。④

注释

①知,去声。朱子章句:达道者,天下古今所共由之路,即《书》所谓五典,《孟子》所谓"父子有亲,君臣有义,夫妇有别,长幼有序,朋友有信"是也。知,所以知此也。仁,所以体此也。勇,所以强此也。谓之达德者,天下古今所同得之理也。一,则诚而已矣。达道虽人所共由,然无是三德,则无以行之。达德虽人所同得,然一有不诚,则人欲间之,而德非其德矣。程子曰:"所谓诚者,止是诚实此三者。三者之外,更别无诚。"

②强,上声。朱子章句:知之者之所知,行之者之所行,谓达道也。以其分而言,则所以知者知也,所以行者仁也,所以至于知之、成功而一者勇也。以其等而言,则生知、安行者知也,学知、利行者仁也,困知、勉行者勇也。盖人性虽无不善,而气禀有不同者,故闻道有蚤莫,行道有难易,然能自强不息,则其至一也。吕氏曰:"所入之涂虽异,而所至之域则同,此所以为中庸。若乃企生知、安行之资为不可几及,轻困知、勉行谓不能有成,此道之所以不明不行也。"

③"子曰"二字,衍文。好,近乎知之知,并去声。朱子章句:此言未及乎达德尔求以入德之事。通上文三知知,三行为仁,则此三近者,勇之次也。吕氏曰:"愚者自是而不求,自私者徇人欲而忘反,懦者甘为人下而不辞。故好学非知,然足以破愚;力行非仁,然足以忘私;知耻非勇,然足以起懦。"

④斯三者,指三近而言。人者,对己之称。天下国家,则尽乎人矣。言此以结上文修身之意,起下文九经之端也。

译文

天下共通的准则有五项,用来实施它们的德行有三种。君臣、父子、夫妇、兄弟、朋友的交往,这五项是天下共通的准则;智、仁、勇这三项是天下共通的德行,用来实施的准则是古今不变的。有的人生来就知道,有的人学了才知道,有的人遇到困境刚刚知道,而他们所知道的东西则是一样的;有的人自觉地实施它们,有的人为了谋取利益实施它们,有的人在督促强迫下实施它们,而他们因实施而成功则是一致的。孔子说:"喜好学习接近于智,努力实行接近于仁,懂得羞耻接近于勇。"知道这三条,就知道怎样修饰自身,知道怎样修饰自身,就知道怎样管理民众,知道怎样管理民众,就知道怎样整治天下和国家了。

评析

处理好个人与社会的关系是我们每个人必须要面对的课题。怎样才能做到这一点呢?孔子告诉我们,要用三种天下通行的品德来立身处世——智慧、仁德和勇敢。孔子说过:"知者不惑,仁者不忧,勇者不惧。"意思就是说:"聪明的人不会疑惑,仁德的人不会忧愁,英勇的人不会畏惧。"君主治理天下需要大臣的辅佐;夫妻之间也要相互扶持关爱,夫荣则妻贵,妻贤则夫祸少,正如我们常说的,功勋"有你的一半,也有我的一半";兄友弟恭,相互照应;朋友相交,互为依附。而天下之大,人与人的关系,归结起来也无非就此五种。善处则可给自己以扶持,从而使自己的人生得到充分的张扬。

3. 论语

雍也第六

子贡曰:"如有博施于民而能济众,何如?可谓仁乎?"子曰:"何事于仁,必也圣乎!尧舜其犹病诸![1] 夫仁者,己欲立而立人,己欲达而达人。[2] 能近取譬,可谓仁之方也已。[3]"

注释

[1] 施,去声。博,广也。仁以理言,通乎上下。圣以地言,则造其极之名也。乎者,疑而未定之辞。病,心有所不足也。言此何止于仁,必也圣人能之乎!则虽尧舜之圣,其心犹有所不足于此也。以是求仁,愈难而愈远矣。

[2] 夫,音扶。以己及人,仁者之心也。于此观之,可以见天理之周流而无闲矣。状仁之体,莫切于此。

③譬，喻也。方，术也。近取诸身，以己所欲譬之他人，知其所欲亦犹是也。然后推其所欲以及于人，则恕之事而仁之术也。于此勉焉，则有以胜其人欲之私，而全其天理之公矣。程子曰："医书以手足痿痹为不仁，此言最善名状。仁者以天地万物为一体，莫非己也。认得为己，何所不至；若不属己，自与己不相干。如手足之不仁，气已不贯，皆不属己。故博施济众，乃圣人之功用。仁至难言，故止曰：'己欲立而立人，己欲达而达人，能近取譬，可谓仁之方也已。'欲令如是观仁，可以得仁之体。"又曰"论语言'尧舜其犹病诸'者二。夫博施者，岂非圣人之所欲？然必五十乃衣帛，七十乃食肉。圣人之心，非不欲少者亦衣帛食肉也，顾其养有所不赡尔，此病其施之不博也。济众者，岂非圣人之所欲？然治不过九州。圣人非不欲四海之外亦兼济也，顾其治有所不及尔，此病其济之不众也。推此以求，修己以安百姓，则为病可知。苟以吾治已足，则便不是圣人。"吕氏曰："子贡有志于仁，徒事高远，未知其方。孔子教以于己取之，庶近而可入。是乃为仁之方，虽博施济众，亦由此进。"

译文

子贡说："假如君主广泛施惠于民并且能赈济大众，怎么样啊？能称为仁吗？"孔子说："岂止是仁，该是圣人了！尧、舜大概还做不到呢！作为仁者，自己要立身从而使他人立身，自己要通达从而使他人通达。能近取己身为例，可以称为仁的途径了。"

评析

这一章孔子与子贡讨论的是仁与圣的区别。子贡对仁的认识超出了一般人的标准。孔子讲"仁远乎哉？我欲仁，斯仁至矣！"(《述而第七》篇)，说的就是每一个人想要做都能做到的事情。所以，孔子告诉子贡这样的仁就是"己欲立而立人，己欲达而达人"，也就是大家所说的孔子的"恕道"。

颜渊第十二

颜渊问仁。子曰："克己复礼为仁。一日克己复礼，天下归仁焉。为仁由己，而由人乎哉？"①

仁者,本心之全德。克,胜也。己,谓身之私欲也。复,反也。礼者,天理之节文也。为仁者,所以全其心之德也。盖心之全德,莫非天理,而亦不能不坏于人欲。故为仁者必有以胜私欲而复于礼,则事皆天理,而本心之德复全于我矣。归,犹与也。又言一日克己复礼,则天下之人皆与其仁,极言其效之甚速而至大也。又言为仁由己而非他人所能预,又见其机之在我而无难也。日日克之,不以为难,则私欲净尽,天理流行,而仁不可胜用矣。程子曰:"非礼处便是私意。既是私意,如何得仁?须是克尽己私,皆归于礼,方始是仁。"又曰:"克己复礼,则事事皆仁,故曰天下归仁。"谢氏曰:"克己须从性偏难克处克将去。"

译文

颜渊询问关于仁的问题。孔子说:"约束自身使言行合乎礼,就是仁。一旦能约束自身使言行合乎礼,天下就归依仁了。成就仁在乎自身,难道要仰仗他人吗?"

评析

"克己复礼为仁",这是孔子关于什么是仁的主要解释。在这里,孔子以礼来规定仁,依礼而行就是仁的根本要求。所以,礼以仁为基础,以仁来维护。仁是内在的,礼是外在的,二者紧密结合。这里实际上包括两个方面的内容:一是克己,二是复礼。克己复礼就是通过人们的道德修养自觉地遵守礼的规定。这是孔子思想的核心内容,贯穿于《论语》一书的始终。

卫灵公第十五

子曰:"君子矜而不争,群而不党。"①

注释

①庄以持己曰矜。然无乖戾之心,故不争。和以处众曰群。然无阿比之意,故不党。

译文

孔子说:"君子矜持而不争执,合群而不偏私。"

评析

这里提到的"矜而不争",意思是说,与人相处要庄重谦和、处处忍让,不要争强好胜。关于"群而不党",必须搞清"党"的意思。这里的党,不是我们现在理解的带有政治性的党派,而是具有更宽泛意义的因共同利益而结成的团体、派系等。所以,"群而不党"是说待人接物平易近人,要合群,但不搞小团体,不去拉帮结派。在人类社会中,因为不同的关系,人们总会结成各种各样的集体或小圈子。有些圈子中的成员有着共同的兴趣和爱好,有共同语言,能够相互促进,共同进步,这叫结交志同道合的朋友,并不是拉帮结派。这种小团体的存在是良性的,有时还能促进个人的发展和社会的进步。但是,也有一些团体属于拉帮结派的性质。这种小团体是在某种利益的驱使下结成的,一切行动都是为了利益,因而对有着不同利益的人,他们会不惜一切代价进行打击,手段非常恶劣。这种帮派很多,比如社会上的盗窃团伙、黑帮,组织内的小帮派等,他们的存在,不论是对社会还是组织都是非常不利的。在一个区域或组织内,如果有两个或两个以上的派别,他们的利益必然是有冲突的。这样一来,就会产生矛盾与冲突。这种冲突会严重影响正常的社会与组织秩序,要不了多久,这个组织就可能会被这种内讧拖垮。

卫灵公第十五

子贡问曰:"有一言而可以终身行之者乎?"子曰:"其恕乎!己所不欲,勿施于人。"①

注释

①推己及物,其施不穷,故可以终身行之。尹氏曰:"学贵于知要。子贡之问,可谓知要矣。孔子告以求仁之方也。推而极之,虽圣人之无我,不出乎此。终身行之,不亦宜乎?"

译文

子贡问道:"是否有一句话足以终身奉行的呢?"孔子说:"大概是恕吧!自己所不想望的,不要施加于他人。"

评析

"己所不欲,勿施于人",是孔子的经典妙句,也是中华民族的重要信条,讲明了处理人际关系的重要原则。尊重他人,平等待人,方会有真朋友。这八个字也就是人们常说的"恕道",一个"恕"字,道出了人与人、国与国之间的交往就在于将心比心。

微子第十八

夫子怃然曰:"鸟兽不可与同群,吾非斯人之徒与而谁与?天下有道,丘不与易也。"①

注释

①怃,音武。与,如字。怃然,犹怅然,惜其不喻己意也。言所当与同群者,斯人而已,岂可绝人逃世以为洁哉?天下若已平治,则我无用变易之。正为天下无道,故欲以道易之耳。程子曰:"圣人不敢有忘天下之心,故其言如此也。"张子曰:"圣人之仁,不以无道必天下而弃之也。"

译文

孔子怅然若失地说:"鸟兽是不能合群共处的,我辈不和世人相处,又和谁待在一起呢?天下清平,我就不会去改变它了。"

评析

这一章反映了孔子关于社会改革的主观愿望和积极的入世思想。儒家不倡导消极避世的做法,这与道家不同。儒家认为,达则兼济天下,穷则独善其身。孔子就是这样一位身体力行者。所以,他感到自己有一种社会责任心,正因为社会动乱、天下无道,他才与自己的弟子们不辞辛苦地四处呼吁,为社会改革而努力,这是一种可贵的忧患意识和历史责任感。

4. 孟子

梁惠王上

老吾老,以及人之老;幼吾幼,以及人之幼。天下可运于掌。诗云:"刑于寡妻,至于兄弟,以御于家邦。"言举斯心加诸彼而已。故推恩足以保四海,不推恩无以保妻子。古之人所以大过人者无他焉,善推其所为而已矣。①

注释

①老,以老事之也。吾老,谓我之父兄。人之老,谓人之父兄。幼,以幼畜之也。吾幼,谓我之子弟。人之幼,谓人之子弟。运于掌,言易也。《诗》,《大雅·思齐》之篇。刑,法也。寡妻,寡德之妻,谦辞也。御,治也。不能推恩,则众叛亲离,故无以保妻子。盖骨肉之亲,本同一气,又非但若人之同类而已。故古人必由亲亲推之,然后及于仁民;又推其余,然后及于爱物,皆由近以及远,自易以及难。今王反之,则必有故矣。故复推本而再问之。

译文

敬重自己的长辈从而敬重到他人的长辈,爱护自己的晚辈从而爱护到他人的晚辈,这样天下就能运转于手掌之上了。《诗》说"教诲自己妻子,遍及族内兄弟,以此统御全国",说的不过是以这样的心思来施加于他人而已。因此,广施恩惠足以保有天下,不广施恩惠连妻子都无法守护。古时候的人之所以胜过现在的人,没有其他的原因,不过是善于把自己的作为施及于他人而已。

评析

在赡养孝敬自己的长辈时不应忘记其他与自己没有亲缘关系的老人,在抚养教育自己的小辈时不应忘记其他与自己没有血缘关系的小孩。这种做法隐含了儒家标准的推己及人的方法,由亲近自己的亲人开始亲近别的人,由做好自己开始去影响天下人,在日常与人的交往中一样适用。

滕文公下

居天下之广居,立天下之正位,行天下之大道。得志与民由之,不得志独行其道。富贵不能淫,贫贱不能移,威武不能屈。此之谓大丈夫。①

注释

①广居,仁也。正位,礼也。大道,义也。与民由之,推其所得于人也;独行其道,守其所得于己也。淫,荡其心也。移,变其节也。屈,挫其志也。何叔京曰:"战国之时,圣贤道否,天下不复见其德业之盛;但见奸巧之徒,得志横行,气焰可畏,遂以为大丈夫。不知由君子观之,是乃妾妇之道耳,何足道哉?"

译文

居住在天下最广大的居所里,站立在天下最正大的位置上,行走在天下最广阔的大道上,能实现志向就与民众一起去实现,不能实现志向就独自施行自己的原则。富贵无法诱惑,贫贱无法动摇,威武无法逼迫,这才叫作大丈夫。

评析

"广居""正位""大道"这三个词,朱熹依次解释为"仁""礼""义"。这句话的意思是说:做大丈夫,他首先要是个仁者,要有以天下为家的博大胸怀,要有以天下人为亲的伟大情怀,居住在天下最大的居所——"仁"里。其次,他要是个讲礼仪的人,要有为天下而立大正的社会理想和觉悟。第三,他是个"大道之行,为公天下"的公道主义者。"得志与民由之,不得志独行其道"是说时势适宜的时候,实现志向了,就跟百姓一起实行它;时势不宜的时候,不能实现志向,就独自实行自己的道理。这与孟子的另一句名言"穷则独善其身,达则兼济天下"表达的意思一样。它们是说,大丈夫要时时想着"修身齐家治国平天下",让你出仕为官,你要牢记"大道"之宗旨;不让你出仕为官,你同样要牢记"大道"之宗旨。在孟子看来,做到了"居天下之广居,立天下之正位,行天下之大道"和"得志与民由之,不得志独行其道"这两点,你就能做一个"富贵不能淫,贫贱不能移,威武不能屈"的大丈夫了。

离娄下

孟子告齐宣王曰:"君之视臣如手足,则臣视君如腹心;君之视臣如犬马,则臣视君如国人;君之视臣如土芥,则臣视君如寇仇。"①

注释

①孔氏曰:"宣王之遇臣下,恩礼衰薄,至于昔者所进,今日不知其亡;则其于群臣,可谓邈然无敬矣。故孟子告之以此。手足腹心,相待一体,恩义之至也。如犬马则轻贱之,然犹有豢养之恩焉。国人,犹言路人,言无怨无德也。土芥,则践踏之而已矣,斩艾之而已矣,其贱恶之又甚矣。寇雠之报,不亦宜乎?"

译文

孟子告诉齐宣王说:"君主看待臣属如同手足,那臣属就看待君主如同腹心;君主看待臣属如同犬马,那臣属就看待君主如同常人;君主看待臣属如同尘土、草芥,那臣属就看待君主如同强盗、仇敌。"

评析

人心换人心,别人怎么对待你,取决于你怎么对待别人。如果君王不关心臣子,不礼遇人才,脑子里整天琢磨自己的利益,却要求臣子尽忠奉献,为朝廷尽职尽责,那又怎么可能呢。君王把臣子当成自己的手足一样加以关爱,下属臣子会加倍地回馈,他会像关爱自己的腹心一样来关爱君王。

如果君王把臣子雇用来,认为自己出了薪俸,让臣子当牛做马就好,把臣子当成犬马来使唤,那结果会发现这个臣子遇到了君王有危难的时候,只是像一般人一样对待君王。如果君王把臣子看成泥土和草芥一样低贱,那么臣子说起君王来就像敌人一样加以痛恨。当然,现代社会中君臣关系已经不复存在,但依然有极为类似的上下级关系,因此依然具备借鉴意义。

离娄下

仁者爱人,有礼者敬人。①爱人者人恒爱之,敬人者人恒敬之。②

注释

①此仁礼之施。
②恒,胡登反。此仁礼之验。

译文

仁人爱护他人,有礼的人尊敬他人。爱护他人的人,人们常常爱护他;尊敬他人的人,人们常常尊敬他。

评析

做到常常爱人、敬人,是高层次的个人修养。没有高尚品德的人是做不到的。但愿我们的社会多一些"爱人者""敬人者"!

尽心上

古之人,得志,泽加于民;不得志,修身见于世。穷则独善其身,达则兼善天下。①

注释

①见,音现。见,谓名实之显著也。此又言士得己、民不失望之实。此章言内重而外轻,则无往而不善。

译文

古时候的人,得志就把恩惠施加给民众,不得志就修饬自身显现于世间。穷困就独善自身,显达就兼善天下。

评析

"穷",穷途末路,包括物质生活的困乏,但主要是指理想追求和事业发展受阻,无法再向前进。与之相反则是顺利、顺畅、通达、显达。"独善其身",说的是穷困时不随波逐流,不颓废沉沦,思想上固守自己的信仰和理想,行为上坚持自己的原则和标准。一句话,在不良环境中和不利条件下,做好自己。独善其身免不了"慎其独"。一人独处,亦需谨慎,不放纵。孔子弟子曾参说:"十目所视,十手所指,其严乎!"(《大学》)即便是一人独处,也要觉得好像是大家的眼睛都在盯着你,大家的手指都在指着你,即严厉地监督着你。独善其身并非要与世隔绝。孔子赞赏隐士的品格,却不赞同隐士的做法——"鸟兽不可与同群,吾非斯人之徒与而谁与?"(《论语·微子》)人不能和鸟兽同群,我不和世人同群又和谁同群呢?孟子说"不得志,修身见于世",与孔子完全一致。

"兼善天下",是说在善己的前提下还要善天下。善天下是指使天下美好,亦可指使天下人共善。细辨起来,两者有先后之别,善己是前提。己未善,何以善天下?不过,两者没有主次之分,而是同一事的不同阶段。不能说善己为主,善天下为次。个人是社会的一分子,其价值在于尽己之力,使社会美好。

(二)《近思录》

卷十　君子处事之方(政事)　凡六十四条　第三条

明道①为邑②,及民之事,多众人所谓法所拘者,然为之未尝大戾于法,众亦不甚惊骇。谓之得伸其志则不可,求小补,则过今之为政者远矣。人虽异之,不至指为狂也。至谓之狂,则大骇矣。尽诚为之,不容而后去,又何嫌乎?(《伊川文集》卷五,页九下)

江永曰:明道为邑,正熙宁(一零六八——一零七七)行新法之时。(《集注》卷十,页一下)

佐藤一斋曰:盖谓明道所为,颇出法外,不为法所缚。(《栏外书》卷十,"明道"条)

注释

①程颢(一○三二——一○八五)字伯淳,世称明道先生。程明道,十五岁,受学于周敦颐,慨然有求道之志;二十四岁,随父亲程珦到凤州;二十五

岁,赴京师应举,在诸儒中享有盛誉,与吕希哲、张载等人讲论于相国寺;二十六岁,三月,中进士;二十七岁,调鄠县主簿,并作《定性书》;三十三岁,移泽州晋城令;三十五岁,作《晋城县令题名记》;三十六岁,改著作佐郎;三十八岁,王安石执政,以之为条例司属官。八月,以吕公著荐,授太子中允权监察御史里行。作《论王霸札子》《论十事札子》等著名奏疏;三十九岁,上书论新法之害。改京西路提刑,又改签书镇宁军节度判官;四十岁,仍任签书镇宁军节度判官;四十一岁,以亲老求监局,罢归洛阳讲学;四十七岁,赴蒲城祈雨,作《陪陆子履游白石、万固》与《下白石岭、先寄孔周翰郎中》两诗。是年冬,差知扶沟县;四十八岁,著《识仁篇》;四十九岁,改官奉议郎;五十三岁,为监汝州酒税,夫人彭氏卒;五十四岁,疾卒。十月,其弟伊川将明道葬于伊川先茔,文彦博题其墓曰:"明道先生"。

②元丰元年至三年(一〇七八——〇八〇),明道四十七岁至四十九岁,知扶沟县(在今河南)。政绩详《明道先生行状》(《伊川文集》卷七,页五上至六上)。其时王安石(一〇二一——〇八六)施行新法。

译文

程颢任地方官,涉及民众的事,程颢的做法大多是普通人认为限于法令而不能做的,然而程颢做了,既从未对法令有多大违逆,也没有引起民众多大恐慌。说是实现了程颢的志愿是谈不上的,求得稍有补益,那么已大大超过今天执政的人了。人们虽感到有些惊奇,但不至于指其为狂。到了称作狂的地步,就会引起大的惊骇了。竭尽诚意做你认为应该做的事,不能为世所容就离开,又有什么疑虑呢?

评析

明道先生为官时并不过分遵守法令,一直自行其是,但人们也并不为之惊骇,这提醒我们很多时候不要拘泥于现有的规则,要敢于做自己认为对的事情,细枝末节的规矩大可不必关注。

卷十　君子处事之方(政事)　凡六十四条　第五条

伊川先生曰:君子观天水违行之象,知人情有争讼之道。故凡作事,必谋其始,绝论端于事之始,则讼无由生矣。谋始之义广矣,若慎交结、明契券之类是也。(《易传》,卷一,页二十四上,《释讼卦第六之象传》)

叶采曰:坎下乾上为讼。天西运水东流,故曰"违行"。(《集解》卷十,页三)

译文

程颐说:"君子看见水与天背道而行的卦象,就知道人情会发生争讼的道理。所以只要做事,一定要在开始时仔细思考,在最初就杜绝争讼的隐患,那么争讼也就不能发生了。谋虑于开始的含义是广泛的,如慎于人事交结、资金往来中文书契约要分明之类都是。"

评析

伊川先生以卦象引入人与人之间的矛盾冲突,凡做事,一定要在一开始就慎重地去考量,比如谨慎交友、辨明契约内容等,这对当下依然有现实意义。有句俗语叫"亲兄弟明算账",在经济往来和合同签订等与人的交往中,一定要先说好规矩,大家按规矩办事,会少生很多冲突嫌隙。

卷十 君子处事之方(政事) 凡六十四条 第十四条

《睽》之《象》曰:"君子以同而异①。"传曰:圣贤之处世在人理②之常,莫不大同于世俗所同者,则有时而独异。不能大同者,乱常拂理之人也;不能独异者,随俗习非之人也。要在同而能异耳。(《易传》卷三,页二十五上下,释《睽卦》第三十八之《象传》)

过举程子睽之象"君子以同而异①",朱子解曰:不能大同者,乱常拂理之人也。不能独异者,随俗习非之人也。要在同而能异尔。又如今之言地理者,必欲择之吉,是同也。不似世俗专以求富贵为事,惑乱此心,则异矣。如士人应科举,则同也。不曲学以阿世,则异矣。事事推去,斯得其旨。(《语类》卷七十二,第六十四条,页二九一三/一八一九至一八三零)

注释

①《易经》《睽卦·象传》。"睽",乖遗也。

②一本作"天理"。

译文

《睽》卦的《象》辞说:"君子处世同而有异。"程颐解释说:圣贤处世,在人的常理方面,无不与人尽同。对世俗所一致追求的东西,则有时独异。不能在人的常理方面与人大同的人,是违反常道忤逆常理的人;不能特立独行的人,是随俗俯仰习惯于为非的人。主要在于能大同又能保持独异。

评析

此章同样以卦象引入,君子在日常处世的过程中大部分是与常人无二的,但在世俗的时尚面前则保持独立不羁的品格,绝不随波逐流。因此,圣贤之道,关键在于既要遵从普遍法则,又要保持独立的人格。

卷十 君子处事之方(政事) 凡六十四条 第三十五条

门人有曰:吾与人居,视其有过而不告,则于心有所不安。告之而人不受,则奈何?曰:与之处而不告其过,非忠也。要使诚意之交通,在于未言之前,则言出而人信矣。又曰:责善之道,要使诚有余而言不足。则于人有益,而在我者无自辱矣。(《遗书》卷四,页四下至五上)

泽田武冈曰:门人意患人不信受,程子唯患己之诚不至。盖至诚而不动者,未之有也。苟诚意之交通于人,每在于未言之前,则言一出而人必信从之。如此而犹不信,则彼人之妄耳,吾奚患耶?(《说略》卷十,页十三下,总页六七四)

译文

程颢的学生说:"我与人相处,看见他有过失而不劝告他,于心不安;而劝告他,他又不接受,应该怎么办呢?"程颢说:"与人相处而不指出他的过错,是不忠。交友之道,关键在于使诚意相互沟通,话未出口彼此早已契合通融,话一出口别人就会信服。"程颢又说:"劝善之道,要做到真诚之意多而劝诫之言少,这样,对接受者而言则有益,对自己而言则无自辱之虞。"

评析

交友之道在于以真诚之意关怀他人，则他人更好接受。

卷七　出处进退辞受之义（出处）凡三十九条　第七条

君子所贵，世俗所羞；世俗所贵，君子所贱。故曰："贲其趾，舍车而徒。"（《易传》卷二，页二十七上，释《贲卦》第二十二之初九《爻辞》）

江永曰：世俗以势位为荣，君子以道义为贵。故宁舍非道之车而安于步行。（《集注》卷七，页一下）

译文

君子所重视的，世俗却认为羞耻；世俗所重视的，君子却轻视它。所以《贲卦》的初九爻辞说："即使脚穿花鞋，有车可乘，也没有什么可荣耀的，依然可以舍车不坐，徒步而行。"

评析

君子的价值观与常人不同，常人所看重的功名利禄不是君子所追求的人生目标，君子看重的是道义。

（三）《传习录》

卷上　陆澄录　第十八条

处朋友，务相下则得益，相上则损。

捷案：孔子云："益者三友，损者三友。友直，友谅，友多闻，益矣。友便辟，友善柔，友便佞，损矣。"（《论语·季氏篇》第十六第四章）

译文

与朋友相交，彼此谦让，就会受益；彼此攀比，只能受损。

评析

谦逊是朋友之间相处的美德。

卷上 陆澄录 第七十二条

澄曰:"好色、好利、好名等心,固是私欲,如闲思杂虑,如何亦谓之私欲?"

先生曰:"毕竟从好色、好利、好名等根上起,自寻其根便见。如汝心中决知是无有做劫盗的思虑,何也?以汝元无是心也。汝若于货①、色、名、利等心,一切皆如不做劫盗之心一般,都消灭了,光光只是心之本体,看②有甚闲思虑?此便是'寂然不动',便是'未发之中',便是'廓然大公'。自然'感而遂通'③,自然'发而中节'④,自然'物来顺应'⑤。"

注释

①货,施本、俞本作"好"。

②看,佐藤一斋本作"著"。

③感通,《易传·系辞上传》第十章:"寂然不动,感而遂通天下之故。"

④中节,《中庸》第一章:"喜怒哀乐之未发,谓之中。发而皆中节,谓之和。"

⑤顺应,明道《答横渠先生定性书》(《明道文集》卷三,页一上):"君子之学,莫若廓然而大公,物来而顺应。"

译文

陆澄问:"好色、贪财、慕名等心,固然是私欲,像那些闲思杂念,为什么也称私欲呢?"先生说:"闲思杂念,到底是从好色、贪财、慕名这些病根上滋生的,自己寻求本源定会发现。例如,你自信绝对没有做贼之想,什么原因?因为你根本就没有这份心思,你如果对色、财、名、利等想法,都似不做贼的心一样,都铲除了,完完全全只是心之本体,还何来闲思杂念?这便是'寂然不动',便是'未发之中',自然可以'发而中节',自然可以'物来顺应'。"

评析

私欲的根本是心中有个我,我的名声、我的地位、我的财富等等。有这么多东西牵绊心中哪能没有闲思杂虑,不是想要获取,就是害怕失去,而当领悟到作为个体的"我"并非单独的存在,而是在"群体"中存在时,消融了这个"我",就没有什么闲思杂虑了。

卷上　陆澄录　第九十条

只说明明德而不说亲民,便似老佛。

三轮执斋云:朱子《大学或问》既有此说。然与先生所说,意自别。

捷案:《大学或问》无相似之语。然朱子此种意见,可于《朱子语类》关于《大学》明明德与新民之问答见之。据东敬治解释,朱子以明德新民,无分轻重,二者不可一废。阳明则以亲民为明德之实效,明德之外,无新民可言。其重点在明德。

译文

只说明明德却不提亲民,就跟道家和佛家没有什么分别了。

评析

此章提到了阳明与朱子解《大学》三纲的一重要不同,便是"亲民",朱子解"亲民"为"新民",阳明则认为就是"亲民",与民亲近,就是仁的体现。

卷上　陆澄录　第九十四条

问:"延平云:'当理而无私心。'当理与无私心,如何分别?"先生曰:"心即理也。无私心即是当理,未当理便是私心。若析心与理言之,恐亦未善。"

冯柯云:当理以事言。无私心以心言。此当理与无私心之别也。(《求是编》卷二,页三十下)

译文

有人问道:"延平先生说:'当理而无私心。'合于理与无私心怎样区别?"

先生说:"心即理。没有私心,就是合于理。不合于理,就是存有私心。

如果把心和理分开来讲,大概也不妥当。"

评析

存私心即不当理,自身修养过程和与人相处过程中都需注意驱除自己的私心私欲。

三、出处（出处进退辞受之义）

（一）《四书》

1. 大学

第三章

为人君，止于仁；为人臣，止于敬；为人子，止于孝；为人父，止于慈；与国人交，止于信。①

引此而言圣人之止，无非至善。五者乃其目之大者也。学者于此，究其精微之蕴，而又推类以尽其余，则于天下之事，皆有以知其所止而无疑矣。

译文

当国君的，要达到仁的境界；当臣子的，要达到敬的境界；当子女的，要达到孝的境界；当父母的，要达到慈的境界；与国人交往，要达到信的境界。

评析

"知其所止"，也就是知道自己应该"止"的地方，找准自己的位置，这一点说起来容易做起来难。天地悠悠，过客匆匆，多少人随波逐流，终其一生而不知其所止，尤其是当今时代，生活的诱惑太多，可供的机会太多，更给人们带来了选择的困惑。比如说，在过去的时代，"万般皆下品，惟有读书高"。读书人心态平衡，或许还"知其所止"，知道自己该干什么。可是，进入市场经济时代后，所谓"下海"的机会与诱惑重重地叩击着人们的心扉，读书人被推到了生活的十字路口:何去何从？所止何处？不少人不知道自己该干什么了——精神的流浪儿无家可归。以至于出现了教授卖大饼之类的畸形社会现象。其实,《大学》本身说得好:"为人君,止于仁;为人臣,止于敬;为人子,止于孝;为人父,止于慈;与国人交,止于信。"不同的身份,不同的人有不同的"所止",关键在于寻找最适合自身条件、最能扬长避短的位置和角色——"知其所止"。这才是最重要的。

第九章

所谓治国必先齐其家者,其家不可教而能教人者,无之。故君子不出家而成教于国:孝者,所以事君也;弟者,所以事长也;慈者,所以使众也。①

注释

①弟,去声。长,上声。身修,则家可教矣;孝、弟、慈,所以修身而教于家者也;然而国之所以事君事长使众之道不外乎此。此所以家齐于上,而教成于下也。

译文

治理国家必须先整顿自己的家族,是指自己的家人都不能管教却能管教他人,是没有的事。所以君子不超出家族的范围而能在国中成就教化。孝,是用来侍奉君主的;悌,是用来侍奉尊长的;慈,是用来遣使民众的。

评析

如果不能教导家人(使之实践"格物、致知、诚意、正心、修身"),而能教导家庭之外的人,这种情况是不可能有的。所以,君子在家庭之内与家人相处教导家人时,就能学到与国人相处教导国人的方法。例如,对父母的孝心,就是侍奉上级的方法;对兄长的恭敬心,就是对待年长者的方法;对子女的慈心,就是对待下级的方法。

第九章

一家仁,一国兴仁;一家让,一国兴让;一人贪戾,一国作乱。其机如此。

此谓一言偾事,一人定国。①尧、舜帅天下以仁,而民从之;桀、纣帅天下以暴,而民从之;其所令反其所好,而民不从。

注释

①偾,音奋。朱子章句:一人,谓君也。机,发动所由也。偾,覆败也。此言教成于国之效。

译文

君主的家族仁爱,整个国家就盛行仁爱;君主的家族礼让,整个国家就盛行礼让;君主贪暴,整个国家就发生动乱。事情的关键就是这样。这是说,君主一句话就能败坏事情,一个人就能安定国家。尧舜用仁爱来统御天下,民众随之仁爱;桀纣用贪暴来统御天下,民众随之贪暴。如果他们的命令违背了自己所倡导的东西,民众就不听从了。

评析

这段论述说的是治国如齐家。品德高尚的,总是自己先做到,然后才要求别人做到;自己先不这样做,然后才要求别人不这样做。不采取这种推己及人的恕道而想让别人按自己的意思去做,那是不可能的。所以,要治理国家必须先管理好自己的家庭和家族。

第九章

是故君子有诸己而后求诸人,无诸己而后非诸人。所藏乎身不恕,而能喻诸人者,未之有也。①

注释

①有善于己,然后可以责人之善;无恶于己,然后可以正人之恶。皆推己以及人,所谓恕也,不如是,则所令反其所好,而民不从矣。喻,晓也。

译文

因此,君子自己具备的,才能去要求他人;自己不沾染的,才能禁止他人。自己的内心不以仁爱待人,却能教育好他人,是从来没有的。

评析

现在社会的诱惑太多,能够坚守原则的人少之又少,可不能坚守原则的,明知道事情不该做,却还是要去做,竟还要求别人不要做,别人做了,他就进行指责抨击,这又是什么道理呢?这正是现在所说的"道德绑架",也是一种"伪道德",用看起来道德的标准去要求别人,自己却做不到。却不知真正的道德是从要求自身开始的。

第十章

所恶于上,毋以使下;所恶于下,毋以事上;所恶于前,毋以先后;所恶于后,毋以从前;所恶于右,毋以交于左;所恶于左,毋以交于右。此之谓絜矩之道。[1]

注释

[1]恶、先,并去声。此覆解上文絜矩二字之义。如不欲上之无礼于我,则必以此度下之心,而亦不敢以此无礼使之。不欲下之不忠于我,则必以此度上之心,而亦不敢以此不忠事之。至于前后左右,无不皆然,则身之所处,上下、四旁、长短、广狭,彼此如一,而无不方矣。彼同有是心而兴起焉者,又岂有一夫之不获哉。所操者约,而所及者广,此平天下之要道也。故章内之意,皆自此而推之。

译文

所厌恶于在上者的行为,不用来对待在下者;所厌恶于在下者的行为,不用来对待在上者;所厌恶于在前者的行为不用来对待在后者;所厌恶于在后者的行为不用来对待在前者;所厌恶于在右者的行为,不用来对待在左者;所厌恶于在左者的行为,不用来对待在右者。这就叫作絜矩之道。

评析

絜是度量,本义是指用绳子丈量圆形物体的尺寸,矩是画直角与方形的工具,絜矩之道就是使"上下四旁均齐方正"的处世法则。

2. 中庸

第十四章

君子素其位而行,不愿乎其外。①素富贵,行乎富贵;素贫贱,行乎贫贱;素夷狄,行乎夷狄;素患难,行乎患难,君子无入而不自得焉。②在上位不陵下,在下位不援上,正己而不求于人则无怨。上不怨天,下不尤人。③故君子居易以俟命,小人行险以徼幸。④子曰:"射有似乎君子,失诸正鹄,反求诸其身。"⑤

右第十四章。子思之言也。凡章首无"子曰"字者放此。

注释

①素,犹见在也。言君子但因见在所居之位而为其所当为,无慕乎其外之心也。

②难,去声。朱子章句:此言素其位而行也。

③援,平声。朱子章句:此言不愿乎其外也。

④易,去声。朱子章句:易,平地也。居易,素位而行也。俟命,不愿乎外也。徼,求也。幸,谓所不当得而得者。

⑤正,音征。鹄,工毒反。朱子章句:画布曰正,栖皮曰鹄,皆侯之中、射之的也。子思引此孔子之言,以结上文之意。

译文

君子依据所处的地位而行事,不越出它以外去企求。处于富贵,行为就合乎富贵身份;处于贫贱,行为就合乎贫贱身份;处于夷狄,行为就合乎夷狄身份;处于患难,行为就合乎患难身份。这样,君子无论处于什么境地都能安然自得。地位高的不欺凌地位低的,地位低的不攀附地位高的,端正自身而无求于他人就没有怨恨了。上不埋怨老天,下不责怪他人。所以,君子安然自处来顺从天命,小人铤而走险来寻求侥幸。孔子说:"射艺有点类似于君子的作为,射不中靶子,就转而检讨自身。"

评析

素位而行近于《大学》所说的"知其所止",也就是人们常说的安分守己,这种安分守己是对现状的积极适应、处置。是什么角色,就应当做好什么事。

第二十八章

子曰:"愚而好自用,贱而好自专,生乎今之世,反古之道。如此者,烖及其身者也。"① 非天子,不议礼,不制度,不考文。②

注释

①好,去声。烖,古灾字。朱子章句:以上孔子之言,子思引之。反,复也。

②此以下,子思之言。礼,亲疏贵贱相接之体也。度,品制。文,书名。

译文

孔子说:"愚昧而喜好自以为是,卑贱而喜好自作主张,生活在现今的时世却违背自古以来的准则。像这样,灾祸就会降临到身上。"不是天子,不讨论礼仪,不制定法规,不规范文字。

评析

身处乱世的时候,愚昧而能力不足却又没有自知之明,喜欢自我表现;自己地位卑贱有小聪明而不安于本位,自信太过,一心想要揽权霸势、专断作为,甚至想要呼风唤雨;身处乱世,不明白进退的因缘,妄想要出人头地,一心走冒险侥幸的路,于是违反古圣先贤所开示的处世原则,一定会遭遇灾祸。进退有道是处世的重要品质。

第二十七章

是故居上不骄,为下不倍。国有道,其言足以兴;国无道,其默足以容。《诗》曰:"既明且哲,以保其身。"其此之谓与!①

注释

①倍，与背同。与，平声。朱子章句：兴，谓兴起在位也。《诗》，《大雅·烝民》之篇。

译文

因此，居高位而不骄傲，处卑贱而不自弃。国家有道，他的主张足以进身；国家无道，他的沉默足以自保。《诗·大雅·烝民》说："聪慧而又明知，足以保全自身。"大概就是说的这个吧！

评析

进退有道的人无论是在国家昌盛还是衰败之时都能很好地保全自身。

第二十章

凡事豫则立，不豫则废。言前定则不跲，事前定则不困，行前定则不疚，道前定则不穷。①

注释

①跲，其劫反。行，去声。朱子章句：凡事，指达道、达德、九经之属。豫，素定也。跲，踬也。疚，病也。此承上文，言凡事皆欲先立乎诚，如下文所推是也。

译文

任何事情，预先有准备就成功，没有准备就失败。说话预先准备好就不会无序，做事预先准备好就不会受窘，行动预先准备好就不会失误，道路预先准备好就不会走上绝路。

评析

跲：音夹，本意是绊倒。这里是理屈词穷的意思。不只是做事情，为人处世、进退辞受皆是如此，事先谋虑准备就会成功，否则就会失败。

第七章

子曰:"人皆曰'予知',驱而纳诸罟擭陷阱之中,而莫之知辟也。人皆曰'予知',择乎中庸而不能期月守也。"①

右第七章。承上章大知而言,又举不明之端,以起下章也。

注释

①予知之知,去声。罟,音古。擭,胡化反。阱,才性反。辟避同。期,居之反。朱子章句:罟,网也;擭,机槛也;陷阱,坑坎也,皆所以掩取禽兽者也。择乎中庸,辨别众理,以求所谓中庸,即上章好问、用中之事也。期月,匝一月也。言知祸而不知辟,以况能择而不能守,皆不得为知也。

译文

孔子说:"人们都说自己聪明,被利欲驱赶到罗网、机关、陷阱之中却不知道躲避;人们都说自己聪明,寻求到了中庸却连个把月都不能坚持。"

评析

不能仅仅只是知道了中庸,只有自己坚持奉行中庸进退之道才能不被利欲熏心。

3. 论语

学而第一

子曰:"弟子入则孝,出则弟,谨而信,泛爱众,而亲仁。行有余力,则以学文。"①

注释

①弟子之弟,上声。则弟之弟,去声。谨者,行之有常也。信者,言之有实也。泛,广也。众,谓众人。亲,近也。仁,谓仁者。余力,犹言暇日。以,用也。文,谓诗书六艺之文。程子曰:"为弟子之职,力有余则学文,不修其

职而先文,非为己之学也。"尹氏曰:"德行,本也。文艺,末也。穷其本末,知所先后,可以入德矣。"洪氏曰:"未有余力而学文,则文灭其质;有余力而不学文,则质胜而野。"愚谓力行而不学文,则无以考圣贤之成法,识事理之当然,而所行或出于私意,非但失之于野而已。

译文

孔子说:"后辈小子在家孝顺,出外悌爱,谨慎而守信,泛爱众人而亲近仁者。做到这些还有余力,就用来学习技艺。"

评析

这三个层次是不断递进的,孔子首先要求的,是对父母兄弟的血亲之爱,做到行孝悌;然后发展到对天下苍生的仁爱,做到"谨、信、爱众、亲仁",培养出良好的德行后,再通过学习文化知识进一步教化自己,达到更高层次的进步。

学而第一

子曰:"君子不重则不威,学则不固。① 主忠信。② 无友不如己者。③ 过则勿惮改。"④

注释

①重,厚重。威,威严。固,坚固也。轻乎外者,必不能坚乎内,故不厚重则无威严,而所学亦不坚固也。

②人不忠信,则事皆无实,为恶则易,为善则难,故学者必以是为主焉。程子曰:"人道惟在忠信,不诚则无物,且出入无时,莫知其乡者,人心也。若无忠信,岂复有物乎?"

③无、毋通,禁止辞也。友所以辅仁,不如己,则无益而有损。

④勿,亦禁止之辞。惮,畏难也。自治不勇,则恶日长,故有过则当速改,不可畏难而苟安也。程子曰:"学问之道无他也,知其不善,则速改以从善而已。"程子曰:"君子自修之道当如是也。"游氏曰:"君子之道,以威重为质,而学以成之。学之道,必以忠信为主,而以胜己者辅之。然或吝于改过,

则终无以入德,而贤者亦未必乐告以善道,故以过勿惮改终焉。"

译文

孔子说:"君子不庄重就不威严,所学就不稳固。以忠诚守信为主,不要与不如自己的人交往,有了过错就不要怕改正。"

评析

作为具有理想人格的君子,应当具有庄重大方、威严深沉的形象,使人感到稳重可靠,可以付以重托。重视学习,不自我封闭,善于结交志趣相投的朋友,而且有错必改,这是君子自我修养相当重要的原则。"过则勿惮改"这一实事求是的处事方法,是对待错误和过失的正确态度。

宪问第十四

子曰:"不在其位,不谋其政。"[1]

注释

[1]重出。

译文

孔子说:"不在这个职位上,就不谋划它的政务。"

评析

"不在其位,不谋其政"涉及所谓的名分问题。不在其位而谋其政,则有僭越之嫌,就被人认为是违礼之举。"不在其位,不谋其政"也就是要安分守己。这在春秋末年为维护社会稳定,抑制百姓"犯上作乱"起到过重要作用,但对后世则有一定的不良影响,尤其对民众不关心政治、安分守己的心态起到诱导作用。

宪问第十四

子曰:"君子耻其言而过其行。"[1]

注释

①行,去声。耻者,不敢尽之意。过者,欲有余之辞。

译文

孔子说:"君子感到羞耻的是言谈不符合自己的行为。"

评析

这一章讨论君子的一种道德品性,对"言过其行"这件事,君子是感到羞耻的。首先"言过其行"是孔子极为反对的行为之一。在孔子看来,值得称颂的应该是"讷于言,而敏于行",但也必须指出这个要求是紧扣个体德行的修养来说的,孔子并不否认辞令的作用,孔门四科就有言语科,可见孔子并不是主张有德行的人必须一律是只看行动,不看说话。其次是"耻",此章羞耻之感的产生是因为"言过其行",反过来说,如果"言当其行"是否可以不羞耻?就是说,如果言语得当,配合行动来说,君子是无须耻于注重言语的。

卫灵公第十五

子曰:"君子义以为质,礼以行之,孙以出之,信以成之。君子哉!"①

注释

①孙,去声。义者制事之本,故以为质干。而行之必有节文,出之必以退逊,成之必在诚实,乃君子之道也。程子曰:"义以为质,如质干然。礼行此,孙出此,信成此。此四句只是一事,以义为本。"又曰:"'敬以直内,则义以方外。''义以为质,则礼以行之,孙以出之,信以成之。'"

译文

孔子说:"君子把义作为根本,用礼仪来实行,以谦逊的态度来述说,依诚实来成就,这就是君子啊!"

评析

在日常生活、工作中,我们要用真诚的思想处处指导我们的言行,要用谦逊的言语表述自己的德行，还要用谦虚、恭谨、礼貌的态度去实践我们的言行。

4. 孟子

公孙丑下

陈臻问曰："前日于齐，王馈兼金一百而不受；于宋，馈七十镒而受；于薛，馈五十镒而受。前日之不受是，则今日之受非也；今日之受是，则前日之不受非也。夫子必居一于此矣。"①孟子曰："皆是也。②当在宋也，予将有远行。行者必以赆，辞曰：'馈赆。'予何为不受？③当在薛也，予有戒心。辞曰：'闻戒。'故为兵馈之，予何为不受？④若于齐，则未有处也。无处而馈之，是货之也。焉有君子而可以货取乎？"⑤

注释

①陈臻，孟子弟子。兼金，好金也，其价兼倍于常者。一百，百镒也。
②皆适于义也。
③赆，徐刃反。赆，送行者之礼也。
④为兵之为，去声。时人有欲害孟子者，孟子设兵以戒备之。薛君以金馈孟子，为兵备。辞曰"闻子之有戒心也"。
⑤焉，于虔反。无远行戒心之事，是未有所处也。取，犹致也。尹氏曰："言君子之辞受取予，惟当于理而已。"

译文

陈臻问道："以前在齐国的时候，齐王送给您好金一百镒，您不接受；到宋国的时候，宋王送给您七十镒，您却接受了；在薛地，薛君送给您五十镒，您也接受了。如果以前的不接受是正确的，那后来的接受便是错误的；如果后来的接受是正确的，那以前的不接受便是错误的。老师您总有一次做错了吧。"孟子说："都是正确的。当在宋国的时候，我准备远行，对远行的人理应送些盘缠。所以宋王说：'送上一些盘缠。'我怎么能不接受呢？当在薛地的时候,我听说路上有危险,需要戒备。薛君说:'听说您需要戒备,所以送上一点买兵器的钱。'我怎么能不接受呢?至于在齐国,则没有任何理由。没有理由却要送给我一些钱,这等于是用钱来收买我。哪里有君子可以拿钱收买的呢?"

评析

今天我们面临市场经济的时代,金钱的受与不受、辞与不辞问题也时常摆在人们的面前。孟子的基本原则是"焉有君子而可以货取乎",不拿不明不白的钱。在这样的原则前提下,当受则受,当辞则辞。这种处理态度对我们也是有借鉴意义的。当然,关键是在对那"当"的理解上。理解错误,或者是故意理解错误,把不当接受的作为当接受的通通接受下来,那就要出问题,要被人"货取"了。所以,君子不可不当心啊!

公孙丑下

孟子谓蚔鼃曰:"子之辞灵丘而请士师,似也,为其可以言也。今既数月矣,未可以言与?"①蚔鼃谏于王而不用,致为臣而去。②齐人曰:"所以为蚔鼃则善矣;所以自为,则吾不知也。"③公都子以告。④曰:"吾闻之也:有官守者,不得其职则去;有言责者,不得其言则去。我无官守,我无言责也,则吾进退,岂不绰绰然有余裕哉?"⑤

注释

①蚔,音迟。鼃,乌花反。为,去声。与,平声。蚔鼃,齐大夫也。灵丘,齐下邑。似也,言所为近似有理。可以言,谓士师近王,得以谏刑罚之不中者。

②致,犹还也。

③为,去声。讥孟子道不行而不能去也。

④公都子,孟子弟子也。

⑤官守,以官为守者。言责,以言为责者。绰绰,宽貌。裕,宽意也。孟子居宾师之位,未尝受禄。故其进退之际,宽裕如此。尹氏曰:"进退久速,当于理而已。"

译文

孟子对蚔蛙说:"您辞去灵丘县长而请求做法官,这似乎有道理,因为可以向齐王进言。可是现在你已经做了好几个月的法官了,还不能向齐王进言吗?"蚔蛙向齐王进谏,齐王不听。蚔蛙因此辞职而去。齐国人说:"孟子为蚔蛙的考虑倒是有道理,但是他怎样替自己考虑呢?我们就不知道了。"公都子把齐国人的议论告诉了孟子。孟子说:"我听说过:有官位的人,如果无法尽其职责就应该辞官不干;有进言责任的人,如果言不听、计不从,就应该辞职不干。至于我,既无官位,又无进言的责任,那我的进退去留,岂不是非常宽松而有自由的回旋余地吗?"

评析

有官有职就有责。不能尽职,不能尽责,当什么官呢?难免失落,难免苦闷与烦恼。可是,要尽职、要尽责又免不了争斗,免不了权术,依然是苦闷与烦恼,进退维谷。所谓"落入彀中",身不由己啊!如果再加上官场黑暗腐败、尔虞我诈、你死我活,那就更是痛苦不堪了。只有无官一身轻,进退都有余地。

公孙丑下

孟子去齐,充虞路问曰:"夫子若有不豫色然。前日虞闻诸夫子曰:'君子不怨天,不尤人。'"①曰:"彼一时,此一时也。②五百年必有王者兴,其间必有名世者。③由周而来,七百有余岁矣。以其数则过矣;以其时考之则可矣。④夫天未欲平治天下也;如欲平治天下,当今之世,舍我其谁也?吾何为不豫哉?"⑤

注释

①路问,于路中问也。豫,悦也。尤,过也。此二句实孔子之言,盖孟子尝称之以教人耳。

②彼,前日。此,今日。

③自尧舜至汤,自汤至文武,皆五百余年而圣人出。名世,谓其人德业

闻望,可名于一世者,为之辅佐。若皋陶、稷、契、伊尹、莱朱、太公望、散宜生之属。

④周,谓文武之间。数,谓五百年之期。时,谓乱极思治可以有为之日。于是而不得一有所为,此孟子所以不能无不豫也。

⑤夫,音扶。舍,上声。言当此之时,而使我不遇于齐,是天未欲平治天下也。然天意未可知,而其具又在我,我何为不豫哉? 然则孟子虽若有不豫然者,而实未尝不豫也。盖圣贤忧世之志,乐天之诚,有并行而不悖者,于此见矣。

译文

孟子离开齐国,充虞在路上问道:"老师似乎有不快乐的样子。可是以前我曾听老师您讲过:'君子不抱怨上天,不责怪别人。'"孟子说:"那是一个时候,现在又是一个时候。从历史上来看,每五百年就会有一位圣贤君主兴起,其中必定还有名望很高的辅佐者。从周武王以来,到现在已经七百多年了。从年数来看,已经超过了五百年;从时势来考察,也正应该是时候了。大概老天不想使天下太平了吧,如果想使天下太平,在当今这个世界上,除了我还有谁呢? 我为什么不快乐呢?"

评析

"当今之世,舍我其谁也?"其底蕴是一种"以天下为己任"的社会责任感和使命感。

告子上

一箪食,一豆羹,得之则生,弗得则死,嘑尔而与之,行道之人弗受;蹴尔而与之,乞人不屑也。①万钟则不辨礼义而受之。万钟于我何加焉? 为宫室之美、妻妾之奉、所识穷乏者得我与?②乡为身死而不受,今为宫室之美为之;乡为身死而不受,今为妻妾之奉为之;乡为身死而不受,今为所识穷乏者得我而为之,是亦不可以已乎? 此之谓失其本心。③

注释

①食,音嗣。嘑,呼故反。蹴,子六反。豆,木器也。嘑,咄啐之貌。行道之人,路中凡人也。蹴,践踏也。乞人,丐乞之人也。不屑,不以为洁也。言虽欲食之急而犹恶无礼,有宁死而不食者。是其羞恶之本心,欲恶有甚于生死者,人皆有之也。

②为,去声。与,平声。万钟于我何加,言于我身无所增益也。所识穷乏者得我,谓所知识之穷乏者感我之惠也。上言人皆有羞恶之心,此言众人所以丧之。由此三者,盖理义之心虽曰固有,而物欲之蔽,亦人所易昏也。

③乡、为,并去声。为之之为,并如字。言三者身外之物,其得失比生死为甚轻。乡为身死犹不肯受?蹴之食,今乃为此三者而受无礼义之万钟,是岂不可以止乎?本心,谓羞恶之心。此章言羞恶之心,人所固有。或能决死生于危迫之际,而不免计丰约于宴安之时,是以君子不可顷刻而不省察于斯焉。

译文

一篮子饭,一碗汤,吃了便可以活下去,不吃就要饿死。如果吆喝着给人吃,过路的人虽然饿着肚子也不会接受;如果用脚踩踏后再给人吃,就是乞丐也不屑于接受。可是现在,万钟的俸禄却有人不问合乎礼义与否就接受了。万钟的俸禄对我有什么好处呢?为了住宅的华丽、妻妾的奉养以及我所认识的穷苦人感激我吗?过去宁肯死亡都不接受的,现在却为了住宅的华丽而接受了;过去宁肯死亡都不接受的,现在却为了妻妾的奉养而接受了;过去宁肯死亡都不接受的,现在却为了我所认识的穷苦人感激我而接受了。这些不是可以停止的吗?这种做法叫作丧失了本性。

评析

齐国遭到饥荒,黔敖准备了食物在路边赈济饥民。一个人饥饿不堪地走过来了,黔敖连忙左手端饭,右手端汤冲那人喊道:"嗟!来食!"那人瞪着眼睛对黔敖说:"我正因为不吃嗟来之食才饿成这个样子!"尽管黔敖再三向他道歉,那人仍然坚决不吃,直到饿死。

(二)《近思录》

卷七　出处进退辞受之义(出处)凡三十九条　第一条

伊川先生曰:"贤者在下,岂可自进以求于君?苟自求之,必无能信用之理。古人之所以必待人君致敬尽礼而后往者,非欲自为尊大,盖其尊德乐道之心不如是,不足与有为也。①"(《易传》,卷一,页十七上,《释蒙卦第四之象传》)

叶采曰:贤者之进,将以行其道也。自非人君有好贤之诚心,则谏不行,言不听,岂足以有为哉?(《集解》卷七,页一)

注释

①《孟子·公孙丑第二下》第二章。

译文

程颐说:贤者处在下位,怎能自我献身以求于国君呢?如果自己去求他,必无让他信任重用的道理。古人之所以非要等到国君致敬尽礼后才去辅佐他,不是妄自尊大,而是因为国君如果没有这样的尊德乐道之心,就不足与其一道有所作为。

评析

在当下社会,求职的时候也是一样的。公司挑选员工,员工也在挑选公司,如果公司不尊重员工,那么这种公司也没有去的必要,因为去了之后也不会听你的意见建议,没有有为之地。

卷七　出处进退辞受之义(出处)凡三十九条　第二条

君子之需时也,安静自守。志虽有须,而恬然若将终身焉,乃能用常也。虽不进而志动者,不能安其常也。(《易传》卷一,页二十一上,《释需卦第五

之初九象传》)

茅星来曰:上条言贤者不可急于求进,此条言虽不进而志或不能不动,则亦不能守其常也。所以足上条未尽之意。(《集注》卷七,页一下)

译文

君子等待时机时,一定安静自守。心志上虽然在等待时机以有所作为,但心情平淡像是要永远自守下去,这样才能不失其常。虽然没去进身但心志在动的人,不能安于平常。

评析

都说机会是留给有准备的人,在机会未来临之前,我们要做的就是平心静气,切不可失了平常心。

卷七　出处进退辞受之义(出处)凡三十九条　第五条

大人于否之时,守其正节,不杂乱于小人之群类,身虽否而道之亨也,故曰:"大人否,亨。"不以道而身亨,乃道否也。(《易传》卷一,页四十五下,《释否卦第十二之六二象传》)

叶采曰:身之否亨由乎时,道之否亨由乎我。大人者,自有否而道无否也。盖否之时,小人群集。君子不入其党,身则否矣。然直道而行,无所挠屈,道则亨也。(《集解》卷七,页二)

译文

大人在否而不通的时候,坚守其节操,不混杂在小人的群类中,身虽不达而道却亨通,因此《否卦》六二爻辞说:"大人否,亨。"用违反正道的手段而使身显达,那就是"道否"了。

评析

到底是身重要还是道重要? 身可以视作我们的物质条件,道则是道义,本章告诉我们,大人之所以为大人,是因为他们可以身否,不看重物质条件,不与小人为伍而追求大道。

卷七　出处进退辞受之义（出处）凡三十九条　第七条

君子所贵,世俗所羞;世俗所贵,君子所贱。故曰:"贲其趾,舍车而徒。"(《易传》卷二,页二十七上,释《贲卦》第二十二之初九《爻辞》)

江永曰:世俗以势位为荣,君子以道义为贵。故宁舍非道之车而安于步行。(《集注》卷七,页一下)

译文

君子所重视的,世俗却认为羞耻;世俗所重视的,君子却轻视它。所以《贲卦》的初九爻辞说:"即使脚穿花鞋,有车可乘,也没有什么可荣耀的,依然可以舍车不坐,徒步而行。"

评析

在西方的科幻小说《太阳城》里,罪犯都要挂上金银财宝,而当官的人都穿得很朴素。为什么？他崇尚朴素、简单的生活。因此,一个人的志向很重要,君子的志向只在追求道义上,而非世俗追求的名利。

卷七　出处进退辞受之义（出处）凡三十九条　第十二条

不正而合,未有久而不离者也;合以正道,自无终睽之理。故贤者顺理而安行,智者知几而固守。(《易传》卷三,页二十七上,《释睽卦第三十八之六三象传》)

江永曰:顺理安行者,随时而宜,无心遇合也。知几固守者,知事之微,不来苟合也。(《集注》卷七,页二下)

译文

不正当的汇合,没有能持久不分的;以正道汇合,则自无分离之理。所以贤达的人顺其理之自然而安行无事,聪明的人知其几之必然而固守不惑。

评析

以义理行事,对于不合义理的事情,只需在心中明白,必不可能长久,如此便有固守义理的信心。

(三)《传习录》

卷下　黄省曾录　第二百七十五条

先生游南镇,一友指岩中花树问曰:"天下无心外之物。如此花树,在深山中自开自落,于我心亦何相关?"先生曰:"你未看此花时,此花与汝心同归于寂。你来看此花时,则此花颜色一时明白起来。便知此花不在你的心外。"

译文

先生游览南镇,一位朋友指着山岩中的花树问:"先生认为天下没有心外之物,比如这株花树,它在深山中自开自落,于我心又有何干?"先生说:"你未观赏这树上的花时,此花与你的心同样寂静。你来欣赏这树上的花时,此花颜色就显现出来。由此可知,此花不在你的心外。"

评析

王阳明并没有否认花的存在,而是强调花对人的价值,离不开人的主体需要,这与他强调的"心即理""人皆可以为尧舜"一样,不仅包含着人文主义的积极意义,更与今天我们强调的以人为本、重视人、尊重人、高扬人的主体精神的思想,不谋而合。

卷下　黄省曾录　第二百七十六条

问:"大人与物同体,如何《大学》又说个厚薄?"先生曰:"惟是道理自有厚薄。比如身是一体,把手足捍头目,岂是偏要薄手足?其道理合如此。禽兽与草木同是爱的,把草木去养禽兽,又忍得?人与禽兽同是爱的,宰禽兽以养亲,与供祭祀,燕宾客,心又忍得?至亲与路人同是爱的,如箪食豆羹,得则生,不得则死,不能两全,宁救至亲,不救路人,心又忍得?这是道理合该如此。及至吾身与至亲,更不得分别彼此厚薄。盖以仁民爱物皆从此出,此处可忍,更无所不忍矣。《大学》所谓厚薄,是良知上自然的条理,不可逾越,此便谓之义;顺这个条理,便谓之礼;知此条理,便谓之智;终始是这个条理,便谓之信。"

译文

有人问:"伟大的人与物同为一体,而《大学》中为什么又要分厚薄呢?"

先生说:"只因为道理自然有厚薄。例如,人的身是连为一体的,如果用手与脚去捍卫脑袋和眼睛,难道是非要薄待手和脚吗?理当如此。同样,对禽兽和草木一样有着爱,若用草木去饲养禽兽,又怎忍得?对人和禽兽一样有着爱,若宰杀禽兽以奉养亲人、祭祀祖先、招待客人,人心又怎忍得?对至亲和路人一样有着爱,若只有一箪食、一豆羹,得到它就能活,失去它就会死,但又不能同时拯救两个人,此时就宁愿弃路人而救至亲,人心又怎忍得?道理本当如此。至于我自己和骨肉至亲,更不能分厚此薄彼,因为对民的仁及物的爱都从这里产生,若此处能忍心,则会无所不忍了。《大学》上说的厚薄,是良知上自然而有秩序的,不可超越,这就称为义;遵循这个秩序,就称为礼;明白这个秩序就称为智;自始至终坚持这个秩序就称为信。"

评析

圣人之所以伟大,是因为他们心存"良知",掌握了"道"、理。他们把苍天作为伞盖,把大地作为车子,用四时作为驭马,让阴阳二仪来驾御。乘着白云,飞上九霄,和天地同为一体。物体在天体之间,天体与心体同理。这个"体"安静得好像不在思索,淡泊得好似没感受。

四、治法(制度)

(一)《四书》

1. 大学

第四章

子曰:"听讼,吾犹人也,必也使无讼乎!"无情者不得尽其辞。大畏民志,此谓知本。①

注释

①犹人,不异于人也。情,实也。引夫子之言,而言圣人能使无实之人不敢尽其虚诞之辞。盖我之明德既明,自然有以畏服民之心志,故讼不待听而自无也。观于此言,可以知本末之先后矣。

译文

孔子说:"审理案件,我和别人一样,一定要使纠纷不发生。"要使没有实情的人不敢花言巧语,德行彰显到使民众从内心畏服,这就叫作知道了本原。

评析

这一段以孔子谈诉讼的话来阐发"物有本末,事有终始"的道理,强调凡事都要抓住根本。审案的根本目的是使案子不再发生。

第十章

所谓平天下在治其国者:上老老而民兴孝,上长长而民兴弟,上恤孤而民不倍,是以君子有絜矩之道也。①

注释

①长,上声。弟,去声。倍,与背同。絜,胡结反。老老,所谓老吾老也。兴,谓有所感发而兴起也。孤者,幼而无父之称。絜,度也。矩,所以为方也。言此三者,上行下效,捷于影响,所谓家齐而国治也。亦可以见人心之所同,而不可使有一夫之不获矣。是以君子必当因其所同,推以度物,使彼我之间各得分愿,则上下四旁均齐方正,而天下平矣。

译文

安定天下的途径是治理自己的国家,是指在位者敬礼老人,民众就会盛行孝;在位者尊重长者,民众就会盛行悌;在位者怜恤孤幼,民众就不会遗弃孤幼。因此,君子要有絜矩之道。

评析

言传不如身教。齐家的关键是修身,身修才能教育家人。治国之道除了教化之外,还需政令,但毕竟以教化为本。这段话就是强调国君在治国中的表率作用。只要在上者有敬老尊长、怜恤孤苦的行为,则人民自会兴起孝、慈、不悖之志。这只不过是能推己及人、将心比心,都一理而已。为人君者若能洁身自好,修养仁德,实行仁政,自然会得到人民的拥护而保有天下。这就是"国君有道,不令自行",治国之道便是此理。

第十章

所恶于上,毋以使下;所恶于下,毋以事上;所恶于前,毋以先后;所恶于后,毋以从前;所恶于右,毋以交于左;所恶于左,毋以交于右。此之谓絜矩之道。①

注释

①恶、先,并去声。此覆解上文絜矩二字之义。如不欲上之无礼于我,则必以此度下之心,而亦不敢以此无礼使之。不欲下之不忠于我,则必以此度上之心,而亦不敢以此不忠事之。至于前后左右,无不皆然,则身之所处,上下、四旁、长短、广狭,彼此如一,而无不方矣。彼同有是心而兴起焉者,又岂有一夫之不获哉。所操者约,而所及者广,此平天下之要道也。故章内之意,皆自此而推之。

译文

所厌恶于在上者的行为,不用来对待在下者;所厌恶于在下者的行为,不用来对待在上者;所厌恶于在前者的行为不用来对待在后者;所厌恶于在后者的行为不用来对待在前者;所厌恶于在右者的行为,不用来对待在左者;所厌恶于在左者的行为,不用来对待在右者。这就叫作絜矩之道。

评析

本章其实是"己所不欲,勿施于人"的具体事例,如果上位的或上一任的人留给继任者一个烂摊子,那继任者是不是也要给下一任留下一个烂摊子呢?一个有智慧的人会在这样的逆境中学习和成长,而不是把上一任的做法延续下去。

2. 中庸

第二十八章

今天下车同轨,书同文,行同伦。①虽有其位,苟无其德,不敢作礼乐焉;虽有其德,苟无其位,亦不敢作礼乐焉。②子曰:"吾说夏礼,杞不足征也;吾学殷礼,有宋存焉;吾学周礼,今用之,吾从周。"③

注释

①行,去声。朱子章句:今,子思自谓当时也。轨,辙迹之度。伦,次序

之体。三者皆同,言天下一统也。

②郑氏曰:"言作礼乐者,必圣人在天子之位。"

③此又引孔子之言。杞,夏之后。征,证也。宋,殷之后。三代之礼,孔子皆常学之而能言其意,但夏礼既不可考证,殷礼虽存,又非当世之法,惟周礼乃世王之制,今日所用。孔子既不得位,则从周而已。

译文

现今天下车轮的轨距等宽,书写的字体一律,行为的规范相同。虽然有相应的地位,如果没有相应的德行,是不敢制礼作乐的;虽然有相应的德行,没有相应的地位,也是不敢制礼作乐的。孔子说:"我谈论夏礼,夏的后裔杞国不足以验证它;我学过殷礼,殷的后裔宋国还保存着它;我学过周礼,当今正在实行它,我依从周礼。"

评析

礼乐为国之大事,要"德"和"位"俱备才能去制定。郑玄说"言作礼乐者,必圣人在天子之位",如第十七章"德为圣人,尊为天子"。对于礼仪制度的态度,孔子用的还是中庸的态度。夏商之理俱是古礼,考证起来困难,施行起来更难,周礼为所生活的时代正在施行的礼仪,不过人们不再严格遵守(礼崩乐坏),但它容易学习推广,应从近易之处施行,故从周礼。

第十八章

子曰:"无忧者,其惟文王乎!以王季为父,以武王为子,父作之,子述之。①武王缵大王、王季、文王之绪,壹戎衣而有天下,身不失天下之显名。尊为天子,富有四海之内,宗庙飨之,子孙保之。②武王末受命,周公成文、武之德,追王大王、王季,上祀先公以天子之礼。斯礼也,达乎诸侯、大夫,及士、庶人。父为大夫,子为士,葬以大夫,祭以士。父为士,子为大夫,葬以士,祭以大夫。期之丧,达乎大夫。三年之丧,达乎天子。父母之丧,无贵贱,一也。"③

右第十八章。

注释

①此言文王之事。《书》言"王季其勤王家",盖其所作,亦积功累仁之事也。

②大,音泰,下同。朱子章句:此言武王之事。缵,继也。大王,王季之父也。《书》云:"大王肇基王迹。"《诗》云:"至于大王,实始翦商。"绪,业也。戎衣,甲胄之属。壹戎衣,《武成》文,言一著戎衣以伐纣也。

③追王之王,去声。朱子章句:此言周公之事。末,犹老也。追王,盖推文、武之意,以及乎王迹之所起也。先公,组绀以上至后稷也。上祀先公以天子之礼,又推大王、王季之意,以及于无穷也。制为礼法,以及天下,使葬用死者之爵,祭用生者之禄。丧服自期以下,诸侯绝,大夫降;而父母之丧,上下同之,推己以及人也。

译文

孔子说:"没有忧虑的人。大概只有周文王吧!王季是他的父亲,武王是他的儿子,父亲开创了基业,儿子遵循了遗志。武王继承了太王、王季、文王未竟的业绩,一战灭殷而得到了天下,自身在四海之内享有盛名,地位上是天子,财富上拥有整个天下,宗庙里祭祀他,子孙保有他的功业。武王在晚年才承受天命,周公成就了文王、武王的事业,追封太王、王季为王,用天子之礼来祭祀先公。这样的礼,通用于诸侯、大夫、士、庶人。父亲是大夫,儿子是士,父亲用大夫之礼安葬而儿子用士之礼来祭祀他;父亲是士,儿子是大夫,父亲用士之礼安葬而儿子用大夫之礼来祭祀他。服丧一年通行到大夫,服丧三年通行到天子,为父母服丧无论贵贱都一样。"

评析

这里中庸用了两个例子,就是去世安葬的时候按照死者的身份,祭祀的时候按照祭祀者的身份。父是大夫,子是士,父亲去世的时候就按照大夫的礼节安葬,儿子祭祀就按照士的礼节祭祀。为什么呢?因为我们每个人的身份不一样。但是,周公旦又定了守孝的丧期,都是三年。当然这个三年很多人说的是二十七个月。每个人对父母的感情都是一样的。所以,守孝对于天子到百姓都是一样的。周公旦定下周礼。也是按照周文王、周武王的德行来做的。所以,这一章用周文王、周武王、周公旦的作为告诉我们追慕先人的德行,把先人的德行发扬,这是尽孝,同时也是和合中庸之道的礼节。

第十九章

子曰:"武王、周公,其达孝矣乎!①夫孝者,善继人之志,善述人之事者也。②春秋修其祖庙,陈其宗器,设其裳衣,荐其时食。③宗庙之礼,所以序昭穆也。序爵,所以辨贵贱也;序事,所以辨贤也。旅酬,下为上,所以逮贱也;燕毛,所以序齿也。④践其位,行其礼,奏其乐,敬其所尊,爱其所亲,事死如事生,事亡如事存,孝之至也。⑤郊社之礼,所以事上帝也;宗庙之礼,所以祀乎其先也。明乎郊社之礼、禘尝之义,治国其如示诸掌乎!"⑥

右第十九章。

注释

①达,通也。承上章而言武王、周公之孝,乃天下之人通谓之孝,犹孟子之言达尊也。

②上章言武王缵大王、王季、文王之绪以有天下,而周公成文、武之德以追崇其先祖,此继志、述事之大者也。下文又以其所制祭祀之礼,通于上下者言之。

③祖庙:天子七,诸侯五,大夫三,适士二,官师一。宗器,先世所藏之重器,若周之赤刀、大训、天球、河图之属也。裳衣,先祖之遗衣服,祭则设之以授尸也。时食,四时之食,各有其物,如春行羔、豚、膳、膏、香之类是也。

④昭,如字。为,去声。朱子章句:宗庙之次:左为昭,右为穆,而子孙亦以为序。有事于太庙,则子姓、兄弟、群昭、群穆咸在而不失其伦焉。爵,公、侯、卿、大夫也。事,宗祝有司之职事也。旅,众也。酬,导饮也。旅酬之礼,宾弟子、兄弟之子各举觯于其长而众相酬。盖宗庙之中,以有事为荣,故逮及贱者,使亦得以申其敬也。燕毛,祭毕而燕,则以毛发之色别长幼,为坐次也。齿,年数也。

⑤践，犹履也。其，指先王也。所尊、所亲，先王之祖考、子孙、臣庶也。始死谓之死，既葬则曰反而亡焉，皆指先王也。此结上文两节，皆继志、述事之意也。

⑥郊，祀天。社，祭地。不言后土者，省文也。禘，天子宗庙之大祭，追祭太祖之所自出于太庙，而以太祖配之也。尝，秋祭也。四时皆祭，举其一耳。礼必有义，对举之，互文也。示，与视同。视诸掌，言易见也。此与《论语》文意大同小异，记有详略耳。

译文

孔子说："武王、周公该是天下都认为孝的人了吧！所谓孝，就是继承好先人的遗志、完成好先人的事业。春秋季整修祖宗的祀庙，陈列祭奠的礼器，摆设先人穿过的衣服，进献应时的祭品。祭祀宗庙的礼仪，是为了区分世系；助祭按爵位排列，是为了区分贵贱；进献祭品按职事排列，是为了区分才能；祭祀结尾由晚辈向长辈敬酒，是为了使晚辈也能尽责；宴饮按须发的黑白定座次，是为了区分年岁。就先王之位，行先王之礼，奏先王之乐，敬崇先王所尊重的人，爱慕先王所亲近的人，侍奉去世者如同他们活着一样，事奉亡故者如同他们健在一样，这是孝行的极点。祭祀天地之礼是用来侍奉上帝的，宗庙之礼是用来祭祀祖先的。明白了祭祀天地、祖先的意义，治国大概就像观察自己手掌一样了吧！"

评析

本章通过对西周初年周公所制定的祭祀礼仪的具体记述，指明"善继人之志，善述人之事"，才可以称为"达孝"。《论语·学而》记载，子曰："父在，观其志；父没，观其行。三年无改于父之道，可谓孝矣。"《论语·子张》记载，曾子曰："吾闻诸夫子，孟庄子之孝也，其他可能也；其不改父之臣与父之政，是难能也。"这些观点与本章一样，都是讲尽孝要落实到继承先辈遗志上。可见，"慎终追远，民德归厚"（《论语·学而》），以孝治天下，是孔子为政思想的重要内容。

3. 论语

为政第二

子曰:"道之以政,齐之以刑,民免而无耻。①道之以德,齐之以礼,有耻且格。"②

注释

①道,音导,下同。道,犹引导,谓先之也。政,谓法制禁令也。齐,所以一之也。道之而不从者,有刑以一之也。免而无耻,谓苟免刑罚。而无所羞愧,盖虽不敢为恶,而为恶之心未尝忘也。

②礼,谓制度品节也。格,至也。言躬行以率之,则民固有所观感而兴起矣,而其浅深厚薄之不一者,又有礼以一之,则民耻于不善,而又有以至于善也。一说,格,正也。书曰:"格其非心。"愚谓政者,为治之具。刑者,辅治之法。德礼则所以出治之本,而德又礼之本也。此其相为终始,虽不可以偏废,然政刑能使民远罪而已,德礼之效,则有以使民日迁善而不自知。故治民者不可徒恃其末,又当深探其本也。

译文

孔子说:"用法制禁令去引导百姓,使用刑法来约束他们,老百姓只是求得免于犯罪受惩,却失去了廉耻之心;用道德教化引导百姓,使用礼制去统一百姓的言行,百姓不仅会有羞耻之心,而且也就守规矩了。"

评析

在本章中,孔子举出两种截然不同的治国方针。孔子认为,刑罚只能使人避免犯罪,不能使人懂得犯罪可耻的道理,而道德教化比刑罚要高明得多,既能使百姓循规蹈矩,又能使百姓有知耻之心。这反映了道德在治理国家时有不同于法制的特点。但也应指出,孔子的"为政以德"思想,重视道德是应该的,但却忽视了刑政、法制在治理国家中的作用。

颜渊第十二

子曰:"听讼,吾犹人也,必也使无讼乎!"①

注释

①范氏曰:"听讼者,治其末,塞其流也。正其本,清其源,则无讼矣。"杨氏曰"子路片言可以折狱,而不知以礼逊为国,则未能使民无讼者也。故又记孔子之言,以见圣人不以听讼为难,而以使民无讼为贵。"

译文

孔子说:"审理诉讼案件,我同别人也是一样的。重要的是必须使诉讼的案件根本不发生!"

评析

孔子强调教育的重要作用。他觉得之所以有诉讼案件发生,是因为民风还没有归于淳厚,而民风没有归于淳厚,又是因为教化没有大行于世。在孔子看来,明察善断固然必要,但通过教化减少诉讼才是使社会达到和谐的最重要途径。

子路第十三

子路曰:"卫君待子为政,子将奚先?"①子曰:"必也正名乎!"②子路曰:"有是哉,子之迂也!奚其正?"③子曰:"野哉,由也!君子于其所不知,盖阙如也。④名不正则言不顺,言不顺则事不成⑤,事不成则礼乐不兴,礼乐不兴则刑罚不中,刑罚不中,则民无所措手足。⑥故君子名之必可言也,言之必可行也。君子于其言,无所苟而已矣。"⑦

注释

①卫君,谓出公辄也。是时鲁哀公之十年,孔子自楚反乎卫。

②是时出公不父其父而祢其祖,名实紊矣,故孔子以正名为先。谢氏曰"正名虽为卫君而言,然为政之道,皆当以此为先。"

③迂,谓远于事情,言非今日之急务也。

④野,谓鄙俗。责其不能阙疑,而率尔妄对也。

⑤杨氏曰:"名不当其实,则言不顺。言不顺,则无以考实而事不成。"

⑥中,去声。范氏曰:"事得其序之谓礼,物得其和之谓乐。事不成则无序而不和,故礼乐不兴。礼乐不兴,则施之政事皆失其道,故刑罚不中。"

⑦程子曰:"名实相须。一事苟,则其余皆苟矣。"胡氏曰:"卫世子蒯聩耻其母南子之淫乱,欲杀之不果而出奔。灵公欲立公子郢,郢辞。公卒,夫人立之,又辞。乃立蒯聩之子辄,以拒蒯聩。夫蒯聩欲杀母,得罪于父,而辄据国以拒父,皆无父之人也,其不可有国也明矣。夫子为政,而以正名为先。必将具其事之本末,告诸天王,请于方伯,命公子郢而立之。则人伦正,天理得,名正言顺而事成矣。夫子告之之详如此,而子路终不喻也。故事辄不去,卒死其难。徒知食焉不避其难之为义,而不知食辄之食为非义也。"

译文

子路(对孔子)说:"卫国国君要您去治理国家,您打算先从哪些事情做起呢?"孔子说:"首先必须正名分。"子路说:"有这样做的吗?您想得太不合时宜了。这名怎么正呢?"孔子说:"仲由,真粗野啊。君子对于他所不知道的事情,总是采取存疑的态度。名分不正,说起话来就不顺当合理,说话不顺当合理,事情就办不成。事情办不成,礼乐也就不能兴盛。礼乐不能兴盛,刑罚的执行就不会得当。刑罚不得当,百姓就不知怎么办好。所以,君子一定要定下一个名分,必须能够说得明白,说出来一定能够行得通。君子对于自己的言行,是从不马马虎虎对待的。"

评析

"正名"是孔子"礼"的思想的组成部分。正名的具体内容就是"君君、臣臣、父父、子子",只有"名正"才可以做到"言顺",接下来的事情就迎刃而解了。

子路第十三

叶公语孔子曰:"吾党有直躬者,其父攘羊,而子证之。"①孔子曰:"吾党之直者异于是。父为子隐,子为父隐,直在其中矣。"②

注释

①语，去声。直躬，直身而行者。有因而盗曰攘。

②为，去声。父子相隐，天理人情之至也。故不求为直，而直在其中。谢氏曰："顺理为直。父不为子隐，子不为父隐，于理顺邪？瞽瞍杀人，舜窃负而逃，遵海滨而处。当是时，爱亲之心胜，其于直不直，何暇计哉？"

译文

叶公告诉孔子说："我的家乡有个正直的人，他的父亲偷了人家的羊，他告发了父亲。"孔子说："我家乡的正直的人和你讲的正直人不一样：父亲为儿子隐瞒，儿子为父亲隐瞒。正直就在其中了。"

评析

孔子认为"父为子隐，子为父隐"就是具有了"直"的品格。看来，他把正直的道德纳入了"孝"与"慈"的范畴，一切都要服从"礼"的规定。

子路第十三

子曰："其身正，不令而行；其不正，虽令不从。"

译文

孔子说："自身正了，即使不发布命令，老百姓也会去干；自身不正，即使发布命令，老百姓也不会服从。"

评析

此警句，在当今仍有反腐倡廉的现实意义。

4. 孟子

梁惠王上

不违农时，谷不可胜食也；数罟不入洿池，鱼鳖不可胜食也；斧斤以时入山林，材木不可胜用也。谷与鱼鳖不可胜食，材木不可胜用，是使民养生丧死无憾也。养生丧死无憾，王道之始也。①

注释

①胜，音升。数，音促。罟，音古。洿，音乌。农时，谓春耕夏耘秋收之时。凡有兴作，不违此时，至冬乃役之也。不可胜食，言多也。数，密也。罟，网也。洿，窊下之地，水所聚也。古者网罟必用四寸之目，鱼不满尺，市不得鬻，人不得食。山林川泽，与民共之，而有厉禁。草木零落，然后斧斤入焉。此皆为治之初，法制未备，且因天地自然之利，而撙节爱养之事也。然饮食宫室所以养生，祭祀棺椁所以送死，皆民所急而不可无者。今皆有以资之，则人无所恨矣。王道以得民心为本，故以此为王道之始。

译文

不违背农时，粮食就吃不完；密孔的渔网不入池沼，鱼鳖就吃不完；斧子、砍刀按季节进入山林，木材就用不完。粮食和鱼鳖吃不完，木材用不完，就使得民众的生、死都没有缺憾了。生死没有缺憾，是王道的开端。

评析

不违农时，数罟不入洿池，斧斤以时入山林，分别指不能违背春生夏长秋收冬藏的时令去播种耕种。太细的网不进入池子，让小鱼苗可以不被打捞殆尽，可持续地发展。进山砍树也必须有节制，不要过度消耗资源。这些都是在教百姓遵照自然规律做事。百姓都按照规律做事，就能顺应天理，趋吉避凶，温饱安乐，养生丧死无憾。

梁惠王上

五亩之宅，树之以桑，五十者可以衣帛矣；鸡豚狗彘之畜，无失其时，七十者可以食肉矣；百亩之田，勿夺其时，数口之家可以无饥矣；谨庠序之教，申之以孝悌之义，颁白者不负戴于道路矣。七十者衣帛食肉，黎民不饥不寒，然而不王者，未之有也。①

注释

①衣,去声。畜,敕六反。数,去声。王,去声。凡有天下者人称之曰王,则平声;据其身临天下而言曰王,则去声。后皆放此。五亩之宅,一夫所受,二亩半在田,二亩半在邑。田中不得有木,恐妨五谷,故于墙下植桑以供蚕事。五十始衰,非帛不暖,未五十者不得衣也。畜,养也。时,谓孕子之时,如孟春牺牲毋用牝之类也。七十非肉不饱,未七十者不得食也。百亩之田,亦一夫所受。至此则经界正,井地均,无不受田之家矣。庠序,皆学名也。申,重也,叮咛反复之意。善事父母为孝,善事兄长为悌。颁,与斑同,老人头半白黑者也。负,任在背。戴,任在首。夫民衣食不足,则不暇治礼义;而饱暖无教,则又近于禽兽。故既富而教以孝悌,则人知爱亲敬长而代其劳,不使之负戴于道路矣。衣帛食肉但言七十,举重以见轻也。黎,黑也。黎民,黑发之人,犹秦言黔首也。少壮之人,虽不得衣帛食肉,然亦不至于饥寒也。此言尽法制品节之详,极财成辅相之道,以左右民,是王道之成也。

译文

五亩宅田种植桑树,年满五十的人就能穿上丝绸了;鸡鸭猪狗不失时节地畜养,年满七十的人就能吃上肉了;百亩农田不误了它的耕作时节,数口之家就能没有饥荒了;注重学校的教育,强调孝敬长辈的道理,须发斑白的人就不至于在道路上背物负重了。年满七十的人能穿上丝绸、吃上肉,老百姓能不受饥寒,做到了这些而不称王天下的还从未有过。

评析

执政者关注民生,保证民有所食、民有所助、不忧愁生养死葬,然后尽力教化人民,实行仁政,就是王道之成了。但古往今来,能抑制自己私欲、以民为重的统治者少之又少,打着仁政法制旗号满足自己私欲的统治者更多。

滕文公上

方里而井,井九百亩,其中为公田。八家皆私百亩,同养公田。公事毕,然后敢治私事,所以别野人也。①

注释

①养,去声。别,彼列反。此详言井田形体之制,乃周之助法也。公田以为君子之禄,而私田野人之所受。先公后私,所以别君子野人之分也。不言君子,据野人而言,省文耳。上言野及国中二法,此独详于治野者,国中贡法,当时已行,但取之过于什一尔。

译文

一里见方作为一块井田,一块井田有九百亩,中央的一百亩是公田,八家各以一百亩为私田,共同料理公田。公田上的事情做完了,才可以做私田上的事情,是为了使耕田的农民有所区分。

评析

此章是孟子对于古代井田制的设想,也可以视作微观经济活动如何与宏观价值构造相结合以实现资源配置最大化的一种设想。

离娄上

孟子曰:"离娄之明、公输子之巧,不以规矩,不能成方圆;师旷之聪,不以六律,不能正五音;尧舜之道,不以仁政,不能平治天下。"①

注释

①离娄,古之明目者。公输子,名班,鲁之巧人也。规,所以为员之器也。矩,所以为方之器也。师旷,晋之乐师,知音者也。六律,截竹为筩,阴阳各六,以节五音之上下。黄钟、太蔟、姑洗、蕤宾、夷则、无射,为阳;大吕、夹钟、仲吕、林钟、南吕、应钟,为阴也。五音,宫、商、角、征、羽也。范氏曰:"此言治天下不可无法度,仁政者,治天下之法度也。"

译文

孟子说:"即使有离娄那样好的视力、公输子那样好的技巧,如果不用圆规和曲尺,也不能准确地画出圆形和方形;即使有师旷那样好的审音力,如果不用六律,也不能校正五音;即使有尧舜的学说,如果不实施仁政,也不能治理好天下。"

评析

没有规和矩,当然无法做成圆形或方形的东西,于是出现了那句俗语。不过,现在这俗语已不再是木工专用,而变成了人们泛指任何事情若无一定规则,便会出错的告诫用语了。"规"和"矩"合并成一个新词,"规矩"可解作一定的法则、标准、规范或习惯。"方圆"不再指方形、圆形的东西,而是指特定事物了。中国有句话叫作:"没有规矩不成方圆。"这是放之四海而皆准的真理,说的是在做任何事情的时候都要有规矩和行为制度。

离娄上

今有仁心仁闻而民不被其泽,不可法于后世者,不行先王之道也。① 故曰,徒善不足以为政,徒法不能以自行。②

注释

①闻,去声。仁心,爱人之心也。仁闻者,有爱人之声闻于人也。先王之道,仁政是也。范氏曰:"齐宣王不忍一牛之死,以羊易之,可谓有仁心。梁武帝终日一食蔬素,宗庙以面为牺牲,断死刑必为之涕泣,天下知其慈仁,可谓有仁闻。然而宣王之时,齐国不治;武帝之末,江南大乱。其故何哉,有仁心仁闻而不行先王之道故也。"

②徒,犹空也。有其心,无其政,是谓徒善;有其政,无其心,是为徒法。程子尝言:"为政须要有纲纪文章,谨权、审量、读法、平价,皆不可阙。"而又曰,"必有关雎麟趾之意,然后可以行周官之法度",正谓此也。

译文

现在有些诸侯,虽然有仁爱的心和仁爱的名声,但老百姓却受不到他的恩泽,不能成为后世效法的楷模,这是因为他没有实施前代圣王的仁政的缘故。所以说,只有善心不足以治理政治,仅有法度不能使之自行实施。

评析

意谓治理国家必须把行善政与行法令结合起来。体现了法的局限性。这也就是说，法律除了规范以外，要真正发挥法律作用，离不开主体的素质、法律体制、人们的法律意识等。

(二)《近思录》

卷九　制度(治法)凡二十七条　第六条

明道先生行状云：先生为泽州晋城令①，民以事至邑者，必告之以孝悌忠信，入所以事父兄出所以事长上。度乡村远近为伍保②，使之力役相助，患难相恤，而奸伪无所容。凡孤茕残废者，责之亲戚乡党，使无失所。行旅出于其途者，疾病皆有所养。诸乡皆有校，暇时亲至，召父老与之语，儿童所读书，亲为正句读，教者不善，则为易置。择子弟之秀者，聚而教之。乡民为社会，为立科条，旌别善恶，使有劝有耻。③(《附录》，《伊川文集》卷七，页二下)

泽田武冈曰：此章所言教养之道，名且备矣。唯一邑之治，而可推之于邦国天下也。且其事为平易温厚，有见德者气象。读者宜潜玩焉。(《说略》卷九，页九上，总页六一九)

注释

①英宗治平二年(一〇六五)至神宗熙宁元年(一〇六八)，明道为晋城(在今山西)县令。

②五家为伍，五伍为保。

③此为《明道先生行状》一小部分。行状，乃没后叙状其行事者，为其弟伊川元丰八年(一〇八五)六月明道卒后八月所撰。

译文

程颐撰写的《明道行状》说："程颢在泽州晋城当县令时，百姓因事到城中去的,程颢见到他们,一定要用孝悌忠信劝诫他们,让他们知道在家应该怎样对待父亲兄长,出外应该怎样对待上级长辈。估计乡村之间的距离分别组成伍保,让他们有出力服役的事就互相鼓励,有患难就互相援助,奸诈的人就无处藏身。凡是孤独和残废的,要他的亲族和乡里负责,不能让他们流离失所。行路的人从其境内经过,凡有大病小痛都能有所照料。各乡都建有义学,他在闲暇的时候亲自到这些学校去,召来学童的父母来交谈。儿童所读的书,亲自为他们订正断句。老师不称职,就为他们另行配备。挑选择子弟中的优秀者,集合起来加以教育。乡民们组织社团,程颢给他们订立约规制度,以分别善恶,使他们都具备努力上进之心。"

评析

教民以孝悌忠信,开学校,启发民智,程颢先生是当之无愧的温厚君子。

卷九 制度(治法)凡二十七条 第十一条

伊川先生云:管辖人亦须有法,徒严不济事。今帅千人,能使千人依时及节得饭吃,只如此者亦能有几人?尝谓军中夜惊,亚夫坚卧不起。不起善矣,然犹夜惊何也?亦是未尽善。(《遗书》卷十,页四上)

江永曰:举此一事,以明管辖有法之难。(《集注》卷九,页四下)

译文

程颐说:"统管军人,必须有法度,仅仅依靠严酷的禁令,往往无济于事。一个统率一千人的将领,能够使全军将士在规定的时间和要求吃饭,就不容易。当今之世,能做到这一点者,能有几人?西汉七国反叛时,有一次,汉军营帐半夜一片惊慌,周亚夫却一直躺着不起床。周亚夫遇变不慌,镇静自如,值得称赞。然而为什么遇到敌军侵扰就导致一片混乱呢?这显然是周亚夫治军有不足之处造成的。"

评析

此章言军队必须要有号令如山的纪律,不如此无法打赢战争。

卷九　制度（治法）凡二十七条　第十三条

宗子法坏，则人不自知来处，以至流转四方，往往亲未绝不相识。今且试以一二巨公之家行之，其术要得拘守得，须是且如唐时立庙院①。仍不得分割了祖业，使一人主之。②（《遗书》卷十五，页六下）

朱子曰：宗子法，虽宗子庶子孙死，亦许其子孙别立庙。（《语类》卷九十，第六十三条，页三六六三/二三零八）

注释

①唐制庙有斋院，在庙垣东门之外。
②参看《遗书》卷十五，页十五上。

译文

宗子制度一旦毁弃，那么，人就不可能知道自己家族宗派变迁的由来，以至于流落他乡，即令遇到同宗的血缘亲戚，也只能视如路人。眼下只能以一二公卿世家来推行宗子制度，权且作为一种尝试。其方法是：如若要拘守宗子制度，必须像唐朝惯例那样，建立世族宗庙，子孙不得分割祖上产业，选出宗族中有才能者主管其事。

评析

此章言推行宗法制，血脉传承在中国自古至今都很重要。

卷九　制度（治法）凡二十七条　第十九条

邢和叔①叙明道先生事云：尧舜三代②帝王之治所以博大悠远，上下与天地同流③者，先生固已默而识之。至于兴造礼乐，制度文为，下至行帅用兵战阵之法，无所不讲，皆造其极。外之夷狄情状，山川道路之险易，边鄙防戍城寨斥候控带之要，靡不究知。其吏事操决，文法簿书，又皆精密详练。若先生可谓通儒全才矣。（《附录》，页四上）

佐藤一斋曰：邢恕推服明道如此，而与伊川则盖有所未满者，故社友多责其叛师耳。然恕不足责。但于此足觇伯叔两子之优劣。（《栏外书》卷九，

"刑和"条）

注释

①邢恕之字。
②夏、商、周。
③《孟子·尽心第七上》第十三章。

译文

邢和叔叙述程颢事迹时说："尧、舜、禹、商汤、文王的治法道法，博大悠远，与天地同流，程颢先生已经融合默契，牢记在心。以至上起礼乐制度法令条文，下至统领兵马，运用兵法，营划战阵之术，程颢无不精通，几乎都达到至极的高度。另外如各国的地理状况、山川道路的分布及地形的复杂性，以及境内边境的防戍、营寨的分布、哨所的运用、区域的控制等要害问题，程颢无不一一思考过。程颢为官，无论是吏治之事的处理裁决，还是法令条文的运用、官署文书的处理，都能做到精细、周密、干练。像程颢先生这样的人，真可称得上通儒全才。"

评析

此章借叙述程颢之全才说明理想的儒者应该是怎样的。

卷九　制度（治法）凡二十七条　第二十六条

治天下不由井地，终无由得平。周道①止是均平。（《语录》，《张子全书》卷四，《周礼》页一上）

茅星来曰："不由井地"，则富者田连阡陌，贫者至于流离失所，故云"终无由得平"。"周道"犹言大道也。"止是均平"，言必当力行井地也。（《集注》卷九，页七十二上）

注释

①《诗经·小雅·谷风之什·大东》："周道如砥。"

译文

治理天下如不实行井田制,最终将无法达到天下太平。周朝圣王的治国原则,只是要达到田产均平。

评析

此章是提倡井田制的农业政策,当时民间土地兼并严重,地主们坐拥大片土地,贫民无地,只能流离失所。

(三)《传习录》

卷上　徐爱录　第十二条

又曰:"唐、虞以上之治,后世不可复也,略之可也。三代①以下之治,后世不可法也,削之可也。惟三代之治可行。然而世之论三代者,不明其本,而徒事其末,则亦不可复矣。"

注释

①三代,夏、商、周。

译文

先生又说:"尧、舜之前的治世方法,后世不可能恢复,可以把它删除。夏、商、周三代之后的治世方法,后世不可仿效,可以把它删除。只有三代的治世方法可以实行。然而,世上议论三代的人,却不了解三代治理天下的根本,仅注意到一些细枝末节。所以,三代治理天下的方法也不能恢复了。"

评析

夏商的衰败,是不变法而灭亡的;禹、汤、武三代的兴起,是不互相因循而称王的。因此,圣人执政,法律与时代一起变动,礼制与习俗一起变化。从上古至今,朝代更替,时代日新,社会制度也随之变换,但中华传统文化却代代相传,弘扬光大。一个国家的传统文化则是民族之魂,是世代不变的"理"。

卷中　答顾东桥书　第一百三十九条

来书云:"道之大端,易于明白,所谓良知良能,愚夫愚妇可与及者。至于节目时变之详,毫厘千里之缪,必待学而后知。今语孝于温清定省,孰不知之。至于舜之不告而娶,武之不葬而兴师,养志、养口,小杖、大杖,割股,庐墓等事,处常处变,过与不及之间,必须讨论是非,以为制事之本。然后心体无蔽,临事无失。"

道之大端易于明白,此语诚然。顾后之学者忽其易于明白者而弗由,而求其难于明白者以为学,此其所以"道在迩而求诸远,事在易而求诸难"也。孟子云:"夫道若大路然,岂难知哉?人病不由耳。"良知良能,愚夫愚妇与圣人同。但惟圣人能致其良知,而愚夫愚妇不能致,此圣愚之所由分也。节目时变,圣人夫岂不知,但不专以此为学。而其所谓学者,正惟致其良知,以精审此心之天理,而与后世之学不同耳。吾子未暇良知之致,而汲汲焉顾是之忧,此正求其难于明白者以为学之弊也。夫良知之于节目时变,犹规矩尺度之于方圆长短也。节目时变之不可预定,犹方圆长短之不可胜穷也。故规矩诚立,则不可欺以方圆,而天下之方圆不可胜用矣;尺度诚陈,则不可欺以长短,而天下之长短不可胜用矣;良知诚致,则不可欺以节目时变,而天下之节目时变不可胜应矣。毫厘千里之缪,不于吾心良知一念之微而察之,亦将何所用其学乎?是不以规矩而欲定天下之方圆,不以尺度而欲尽天下之长短,吾见其乖张谬戾,日劳而无成也已。吾子谓语孝于温清定省,孰不知之。然而能致其知者鲜矣。若谓粗知温清定省之仪节,而遂谓之能致其知,则凡知君之当仁者,皆可谓之能致其仁之知,知臣之当忠者,皆可谓之能致其忠之知,则天下孰非致知者邪?以是而言可以知致知之必在于行,而不行之不可以为致知也,明矣。知行合一之体,不益较然矣乎?夫舜之不告而娶,岂舜之前已有不告而娶者为之准则,故舜得以考之何典,问诸何人,而为此邪?抑亦求诸其心一念之良知,权轻重之宜,不得已而为此邪?武之不葬而兴师,岂武之前已有不葬而兴师者为之准则,故武得以考之何典,问诸何人,而为此邪?抑示求诸其心一念之良知,权轻重之宜,不得已而为此邪?使舜之心而非诚于为无后,武之心而非诚于为救民,则其不告而娶与不葬而兴师,乃不忠不孝之大者。而后之人不务致其良知，以精察义理于此心感应酬酢之间，顾欲悬空讨论此等变常之事，执之以为制事之本，以求临事之无失，其亦远矣。其余数端，皆可类推，则古人致知之学，从可知矣。

译文

来信写道："大的方面的道，人容易理解，所说的良知良能，愚夫笨妇也能懂得。至于那些细节、条目的随时变化，差之毫厘、谬以千里的精微处，必须等学过之后才能明白。如今要在温清定省上说孝，谁人不知？至于舜未向父禀报而娶妻，武王未葬文王而伐纣，曾子养志而曾元养口，小杖承受而大杖逃跑，割股肉而治父母的病，为亲人守丧三年，等等事情，在正常与变化、过分与不及之间，必须要讨论一个是非准则，以此作为处理事情的依据。然后人的心体方不被蒙蔽，遇事才不出差错。"

道的大的方面容易理解，这种认识是正确的。只是后世的学者疏忽了那容易理解的道而不去遵循，却把难以明白的作为学问，这正是"道在迩而求诸远，事在易而求诸难"。孟子说过："夫道若大路然，岂难知哉？人病不由耳。"在良知良能方面，愚夫笨妇与圣人一般。但唯圣人能致良知，愚夫笨妇则不然。这正是二者的区别。细节、条目的随时变化，岂能瞒得了圣人？只是圣人不在这上面大做文章。圣人所谓的学问，正是仅去致其良知以精察心中之天理，这与后世所谓的学问大相径庭。你还没有去致良知，而在那里慌张地担心这些小问题，这就是把难以理解的作为学问的弊端。良知良能与细节条目随时变化的关系，犹如规矩尺度与方圆长短的关系。细节条目随时变化的不可测定，犹如方圆长短的不可穷尽。因此，规矩一旦确立，方圆与否就不可遮掩，而天下的方圆也就不可胜用；尺度一旦制定，长短与否就不可遮掩，而天下的长短也就不可胜用；良知能够"致"了，细节、条目的随时变化就不可遮掩，而天下的细节、条目的随时变化也就能应付自如了。毫厘之差所导致的千里之谬，不在我心良知的细微处研究，又在什么地方用功呢？这如同不用规矩却要确定天下的方圆，不用尺度却要穷尽天下的长短，我只会看到他破绽百出、劳而无功的结果。你讲在温清定省上说孝，谁都知晓，但真能致其知的人太少了。若说大略地知晓温清定省的礼仪，便说能致良知,那么,只要是知道君主应该仁的人,都可说他能致其仁的知,知道臣属应尽忠的人,都可说他能致其忠的知,那么,天下谁人不是致知的人?由此可知,致知必须显现在行上,而不行就不是致知,这是最明白不过的人。知行合一的本体,不是更清楚了吗?舜不禀报父亲而娶妻,难道是在舜之前就有了不告而娶的先例作为标准,因而使他参考了什么典籍,向别人作了请教,才这样做的呢?还是舜依据自心的一念良知,审度轻重后,无奈才这样做的呢?武王不葬文王而讨商,难道是在武王之前就有了不葬而兴师的先例作为标准,因而使他参考了什么典籍,向别人作了请教,才这样做的呢?还是武王依据自心的一念良知,审度轻重后,无奈才这样做的呢?如果舜不是真的担心没有后代,武王不是真心拯救百姓,那么,舜不禀报父亲而娶妻,武王不葬文王而兴师,就是最大的不孝和不忠。后世的人不肯尽力致良知,不在处理事务时细察义理,反而去空谈一些反常的事,一口咬死这些才是处理事情的根据,以求遇事没有闪失,如此就离题万里了。其他几点,都可以此类推。因此,古人有关致知的学问,从中就会完全明白了。

评析

大道理明白了,小事理却混淆了;事理上分清了,行动起来又糊涂了;行为上不离规制,事理上又有了偏离。这些都是不能"致良知"的原因。心里有了良知,处事为人便有了衡量长短、方圆的规矩。什么是良知?良知是心之本体,是天地自然之法则。良知唯在心中致,离开本体之心则无良知可致。圣贤致心不乱,自然良知显现;良心显现,便有了处事的法则;有了法则,事理自然清楚明白。所以说,人有千算不如天之一算。天之一算便是"致良知"的圣算。

卷中　答顾东桥书　第一百四十三条

三代之衰,王道熄而霸术昌。孔孟既没,圣学晦而邪说横,教者不复以此为教,而学者不复以此为学。霸者之徒,窃取先王之近似者,假之于外以内济其私己之欲,天下靡然而宗之,圣人之道遂以芜塞。相仿相效,日求所以富强之说,倾诈之谋,攻伐之计。一切欺天罔人,苟一时之得,以猎取声利之术,若管、商、苏、张之属者,至不可名数。既其久也,斗争劫夺,不胜其祸,斯人沦于禽兽夷狄,而霸术亦有所不能行矣。世之儒者慨然悲伤,蒐猎先圣王之典章法制,而掇拾修补于煨烬之余,盖其为心,良亦欲以抚回以先王之道。圣学既远,霸术之传,积渍已深,虽在贤知,皆不免于习染,其所以讲明修饰,以求宣畅光复于世者,仅足以增霸者之藩篱,而圣学之门墙,遂不复可睹。于是乎有训诂之学,而传之以为名;有记诵之学,而言之以为博;有词章之学,而侈之以为丽。若是者,纷纷籍籍,群起角立于天下,又不知其几家。万径千蹊,莫知所适。世之学者如入百戏之场,戏谑跳踉,骋奇斗巧,献笑争妍者,四面而竞出,前瞻后盼,应接不遑,而耳目眩瞀,精神恍惑,日夜遨游淹息其间,如病狂丧心之人,莫自知其家业之所归。时君世主亦皆昏迷颠倒于其说,而终身从事于无用之虚文,莫自知其所谓。间有觉其空疏谬妄,支离牵滞,而卓然自奋,欲以见诸行事之实者,极其所抵,亦不过为富强功利,五霸之事业而止。圣人之学日远日晦,而功利之习愈趋愈下。其间虽尝瞀惑于佛老,而佛老之说卒亦未能有以胜其功利之心。虽又尝折衷于群儒,而群儒之论终亦未能有以破其功利之见。盖至于今,功利之毒沦浃于人之心髓,而习以成性也,几千年矣。相矜以知,相轧以势,相争以利,相高以技能,相取以声誉。其出而仕也,理钱谷者则欲兼夫兵刑,典礼乐者又欲与于铨轴,处郡县则思藩臬之高,居台谏则望宰执之要。故不能其事则不得以兼其官,不通其说则不可以要其誉。记诵之广,适以长其敖也;知识之多,适以行其恶也;闻见之博,适以肆其辩也;辞章之富,适以饰其伪也。是以皋、夔、稷、契所不能兼之事,而今之初学小生皆欲通其说,究其术。其称名僭号,未尝不曰吾欲以共成天下之务,而其诚心实意之所在,以为不如是则无以济其私而满其欲也。呜呼,以若是之积染,以若是之心志,而又讲之以若是之学术,宜其闻吾圣人之教,而视之以为赘疣枘凿;则其以良知为未足,而谓圣人之学为无所用,亦其势有所必至矣!呜呼!士生斯世,而尚何以求圣人之学乎?尚何以论圣人之学乎?士生斯世,而欲以为学者,不亦劳苦而繁难乎?不亦拘滞而险艰乎?呜呼,可悲也已!所幸天理之在人心,终有所不可泯,而良知之明,万古一日,则其闻吾拔本塞源之论,必有恻然而悲,戚然而痛,愤然而起。沛然若决江河,而有所不可御者矣。非夫豪杰之士,无所待而兴起者,于谁与望乎?

译文

　　自夏商周三代之后,王道衰落而霸道盛行。孔子、孟子去世后,圣学颠覆而邪说横行,教的人不肯再教圣学,学的人不肯再学圣学。行霸道的人,窃得与先王相似的东西,借助外在的知识来满足私欲,天下的人竞相模仿他们,圣人之道因此被丛生的荆棘阻塞了。人与人之间彼此效法,每天所关心的只是富强的技巧、倾诈的阴谋和攻伐的战略。只要能够欺天骗人得到一时的好处,可以获取声名利益的方法,人人都去追逐。比如管仲、商鞅、苏秦、张仪这种人,简直数不胜数。时间一长,人与人之间的斗争、掠夺,祸患无穷,人与禽兽夷狄几乎没有两样,霸术再也行不通了。此时,世上儒者感慨悲痛,他们搜寻从前圣王的典章制度,在焚书的灰烬中拾掇修补,其意图正是要恢复先王仁道。但是,距离圣学的时代太遥远,霸术的广泛流传已造成不可磨灭的影响,即便是贤慧之人,也不免深受霸术的熏陶。如此,他们希望讲明修饰,以求在现实生活中重新发扬光大,但所做的努力反而增加了霸道的势力范围。相对来说,圣学的痕迹再也难以找到了。于是,产生了训诂学,为了名誉传播它;产生了记诵学,为了显示博学去谈论它;产生了词章学,为了华丽去夸大它。如此沸沸扬扬,竟相在天下争斗打闹,不知有多少人!面对万径千蹊,人们无所适从。世上的学者,如同走进了百戏同演的剧场,处处都是嬉戏跳跃、竞奇斗巧、争妍献笑之人,观者瞻前顾后,应接不暇,致使耳聋眼昏,神情恍惚,成天在那里胡乱转悠,乐不知返。他们仿佛精神失常,连自己的家竟也不知在哪。其时,国之君也被这些主张弄得神魂颠倒,他们终生从事无益的虚文,自己到底说什么也一无所知。有时,虽有人觉得这些学问的荒谬怪诞、零乱呆滞而卓然奋起,欲有所作为,但他所能达到的,只不过是为争取富强功利的霸业罢了。圣人的学问,越来越晦暗;功利的习气,越来越严重。其间,虽也有人推崇佛老,但佛老的观点始终不能消除人们的功利之心。虽也有人曾综合群儒的主张,但群儒的主张最终也不能破解人们的功利之见。功利的毒汗,已深深渗透到人的心底骨髓,积习成性,时至今日已达几千年之久。世人在知识上彼此炫耀、在权势上彼此倾轧、在利益上彼此争夺、在技能上彼此攀比、在声誉上彼此竞取。那些从政为官的人,主管钱粮还想兼事军事刑法;主管礼乐还想兼事官员选拔。身为郡县长官,还想提升到藩司和臬司;身为御史,又窥视着宰相这一要职。不能做那样的事,就不能担任兼管那件事的官;不通晓那一方面的知识,就不能谋求那方面的名誉。记诵的广博,恰好滋长了他的傲慢;知识的增多,恰好让他去为非作歹;见闻的广泛,恰好使他恣意狡辩;词章的华丽,恰好掩饰了他的虚伪做作。因此,皋、夔、稷、契不能兼做的事情,现在,刚入学的小孩子都想通晓他们的主张,穷尽他们的方法。他们树的名义招牌,都是为了什么共同促进天下的事业,但真正的意图是以此为幌子来满足他们的私欲,实现他们的私心。唉!凭如此的积习,凭如此的心志,而又讲如此的学术,当他们闻听圣人的教导,就把它当成累赘包袱,从而格格不入,如此看来,此举也就不足为怪了。因此,他们认为良知并不完美,认为圣人的学问是无用之术,这也是势所必然的了。唉!士者此生,又岂能求得圣人的学问?又岂能讲明圣人的学问?士者此生,以学为志,不也是太劳累、太拘泥、太艰难了吗?唉,真可悲啊!有幸的是,人心中的天理始终不会泯灭覆没,良知的光明,万古如一日。那么,倾听了我所讲的拔本塞源的主张,一定会恻然而悲,戚然而痛,拍案而起,如决口的河水,一泻千里而势不可挡!若非豪侠之士,自觉勇敢地奋起,我又对谁寄予厚望呢?

评析

阳明先生这一大段议论和论述,说的就是对时事学风正本清源的问题。当时社会上士大夫阶层到学者都拔除了先圣学说中的根本教义——天理,阻塞了传统文化的弘扬。各种反常现象的出现,不但扰乱了人心,而且污染了社会。鉴于此,阳明先生大声疾呼,把正本清源的希望寄托于学生身上。

五、政事(君子处事之方)

(一)《四书》

1. 大学

第九章

一家仁,一国兴仁;一家让,一国兴让;一人贪戾,一国作乱;其机如此。此谓一言偾事,一人定国。①

注释

①偾,音奋。一人,谓君也。机,发动所由也。偾,覆败也。此言教成于国之效。

译文

君主的家族仁爱,整个国家就盛行仁爱;君主的家族礼让,整个国家就盛行礼让;君主贪暴,整个国家就发生动乱;事情的关键就是这样。这是说,君主一句话就能败坏事情,一个人就能安定国家。

评析

统治者一家仁,一国跟着兴仁;一家礼让,一国跟着礼让;一人贪暴,那么一国跟着作乱。一句话就能使国家安定。人在政治生活中无疑占有极其重要的地位,一个人的言行举止都会对身边的人产生影响,而领袖的作用更是难以估量,因为领袖起着表率的作用,中国的帝王是万民楷模,圣人是万世师表,决定着一个国家的文化和风气。所以,现在位居上位者更应该谨言慎行、修身养性。

第十章

所谓平天下在治其国者:上老老而民兴孝,上长长而民兴弟,上恤孤而民不倍,是以君子有絜矩之道也。①

注释

①长,上声。弟,去声。倍,与背同。絜,胡结反。老老,所谓老吾老也。兴,谓有所感发而兴起也。孤者,幼而无父之称。絜,度也。矩,所以为方也。言此三者,上行下效,捷于影响,所谓家齐而国治也。亦可以见人心之所同,而不可使有一夫之不获矣。是以君子必当因其所同,推以度物,使彼我之间各得分愿,则上下四旁均齐方正,而天下平矣。

译文

安定天下的途径是治理自己的国家,是指在位者敬礼老人,民众就会盛行孝;在位者尊重长者,民众就会盛行悌;在位者怜恤孤幼,民众就不会遗弃孤幼。因此,君子要有絜矩之道。

评析

所谓"絜矩之道",是与儒学强调的"恕道"一脉相承的,如果说"恕道"重点强调的是"己所不欲,勿施于人"的将心比心方面,那么,"絜矩之道"则重在强调以身作则的示范作用上面。世道人心,上行下效,榜样的力量是无穷的,所以上位者必须要有絜矩之道。

第十章

诗云:"节彼南山,维石岩岩,赫赫师尹,民具尔瞻。"有国者不可以不慎,辟则为天下僇矣。①

注释

①节,读为截。辟,读为僻。僇,与戮同。《诗》,《小雅·节南山》之篇。

节,截然高大貌。师尹,周太师尹氏也。具,俱也。辟,偏也。言在上者人所瞻仰,不可不谨。若不能絜矩而好恶殉于一己之偏,则身弑国亡,为天下之大戮矣。

译文

《诗·小雅·节南山》说:"巍峨的南山啊,岩石矗立;显赫的太师啊,民众瞩目。"执掌政权者不可以不谨慎,有所偏颇就会被天下所离弃。

评析

既然已处于被大家瞻仰的地位,就必须常常谨慎,凡事要合乎人心,如果不能絜矩,一味地站在自己的立场上考虑问题,就会遭到刑戮。比如说,民众对饱暖安逸的喜好不去从之,民众对生命财产安全的忧虑不肯体恤,就会导致天下的人都心生怨恨,必然众叛亲离,最终结果就是身死国灭,所以说辟则为天下刑戮。这是不能做到絜矩的害处。

第十章

《诗》云:"殷之未丧师,克配上帝;仪监于殷,峻命不易。"道得众则得国,失众则失国。①

注释

①丧,去声。仪,诗作宜。峻,诗作骏。易,去声。《诗》,《文王》篇。师,众也。配,对也。配上帝,言其为天下君,而对乎上帝也。监,视也。峻,大也。不易,言难保也。道,言也。引诗而言此,以结上文两节之意。有天下者,能存此心而不失,则所以絜矩而与民同欲者,自不能已矣。

译文

《诗·大雅·文王》说:"尚未丧失民心的殷商,还能得到上天的保佑。应该以它的灭亡为鉴戒,天命不容易长久保有。"这是说,得到民众就能得到国家,失去民众就会失去国家。

评析

儒家治国思想是为政以德，以礼治国，以民为本。这句话所阐述的道理与孟子的"得道者多助，失道者寡助"同出一辙。在上位者，要重视民众的力量，把人民作为立国之本，因为民心的向背，决定着国家的存亡。有仁德的君主，应顺应民心，以推己及人、"己所不欲，勿施于人"的原则，宽以待民，善待民众，关心民众疾苦，让民众安居乐业。获得人民的支持和拥护，自然保有天下。

第十章

《康诰》曰："惟命不于常！"道善则得之，不善则失之矣。① 楚书曰："楚国无以为宝，惟善以为宝。"② 舅犯曰："亡人无以为宝，仁亲以为宝。"③

注释

①道，言也。因上文引文王诗之意而申言之，其叮咛反复之意益深切矣。

②楚书，楚语。言不宝金玉而宝善人也。

③舅犯，晋文公舅狐偃，字子犯。亡人，文公时为公子，出亡在外也。仁，爱也。事见檀弓。此两节又明不外本而内末之意。

译文

《康诰》说："天命是不常在的。"是说有好的德行就能得到它，没有好的德行就会失去它。《楚语》说："楚国没有什么作为珍宝，只好把好的德行作为珍宝。"跟随晋文公出亡的舅犯说："流亡者没有什么作为珍宝，把亲属仁爱作为珍宝。"

评析

君子所立身的根基便是好的德行，相较于物质财富，精神财富更为重要。这是君子行事的基本价值取向，也是君子处世的基本行为准则。

2. 中庸

第二十章

凡为天下国家有九经,曰:修身也,尊贤也,亲亲也,敬大臣也,体群臣也,子庶民也,来百工也,柔远人也,怀诸侯也。①修身则道立,尊贤则不惑,亲亲则诸父昆弟不怨,敬大臣则不眩,体群臣则士之报礼重,子庶民则百姓劝,来百工则财用足,柔远人则四方归之,怀诸侯则天下畏之。②齐明盛服,非礼不动,所以修身也;去谗远色,贱货而贵德,所以劝贤也;尊其位,重其禄,同其好恶,所以劝亲亲也;官盛任使,所以劝大臣也;忠信重禄,所以劝士也;时使薄敛,所以劝百姓也。日省月试,既禀称事,所以劝百工也;送往迎来,嘉善而矜不能,所以柔远人也;继绝世,举废国,治乱持危,朝聘以时,厚往而薄来,所以怀诸侯也。③凡为天下国家有九经,所以行之者一也。④

注释

①经,常也。体,谓设以身处其地而察其心也。子,如父母之爱其子也。柔远人,所谓无忘宾旅者也。此列九经之目也。吕氏曰:"天下国家之本在身,故修身为九经之本。然必亲师友,然后修身之道进,故尊贤次之。道之所进,莫先其家,故亲亲次之。由家以及朝廷,故敬大臣、体群臣次之。由朝廷以及其国,故子庶民、来百工次之。由其国以及天下,故柔远人、怀诸侯次之。此九经之序也。"视群臣犹吾四体,视百姓犹吾子,此视臣、视民之别也。

②此言九经之效也。道立,谓道成于己而可为民表,所谓"皇建其有极"是也。不惑,谓不疑于理。不眩,谓不迷于事。敬大臣,则信任专,而小臣不得以间之,故临事而不眩也。来百工,则通功易事,农末相资,故财用足。柔远人,则天下之旅皆悦而愿出于其涂,故四方归。怀诸侯,则德之所施者博,而威之所制者广矣,故曰"天下畏之"。

③齐,侧皆反。去,上声。远、好、恶、敛,并去声。既,许气反。禀,彼锦、力锦二反。称,去声。朝,音潮。朱子章句:此言九经之事也。官盛任使,谓官属众盛,足任使令也,盖大臣不当亲细事,故所以优之者如此。忠信重禄,谓待之诚而养之厚,盖以身体之,而知其所赖乎上者如此也。既,读曰

饩。饩禀,稍食也。称事,如周礼稿人职曰"考其弓弩,以上下其食"是也。往则为之授节以送之,来则丰其委积以迎之。朝,谓诸侯见于天子。聘,谓诸侯使大夫来献。《王制》:"比年一小聘,三年一大聘,五年一朝。"厚往薄来,谓燕赐厚而纳贡薄。

④一者,诚也。一有不诚,则是九者皆为虚文矣。此九经之实也。

译文

整治天下和国家大体有九条原则,这就是修饬自身、尊崇贤人、亲近亲族、敬重大臣、体恤群臣、爱护民众、招徕匠师、优待来客、安抚诸侯。修饬自身就树立了准则,尊崇贤人就不会迷惑,亲近亲族就使伯叔兄弟没有怨恨,敬重大臣就能临事不乱,体恤群臣就能使他们倾心报效,爱护民众能使百姓尽力,招徕百工能使财货充足,善待来客能使四方归顺,安抚诸侯能使天下敬畏。穿戴整齐鲜明的盛装,不符合礼仪的事情不做,是为了修饬自身;驱除谗臣、远离女色,轻视钱财而注重德行,是为了尊崇贤人;尊之以高爵,加之以厚禄,与之爱憎相一致,是为了勉励亲族亲近;有众多的官属听任使用,是为了勉励大臣;提高忠信者的俸禄,是为了勉励士;使役有时,减轻赋税,是为了勉励百姓;定时检核,多劳多得,是为了勉励匠师;送往迎来,嘉奖友好而照顾无能者,是为了勉励来客;延续断绝的世系,恢复灭亡的国家,平定祸乱,扶持危难,按时接受朝聘,赐送的礼物丰盛而收纳的贡品菲薄,是为了勉励诸侯。整治天下和国家共有九条原则,而用来实行它们的方法是一样的。

评析

这一段在哀公问政章,阐述了君主处事治国,以智、仁、勇的功德,由个人的修身开始,发展到可以知人而治人,然后扩充到治国平天下之道,特别提出有九项大经大法的大原则。

第十章

子路问强。①子曰:"南方之强与? 北方之强与? 抑而强与?②宽柔以教,不报无道,南方之强也,君子居之。③衽金革,死而不厌,北方之强也,而强者居之。④故君子和而不流,强哉矫！中立而不倚,强哉矫！国有道,不变塞焉,强哉矫！国无道,至死不变,强哉矫！"⑤

注释

①子路,孔子弟子仲由也。子路好勇,故问强。

②与,平声。朱子章句:抑,语辞。而,汝也。

③宽柔以教,谓含容巽顺以诲人之不及也。不报无道,谓横逆之来,直受之而不报也。南方风气柔弱,故以含忍之力胜人为强,君子之道也。

④衽,席也。金,戈兵之属。革,甲胄之属。北方风气刚劲,故以果敢之力胜人为强,强者之事也。

⑤此四者,汝之所当强也。矫,强貌。《诗》曰"矫矫虎臣"是也。倚,偏著也。塞,未达也。国有道,不变未达之所守;国无道,不变平生之所守也。此则所谓中庸之不可能者,非有以自胜其人欲之私,不能择而守也。君子之强,孰大于是？夫子以是告子路者,所以抑其血气之刚,而进之以德义之勇也。

译文

子路询问强。孔子说:"是南方的强呢？还是北方的强呢？抑或是你的强？用宽宏柔和来教诲,不报复蛮横无理,这是南方的强,君子具备这种秉性。用甲胄刀剑来包裹,战死了不感到遗憾,这是北方的强,强悍者具备这种秉性。所以,君子和顺而不迁就,这才是真正的强。中立而不偏倚,这才是真正的强。国家有道,不放弃穷困时的操守,这才是真正的强。国家无道,至死不改变志向,这才是真正的强。"

评析

子路向孔子"问强"的目的,就是想了解"大勇"的精神实质。中庸之德,包含了"大勇";舍此"大勇",不足以践行中庸之道。孔子的回答方式,继承了舜帝"隐恶而扬善,执其两端,用其中于民"的道统基因,以"无知"之智,

"叩其两端而竭焉",本身就是一次对中庸之道不动声色的娴熟运用与精彩展示。南北之强,本来各有优缺点,但孔子只对两者的特点做了简要的客观描述,而只字未提任何一方的负面内容,这是在亲身示范如何"隐恶而扬善"。

第十五章

君子之道,辟如行远必自迩,辟如登高必自卑。①《诗》曰:"妻子好合,如鼓瑟琴。兄弟既翕,和乐且耽。宜尔室家,乐尔妻帑。"②子曰:"父母其顺矣乎!"③

右第十五章。

注释

①辟譬同。

②好,去声。耽,《诗》作湛,亦音耽。乐,音洛。朱子章句:《诗》,《小雅·常棣》之篇。鼓瑟琴,和也。翕,亦合也。耽,亦乐也。帑,子孙也。

③夫子诵此诗而赞之曰:人能和于妻子、宜于兄弟如此,则父母其安乐之矣。子思引《诗》及此语,以明行远自迩、登高自卑之意。

译文

君子的道,好比走远程必定从近处上路,好比登山必定从低处起步。《诗·小雅·常棣》说:"妻子儿女和睦,如若弹琴鼓瑟;再加兄弟相亲,欢乐更加融洽。你的家庭和美,你的妻小愉悦。"孔子说:"父母大概就顺心如意了吧!"

评析

老子说:"千里之行,始于足下。"荀子说:"不积跬步,无以至千里;不积小流,无以成江海。"这都是"行远必自迩,登高必自卑"的意思。万事总宜循序渐进,不可操之过急;否则,"欲速则不达",效果适得其反。一切从自己做起,从自己身边切近的地方做起。要在天下实行中庸之道,首先得和顺自己的家庭。

第十四章

君子素其位而行,不愿乎其外。① 素富贵,行乎富贵;素贫贱,行乎贫贱;素夷狄,行乎夷狄;素患难,行乎患难,君子无入而不自得焉。② 在上位不陵下,在下位不援上,正己而不求于人则无怨。上不怨天,下不尤人。③ 故君子居易以俟命,小人行险以徼幸。④ 子曰:"射有似乎君子,失诸正鹄,反求诸其身。"⑤

右第十四章。子思之言也。凡章首无"子曰"字者放此。

注释

①素,犹见在也。言君子但因见在所居之位而为其所当为,无慕乎其外之心也。

②难,去声。朱子章句:此言素其位而行也。

③援,平声。朱子章句:此言不愿乎其外也。

④易,去声。朱子章句:易,平地也。居易,素位而行也。俟命,不愿乎外也。徼,求也。幸,谓所不当得而得者。

⑤正,音怔。鹄,工毒反。朱子章句:画布曰正,栖皮曰鹄,皆侯之中、射之的也。子思引此孔子之言,以结上文之意。

译文

君子依据所处的地位而行事,不越出它以外去企求。处于富贵,行为就合乎富贵身份;处于贫贱,行为就合乎贫贱身份;处于夷狄身份;处于患难,行为就合乎患难身份。这样,君子无论处于什么境地都能安然自得。地位高的不欺凌地位低的,地位低的不攀附地位高的,端正自身而无求于他人就没有怨恨了。上不埋怨老天,下不责怪他人。所以,君子安然自处来顺从天命,小人铤而走险来寻求侥幸。孔子说:"射艺有点类似于君子的作为,射不中靶子,就转而检讨自身。"

评析

君子能平静地对待自己所处的境遇,具体的境遇并不全能由自己选择,君子所能选择的是面对境遇的心态，而君子之所以能保持这样的心态是因为内心道德修养提供的支撑。君子的自得来自其内心的安宁。

第六章

子曰："舜其大知也与！舜好问而好察迩言，隐恶而扬善，执其两端，用其中于民，其斯以为舜乎！"①

右第六章。

注释

①知，去声。与，平声。好，去声。朱子章句：舜之所以为大知者，以其不自用而取诸人也。迩言者，浅近之言，犹必察焉，其无遗善可知。然于其言之未善者则隐而不宣，其善者则播而不匿，其广大光明又如此，则人孰不乐告以善哉？两端，谓众论不同之极致。盖凡物皆有两端，如小大、厚薄之类。于善之中又执其两端而量度以取中，然后用之，则其择之审而行之至矣。然非在我这权度精切不差，何以与此？此知之所以无过不及，而道之所以行也。

译文

孔子说："舜大概是最明智的人了。他喜好询问而且善于明察浅近的话，隐恶扬善，把握住两个极端，取其折中施行于民众，这是所以成为舜的原因吧！"

评析

舜所以大智，在于不自以为是而且善于向别人学习，粗浅的言论要听，听到不好的话也不去计较，听到好的言论就去宣扬，这样光明正大的行为自然会感动人，谁不愿意把真实情况告诉他呢？但听到真实情况还不够，还必须善于分析选择。隐恶扬善，执两用中，做到不偏不倚、无过无不及，真正恰到好处。选择好了，还要善于应用，这是一种大智慧。困难之一在于，要做到执两用中，不仅要有对于中庸之道的自觉意识，而且得有丰富的经验和过人的识见。困难之二在于，要做到隐恶扬善，更得有博大的胸襟和宽容的气度。如此看来,君子仅有大智慧都还不一定做得到隐恶扬善,还得有大仁义才行。

3. 论语

为政第二

子曰:"人而无信,不知其可也。大车无輗,小车无軏,其何以行之哉?"①

注释

①輗,五兮反。軏,音月。大车,谓平地任载之车。輗,辕端横木,缚轭以驾牛者。小车,谓田车、兵车、乘车。軏,辕端上曲,钩衡以驾马者。车无此二者,则不可以行,人而无信,亦犹是也。

译文

孔子说:"一个人不讲信用,是根本不可以的。就好像大车没有輗、小车没有軏一样,它靠什么行走呢?"

评析

信,是儒家传统伦理准则之一。孔子认为,信是人立身处世的基点。

里仁第四

子曰:"君子之于天下也,无适也,无莫也,义之与比。"①

注释

①适,丁历反。比,必二反。适,专主也。春秋传曰"吾谁适从"是也。莫,不肯也。比,从也。谢氏曰:"适,可也。莫,不可也。无可无不可,苟无道以主之,不几于猖狂自恣乎? 此佛老之学,所以自谓心无所住而能应变,而卒得罪于圣人也。圣人之学不然,于无可无不可之间,有义存焉。然则君子之心,果有所倚乎?"

译文

孔子说:"君子对于天下的人和事,没有固定的厚薄亲疏,只是按照义去做。"

评析

这一章里孔子提出对君子要求的基本点之一:"义之与比。"有高尚人格的君子为人公正、友善,处世严肃灵活,不会厚此薄彼。本章谈论的仍是个人的道德修养问题。

公冶长第五

子曰:"始吾于人也,听其言而信其行;今吾于人也,听其言而观其行。"①

注释

①行,去声。宰予能言而行不逮,故孔子自言于予之事而改此失,亦以重警之也。胡氏曰:"'子曰'疑衍文,不然,则非一日之言也。"范氏曰:"君子之于学,惟日孜孜,毙而后已,惟恐其不及也。宰予昼寝,自弃孰甚焉,故夫子责之。"胡氏曰:"宰予不能以志帅气,居然而倦。是宴安之气胜,儆戒之志惰也。古之圣贤未尝不以懈惰荒宁为惧,勤励不息自强,此孔子所以深责宰予也。听言观行,圣人不待是而后能,亦非缘此而尽疑学者。特因此立教,以警群弟子,使谨于言而敏于行耳。"

译文

孔子说:"起初我对于人,是听了他说的话便相信了他的行为;现在我对于人,听了他讲的话还要观察他的行为。"

评析

判断一个人的正确方法,就是不能只听其所言,更要观其所行。言行不一的人,非君子。

泰伯第八

曾子曰:"士不可以不弘毅,任重而道远。仁以为己任,不亦重乎? 死而后已,不亦远乎?"①

注释

①弘,宽广也。毅,强忍也。非弘不能胜其重,非毅无以致其远。仁以为己任,不亦重乎？死而后已,不亦远乎？仁者,人心之全德,而必欲以身体而力行之,可谓重矣。一息尚存,此志不容少懈,可谓远矣。程子曰:"弘而不毅,则无规矩而难立;毅而不弘,则隘陋而无以居之。"又曰"弘大刚毅,然后能胜重任而远到。"

译文

曾子说:"士不可以不弘大刚强而有毅力,因为他责任重大,道路遥远。把实现仁作为自己的责任,难道还不重大吗？奋斗终生,死而后已,难道路程还不遥远吗？"

评析

本章以前共五章,皆记曾子语。首记曾子临终所示毕生战兢危惧之心。次记病中所举注意日常容貌颜色辞气之微。再记称述吾友之希贤而希圣。以能问于不能,是弘。大节不可夺,是毅。合此五章观之,心弥小而德弥恢,行弥谨而守弥固。以临深履薄为基,以仁为己任为量。曾子之学,大体如是。后两章直似孟子气象,于此可见学脉。

颜渊第十二

子曰:"君子成人之美,不成人之恶。小人反是。"①

注释

①成者,诱掖奖劝以成其事也。君子小人,所存既有厚薄之殊,而其所好又有善恶之异。故其用心不同如此。

译文

孔子说:"君子成全别人的好事,而不助长别人的恶处。小人则与此相反。"

评析

这一章所讲的"成人之美,不成人之恶"贯穿了儒家一贯的思想主张,即"己欲立而立人,己欲达而达人""己所不欲,勿施于人"的精神。

4. 孟子

公孙丑章句上

可以仕则仕,可以止则止,可以久则久,可以速则速。

译文

应该做官就做官,应该辞职就辞职,应该继续干就继续干,应该马上走就马上走。

评析

这话是针对做官说的,表达一种从容的处世态度。

离娄章句上

孟子曰:"道在尔而求诸远,事在易而求之难。人人亲其亲、长其长而天下平。"①

注释

①尔、迩,古字通用。易,去声。长,上声。亲长在人为甚迩,亲之长之在人为甚易,而道初不外是也。舍此而他求,则远且难而反失之。但人人各亲其亲、各长其长,则天下自平矣。

译文

孟子说:"本来很近的路,却偏偏要跑老远去求;本来很容易的事,却偏偏要往难处去做。其实,只要人人都亲近自己的亲人、尊敬自己的长辈,天下就可以太平了。"

评析

"道在迩而求诸远"是舍近求远,"事在易而求诸难"是舍易求难。在孟子看来,无论是舍近求远还是舍易求难都没有必要,都是糊涂。相反,只要人人都从自己身边做起,从平易事努力,比如说亲爱自己的亲人、尊敬自己的长辈,天下也就会太平了。

离娄章句上

孟子曰:"恭者不侮人,俭者不夺人。侮夺人之君,惟恐不顺焉,恶得为恭俭? 恭俭岂可以声音笑貌为哉?"①

注释

①恶,平声。惟恐不顺,言恐人之不顺己。声音笑貌,伪为于外也。

译文

孟子说:"对别人恭敬的人不会侮辱别人,自己节俭的人不会抢夺别人。有些国君专爱侮辱别人、抢夺别人,只怕别人不遵从自己,又如何能做到恭敬和节俭呢? 恭敬和节俭这两种美德怎么凭说句好听话、赔个笑脸就能办得到呢?"

评析

最佳行为方式包括为人谦恭和能够自我约束,谦恭是发自内心的对别人的尊敬,其中又包括人人平等的思想、不耻下问的谦虚和恭敬。这里面最重要的是人人平等,假如首先认为自己高人一等,恃才傲物,也就不会对别人谦恭了。

离娄章句下

孟子曰:"言人之不善,当如后患何?"①

注释

①此亦有为而言。

译文

孟子说:"宣扬人家的不好,出现了后患该怎么办呢?"

评析

如果有人专以背后说人家的坏话为乐趣,那就是非常违反道德的了。孔子曾经说过:"道听而途说,德之弃也。"

离娄章句下

仁者爱人,有礼者敬人。① 爱人者人恒爱之,敬人者人恒敬之。②
①此仁礼之施。
②恒,胡登反。此仁礼之验。

译文

仁人爱护他人,有礼的人尊敬他人。爱护他人的人,人们常常爱护他;尊敬他人的人,人们常常尊敬他。

评析

良好的人际关系始于互相尊重,不尊重他人的人却希望别人能尊重、爱戴他是不现实的,与人交往,常怀爱人、敬人之心,别人自然也会爱你、敬你。

(二)《近思录》

卷十 君子处事之方(政事)凡六十条 第五条

伊川先生曰:君子观天水违行之象,知人情有争讼之道。故凡作事,必谋其始,绝讼端于事之始,则讼无由生矣。谋始之义广矣,若慎交结、明契券之类是也。(《易传》,卷一,页二十四上,《释讼卦第六之象传》)

叶采曰:坎下乾上为讼。天西运水东流,故曰"违行"。(《集解》卷十,页三)

译文

程颐说:"君子看见水与天背道而行的卦象,就知道人情会发生争讼的道理。所以只要做事,一定在开始时仔细思考,在最初就杜绝争讼的隐患,那么争讼也就不能发生了。谋虑于开始的含义是广泛的,如慎于人事交结,资金往来中文书契约要分明之类都是。"

评析

伊川先生以卦象引入人与人之间的矛盾冲突,凡做事,一定要在一开始就慎重地去考量,比如谨慎交友、辨明契约内容等,这对当下依然有现实意义。有句俗语叫"亲兄弟明算账",在经济往来和合同签订等与人的交往中,一定要先说好规矩,大家按规矩办事,会少生很多冲突嫌隙。

卷十　君子处事之方(政事)凡六十条　第六条

师之九二,为师之主。特专则先为下之道,不专则无成功之理。故得中为吉。凡师之道,威和并至,则吉也。(《易传》卷一,页二十七下,《释师卦第七之九二爻辞》)

叶采曰:威而不和,则人心惧而离。和而少威,则人心玩而弛。九二刚中,故有威合相济之象。(《集解》卷十,页三)

译文

《师卦》的九二爻,象征军队的统帅。凭借专权便随意而行,就君主而言就失去了在下者之道,不专权行事就没有成功之理。所以做到中道为吉利。在治军之道,威势与和顺并用,刚柔相济就吉利。

评析

此章提到了军队统帅这一特殊职位,作为统帅,如果凭借专权独断横行,会引起下属不满,而遇到战事需要随机应变下决断的时候,不独断肯定打不了胜仗,所以两者中和一下最好,威与和并用最好。

卷十　君子处事之方(政事)凡六十条　第九条

人心所从,多所亲爱者也。常人之情,爱之则见其是,恶之则见其非。故妻孥之言,虽失而多从;所憎之言,虽善为恶也。苟以亲爱而随之,则是私情所与,岂合正理?故《随》之初九:"出门而交,则有功"①也。(《易传》卷二,页九下,释《随卦》第十七之初九《爻辞》)

程子曰:出门谓非私昵,交不以私,故其随当而有功。(同上)

译文

人心所跟随的,多是自己亲近的人。常人之情,喜欢一个人就只看到他的好处,憎恨一个人就只看到他的错处。所以妻子儿女的话,纵然说错了也大多听从;其憎恶的人的话,即使是善的也认为是恶。如果因为亲爱谁就随从谁,那是按自己的私情去交往,怎能合乎正理呢?因此《随》卦的初九爻说:出门而交,就会有功。

评析

偏听则暗,兼听则明。人们在日常生活中总是喜欢听自己亲近的人对自己的看法,往往忽略掉因为感情的滤镜,人们听到的评价都是很不客观的,所以要走出去,多听真话。

卷十　君子处事之方(政事)凡六十条　第十七条

损之九二曰:"弗损益之。"《传》曰:不自损其刚贞,则能益其上,乃益之也。若失其刚贞而用柔说,适足以损之而已。世之愚者,有虽无邪心,而惟知竭力顺上为忠者,盖不知弗损益之之义也。(《易传》卷三,页三十八下,释《损卦》第四十一之九二《爻辞》)

朱子曰:"弗损益之",言不变其所守,乃所以益上也。(《周易本义·注损卦九二爻辞》)

译文

《损》卦的九二爻辞说:"不损而益。"程颐解释说:不减损自己的刚贞,就能对君上有好处,这就是"益之"。如果失去自己刚贞之性而用柔媚去取悦于上,正好损害君上而已。世上愚笨的人,有的虽然没有邪念,却只知道极力服从君上,认为这便是"忠",这样的人不明白"不损而益"的道理呀。

评析

愚忠最是害人害已,合格的下属一定要看到发展中的问题,无条件的服从大多数时候都不会有好结果。

卷十　君子处事之方(政事)凡六十条　第二十六条

防小人之道,正己为先。(《易传》卷四,页五十三下,释《小过卦》之九三《爻辞》)

叶采曰:待小人之道,先当正己。己一于正,则彼虽奸诈,将无间之可乘矣。(《集解》卷十,页十)

译文

防范小人的方法,首先要正己。

评析

俗话说:"身正不怕影子斜。"防范小人,就是不给他们任何可乘之机。所以必须先正己,端正自己的思想言行。

(三)《传习录》

卷上　陆澄录　第二十三条

问:"静时亦觉意思好,才遇事便不同,如何?"先曰:"是徒如静养,而不用克己工夫也。如此,临事便要倾倒。人须在事上磨,方立得住,方能'静亦定,动亦定'。"①

注释

①亦定《明道文集》卷三页一下《答横渠先生定性书》曰:"所谓定者,动

亦定,静亦定。无将迎,无内外。"又见《近思录》卷二,第四条。

译文

陆澄问:"安静时我觉得自己的想法很好,一旦碰到事情,就不是那么回事了,这是什么缘故?"先生说:"这是因为你只知在静中涵养,却没有下克己功夫。如此碰到事情,脚跟势必站不稳。人应该在事情上磨炼自己,才能立足沉稳,才能达到'静亦定,动亦定'的境界。"

评析

孔子对自己求学的一生曾经有个形象的说法,他说我"用起功来就忘掉吃饭了,高兴起来就忘掉忧愁了,不知不觉老年就要来临,就是如此罢了"。由此可以体会"静亦定,动亦定"的境界。

卷上　陆澄录　第二十九条

问:"'孔门言志,由、求任政事,公西赤任礼乐,多少实用。及曾皙说来,却似①耍的事②,圣人却许他,是意如何?'曰:'三子是有意必③,有意必便偏着一边,能此未必能彼。曾点之意思却无意必,便是"素其位而行,不愿乎其外。素夷狄,行乎夷狄。素患难,行乎患难。无入而不自得矣。"④三子所谓"汝器也"⑤,曾点便有"不器"⑥意。然三子之才各卓然成章,非若世之空言无实者,故夫子亦皆许之。'"

注释

①似,宋本作"是"。
②耍,戏也。
③意必,《论语·子罕篇》第九第四章:"子绝四:毋意、毋必、毋固、毋我。"
④素其位,《中庸》语。
⑤器,《论语·公冶长篇》第五第三章。
⑥不器,《论语·为政篇》第二第十二章:"君子不器。"

译文

陆澄问:"孔门弟子共聚一堂,畅谈志向。子路、冉求想主持政事,公西赤想主管礼乐,多多少少还有点实际用处。而曾皙所说的,似乎是玩耍之类的事,却得到孔圣人的称许,这是怎么回事?"先生说:"子路、冉求、公西赤有凭空臆想和绝对肯定的意思,有了这两种倾向,就会向一边偏斜,顾此一定失彼。曾皙的志向比较实际,正合《中庸》中所谓的'素其位而行,不愿乎其外。素夷狄,行乎夷狄。素患难,行乎患难。无入而不自得矣。'前三个人是'汝器也'的有用之才,而曾皙是'君子不器'的仁德通达之人。但是,前三个人各有独特才干,不似世上空谈不实的人,所以孔子也赞扬了他们。"

评析

明代的著名学者吕坤在《呻吟语》中说:"从天子到平民百姓,从尧舜到行路人,都一定有迫切追求的理想,而后德业精进,事业有成。所以说:鸡鸣即起,帝舜、盗跖那样的人都有执着追求的目标。……《易》中说:'君子进修德业,要及时行动。'"吕坤的话和阳明先生这段话的意思是相通的。人们所追求的理想和人生目标各不相同,但追求理想的执着是相似的。

卷上 陆澄录 第三十七条

澄尝问象山在人情事变上做工夫之说。先生曰:"除了人情事变,则无事矣。喜怒哀乐,非人情乎?自视、听、言、动以至富贵、贫贱、患难、死生,皆事变也。事变亦只在人情里,其要只在'致中和','致中和'只在'谨独'。"

译文

陆澄曾经就陆九渊关于在人情事变上下功夫的观点请教于先生。先生说:"除了人情事变,再没有其他的事情。喜怒哀乐,难道不是人情吗?从视、听、言、动到富贵、贫贱、患难、生死,都是事变。事变含在人情中,关键在于'致中和','致中和'的关键在于'谨独'。"

评析

中庸之道主张"致中和""中立不倚",就是调节自己的思想和行为,使之符合礼仪的准则。所以说,圣人所遵循的叫作"道",所行的叫作"事"。"道"像金钟石磬,其声调是不改变的;"事"像琴瑟,每根弦都可以改变声调。要想乐曲和谐,就要先调好琴弦,这种"调节"的功夫就是"圣算"。

卷上　陆澄录　第四十四条

澄在鸿胪寺仓居,忽家信至,言儿病危,澄心甚忧闷,不能堪。先生曰:"此时正宜用功,若此时放过,闲时讲学何用?人正要在此等时磨练。父之爱子,自是至情,然天理亦自有个中和处,过即是私意。人于此处多认做天理当忧,则一向忧苦,不知已是'有所忧患不得其正'。大抵七情所感,多只是过,少不及者。才过,便非心之本体,必须调停适中始得。就如父母之丧,人子岂不欲一哭便死,方快于心?然却曰'毁不灭性'。非圣人强制之也,天理本体自有分限,不可过也。人但要识得心体,自然增减分毫不得。"

译文

陆澄在鸿胪寺小住,忽收家信一封,说儿子病危,他心里万分忧愁,不能忍受。

先生说:"现在正是用功时刻,如果错过这个机会,平时讲学又有什么用处?人就是要在这时候磨炼意志。父亲爱儿子,感情至深,但天理也有个中和处,过分了就是私心。此时,人们往往认为按天理应该烦恼,就去一味忧苦而不能自拔,正是'有所忧患不得其正'。一般说来,七情的表露,过分的多,不够的少。稍有过分,就不是心的本体,必然调停适中才算可以。譬如,父母双亲去世,做儿女的哪有不想一下子哭死心里才痛快呢?然而,《孝经》中说:'毁不灭性。'并非圣人要求世人抑制情感,天理本身自有界限,不可超越。人只要认识了心体,自然分毫都不能增减。"

评析

人类具有贪心和欲望,欲望之中有七情,即使是神农、黄帝也和桀、纣一样有七情六欲。不过七情有适当的限度。圣人能从珍重生命出发去保持适度以节制欲望,所以不过分放纵自己的感情。人类真实的情感自然流露是难以抑止的,但无论遇到什么样的情境,生活还是要继续,我们要做自己情绪的主人,才能处理好人生中的种种情况,过好这一生。

卷上　陆澄录　第六十四条

先生曰:"诸公近见时少疑问,何也?人不用功,莫不自以为已知为学,只循而行之是矣。殊不知私欲日生,如地上尘,一日不扫便又有一层。着实用功,便见道无终穷,愈探愈深,必使精白①无一毫不彻②方可。"

注释

①精白,如米之磨至最纯洁处。
②彻,通也,明白也。

译文

先生说:"各位最近见面时,为什么没有多少问题了?人不用功,都满以为已知怎样为学,只需根据已知的行动就可以了。但不知私欲一天天膨胀,像地上的灰尘,一天不打扫就会又多一层。踏实用功,就能了解道的永无止境,越究越深,一定要达到纯净洁白,无一丝一毫不透彻的境界才行。"

评析

我们必须时刻警惕,不能自满。只要懈怠下来,不再去追求、去探索,那么无论是为学而是道德修养都会半途而废。

六、天 下

(一)《四书》

1. 大学

第一章

古之欲明明德于天下者,先治其国;欲治其国者,先齐其家;欲齐其家者,先修其身;欲修其身者,先正其心;欲正其心者,先诚其意;欲诚其意者,先致其知;致知在格物。①

注释

①治,平声,后放此。明明德于天下者,使天下之人皆有以明其明德也。心者,身之所主也。诚,实也。意者,心之所发也。实其心之所发,欲其一于善而无自欺也。致,推极也。知,犹识也。推极吾之知识,欲其所知无不尽也。格,至也。物,犹事也。穷至事物之理,欲其极处无不到也。此八者,大学之条目也。

译文

古代那些要想在天下弘扬光明正大品德的人,先要治理好自己的国家;要想治理好自己的国家,先要管理好自己的家庭和家族;要想管理好自己的家庭和家族,先要修养自身的品性;要想修养自身的品性,先要端正自己的心思;要想端正自己的心思,先要使自己的意念真诚;要想使自己的意念真诚,先要使自己获得知识;获得知识的途径在于认识、研究万事万物。

赏析

此章所言即是八条目,是指格物、致知、诚意、正心、修身、齐家、治国、平天下。它既是为达到"三纲"而设计的条目工夫,也是儒学为我们所展示的人生进修阶梯。

第九章

尧舜帅天下以仁,而民从之;桀纣帅天下以暴,而民从之;其所令反其所好,而民不从。是故君子有诸己而后求诸人,无诸己而后非诸人。所藏乎身不恕,而能喻诸人者,未之有也。①

注释

①好,去声。此又承上文一人定国而言。有善于己,然后可以责人之善;无恶于己,然后可以正人之恶。皆推己以及人,所谓恕也,不如是,则所令反其所好,而民不从矣。喻,晓也。

译文

尧、舜用仁爱来统御天下,民众随之仁爱;桀、纣用贪暴来统御天下,民众随之贪暴。如果他们的命令违背了自己所倡导的东西,民众就不听从了。因此,君子自己具备的,才能去要求他人;自己不沾染的,才能禁止他人。自己的内心不以仁爱待人,却能教育好他人,是从来没有的。

评析

此章可以作为公司管理的原则之一,上位者是底层员工的表率,上行下效,如果上层管理者自己都不遵守公司的规章制度,那员工如何肯去遵守?身在上位,要教导员工努力进取,但前提是自己要做好,员工才能心服口服,才能晓喻众人。

2. 中庸

第二十二章

唯天下至诚,为能尽其性;能尽其性,则能尽人性;能尽人之性,则能尽物之性;能尽物之性,则可以赞天地之化育;可以赞天地之化育,则可以与天地参矣。①

右第二十二章。言天道也。

注释

①天下至诚,谓圣人之德之实,天下莫能加也。尽其性者,德无不实,故无人欲之私,而天命之在我者,察之由之,巨细精粗,无毫发之不尽也。人物之性,亦我之性,但以所赋形气不同而有异耳。能尽之者,谓知之无不明而处之无不当也。赞,犹助也。与天地参,谓与天地并立为三也。此自诚而明者之事也。

译文

唯有天下至诚的人,才能完全发挥自己的性;能完全发挥自己的性,才能完全发挥他人的性;能完全发挥他人的性,才能完全发挥万物的性;能完全发挥万物的性,就可以助长天地的演化繁育;助长天地的演化繁育,就可以和天地并立为三了。

评析

知道了性,还要尽性。诚能把自己善性发挥到极处,以这样态度关怀人,也会使别人善性发挥到极处。万物也会得到关照,也会得其所,遂其生。这样,人类就可以帮助天地化育,使自己立于与天地并列为三的不朽地位。诚的功用如此之大,其实也就是天道之用。

第二十四章

至诚之道,可以前知。国家将兴,必有祯祥;国家将亡,必有妖孽;见乎蓍龟,动乎四体。祸福将至:善,必先知之;不善,必先知之。故至诚如神。①

右第二十四章。言天道也。

注释

①见,音现。朱子章句:祯祥者,福之兆。妖孽者,祸之萌。蓍,所以筮。龟,所以卜。四体,谓动作威仪之间,如执玉高卑,其容俯仰之类。凡此皆理之先见者也。然唯诚之至极,而无一毫私伪留于心目之间者,乃能有以察其几焉。神,谓鬼神。

译文

至诚之道能够预知未来。国家将要兴盛,必有吉祥的预兆;国家将要败亡,必定有妖异的前征。这反映在占卜的蓍草、龟甲上,体现在人们的形貌、仪态上。祸福将要来临时,好的必定能预先得知,不好的也必定能预先得知。所以,至诚就如同神明一样。

评析

所谓心诚则灵,灵到能预知未来吉凶祸福的程度,这似乎有些神秘和夸大。其实,撩开神秘的迷雾,这里的意思不外乎是说,由于心灵达到了至诚的境界,不被私心杂念所迷惑,就能洞悉万物的根本规律,因此而能够预知未来的吉凶祸福、兴亡盛衰。一言蔽之,就是强调诚之天道的功用。

第二十六章

天地之道,可一言而尽也:其为物不贰,则其生物不测。①天地之道:博也,厚也,高也,明也,悠也,久也。②今夫地,一撮土之多,及其广厚,载华岳而不重,振河海而不泄,万物载焉。今夫山,一卷石之多,及其广大,草木生之,禽兽居之,宝藏兴焉。今夫水,一勺之多,及其不测,鼋鼍、蛟龙、鱼鳖生焉,货财殖焉。③《诗》云:"维天之命,於穆不已!"盖曰天之所以为天也。"於乎不显,文王之德之纯!"盖曰文王之所以为文也,纯亦不已。④

注释

①此以下,复以天地明至诚无息之功用。天地之道,可一言而尽,不过

曰"诚"而已。不贰,所以诚也。诚故不息,而生物之多,有莫知其所以然者。

②言天地之道,诚一不贰,故能各极其盛,而有下文生物之功。

③夫,音扶。华、藏,并去声。卷,平声。勺,市若反。朱子章句:昭昭,犹耿耿,小明也。此指其一处而言之。及其无穷,犹十二章"及其至也"之意,盖举全体而言也。振,收也。卷,区也。此四条,皆以发明由其不贰不息,以致盛大而能生物之意,然天、地、山、川,实非由积累而后大,读者不以辞害意可也。

④於,音乌。乎,音呼。朱子章句:《诗》,《周颂·维天之命》篇。於,叹辞。穆,深远也。不显,犹言岂不显也。纯,纯一不杂也。引此以明至诚无息之意。程子曰:"天道不已,文王纯于天道,亦不已。纯则无二无杂,不已则无间断先后。"

译文

天地之道,可以用一句话来概括:它本身专一不二,所以生育万物多得不可估量。天地之道,就是广博、深厚、高达、光明、悠远、长久。现在这个天,是由一小点光明积聚起来的,达到了无穷无尽的程度时,日月星辰靠它维系,世间万物由它涵盖。现在这个地,是由一小撮土积聚起来的,达到了广博深厚的程度时,承载高山峻岭而不嫌重,收容江河湖海而不觉满,世间万物由它负载。现在这个山,是由一小块石头积聚起来的,达到了广阔高大的程度时,花草树木依傍它生长,飞禽走兽凭借它居留,各种宝藏由它孕育。现在这个水,是由一小勺水液积聚起来的,达到了深远莫测的程度时,蛟龙鱼鳖由它生养,各种财富由它繁殖。《诗·周颂·维天之命》说"想那天道在运行,庄严肃穆永不停",说的是天之所以成为天;"多么显赫光明,文王品德真纯正",说的是文王之所以称为"文"。纯粹也是没有止息的。

评析

天地之道与圣人是一样的,都是真实无妄的。天地也展现了博厚、高明、悠久,所以圣人是与天地同德的。最后引诗颂扬文王的道德是直纯的,发用是不停止的,与天道是相通的。实际上把人的作用提升了,由被动地适应自然转为主动地配合自然。生命不息,真诚不已,这是儒学修身的要求,也是天地的法则。

第三十章

仲尼祖述尧、舜,宪章文、武,上律天时,下袭水土。① 辟如天地之无不持载,徒步覆帱,辟如四时之错行,如日月之代明。② 万物并育而不相害,道并行而不相悖,小德川流,大德敦化,此天地之所以为大也。③

右第三十章。言天道也。

注释

① 祖述者,远宗其道。宪章者,近守其法。律天时者,法其自然之运。袭水土者,因其一定之理。皆兼内外该本末而言也。

② 辟,音譬。帱,徒报反。朱子章句:错,犹迭也。此言圣人之德。

③ 悖,犹背也。天覆地载,万物并育于其间而不相害;四时日月,错行代明而不相悖。所以不害不悖者,小德之川流;所以并育并行者,大德之敦化。小德者,全体之分;大德者,万殊之本。川流者,如川之流,脉络分明而往不息也。敦化者,敦厚其化,根本盛大而出无穷也。此言天地之道,此见上文取辟之意也。

译文

孔子继承尧、舜,效法文王、武王,上遵循天时,下符合地理。犹如天地那样没有什么不承载、没有什么不涵盖,犹如四季交替运行、日月更迭辉耀。万物共同繁育而不相侵害,各行其道而不相冲突。小德川流不息、大德敦厚化育,这就是天地所以伟大的地方。

评析

这里以天地之道比喻孔子,把孔子描绘成中庸之道的典范,从《中庸》本身的结构来看,这也是从理论到实际的过渡了。

第三十二章

唯天下至诚,为能经纶天下之大经,立天下之大本,知天地之化育。夫焉有所倚?① 肫肫其仁！渊渊其渊！浩浩其天！② 苟不固聪明圣知达天德者，其孰能知之?③

右第三十二章。承上章而言大德之敦化，亦天道也。前章言至圣之德，此章言至诚之道。然至诚之道，非至圣不能知；至圣之德，非至诚不能为，则亦非二物矣。此篇言圣人天道之极致，至此而无以加矣。

注释

①夫，音扶。焉，於虔反。朱子章句：经、纶，皆治丝之事。经者，理其绪而分之；纶者，比其类而合之也。经，常也。大经者，五品之人伦。大本者，所性之全体也。惟圣人之德极诚无妄，故于人伦各尽其当然之实，而皆可以为天下后世法，所谓经纶之也。其于所性之全体，无一毫人欲之伪以杂之，而天下之道千变万化皆由此出，所谓立之也。其于天地之化育，则亦其极诚无妄者有默契焉，非但闻见之知而已。此皆至诚无妄，自然之功用，夫岂有所倚著于物而后能哉？

②肫，之纯反。朱子章句：肫肫，恳至貌，以经纶而言也。渊渊，静深貌，以立本而言也。浩浩，广大貌，以知化而言也。其渊、其天，则非特如之而已。

③圣知之知，去声。朱子章句：固，犹实也。郑氏曰："唯圣人能知圣人也。"

译文

唯有天下的至诚，才能够理顺天下的纲纪，确立天下的根本，通晓天地的化育。他哪里有什么依靠呢？仁是那样的纯粹，渊是那样的深沉，天是那样的宏大。如果不是本来就聪明睿智而通达天德的人，谁能理解他呢？

评析

至圣必须是至诚的。"大经"即五伦，"大本"指性之全体，这二者都需要高度的诚，只有圣人才能做到。"大经"理顺了，"大本"立起来了，"大本"的核心——仁也十分笃实，像水一样深静，像天一样广博，这样崇高的道德自然会独自挺立,无须依托任何东西。这是只有已达到和天同德的圣人才能了解的道理。全篇极力形容"至圣"和"道"的同一,至圣即能体现天地之道的人。

3. 论语

里仁第四

子曰:"君子之于天下也,无适也,无莫也,义之与比。"[1]

注释

[1]适,丁历反。比,必二反。适,专主也。春秋传曰"吾谁适从"是也。莫,不肯也。比,从也。谢氏曰:"适,可也。莫,不可也。无可无不可,苟无道以主之,不几于猖狂自恣乎?此佛老之学,所以自谓心无所住而能应变,而卒得罪于圣人也。圣人之学不然,于无可无不可之间,有义存焉。然则君子之心,果有所倚乎?"

译文

孔子说:"君子对于天下的人和事,没有固定的厚薄亲疏,只是按照义去做。"

评析

世界万事万物,没有什么是必须这样或者必须不这样的,只要符合道义就可以了。也就是说,不固执己见,按照道义为人处世,自然良好的人际关系和美好的事情,就会越来越多。

颜渊第十二

颜渊问仁。子曰:"克己复礼为仁。一日克己复礼,天下归仁焉。为仁由己,而由人乎哉?"[1]

注释

①仁者,本心之全德。克,胜也。己,谓身之私欲也。复,反也。礼者,天理之节文也。为仁者,所以全其心之德也。盖心之全德,莫非天理,而亦不能不坏于人欲。故为仁者必有以胜私欲而复于礼,则事皆天理,而本心之德复全于我矣。归,犹与也。又言一日克己复礼,则天下之人皆与其仁,极言其效之甚速而至大也。又言为仁由己而非他人所能预,又见其机之在我而无难也。日日克之,不以为难,则私欲净尽,天理流行,而仁不可胜用矣。程子曰:"非礼处便是私意。既是私意,如何得仁?须是克尽己私,皆归于礼,方始是仁。"又曰:"克己复礼,则事事皆仁,故曰天下归仁。"谢氏曰:"克己须从性偏难克处克将去。"

译文

颜渊问怎样做才是仁。孔子说:"克制自己,一切都照着礼的要求去做,这就是仁。一旦这样做了,天下的一切就都归于仁了。实行仁德,完全在于自己,难道还在于别人吗?"

评析

"克己复礼为仁",这是孔子关于什么是仁的主要解释。在这里,孔子以礼来规定仁,依礼而行就是仁的根本要求。所以,礼以仁为基础,以仁来维护。仁是内在的,礼是外在的,二者紧密结合。这里实际上包括两个方面的内容:一是克己,二是复礼。克己复礼就是通过人们的道德修养自觉地遵守礼的规定。这是孔子思想的核心内容,贯穿于《论语》一书的始终。

季氏第十六

孔子曰:"天下有道,则礼乐征伐自天子出;天下无道,则礼乐征伐自诸侯出。自诸侯出,盖十世希不失矣;自大夫出,五世希不失矣;陪臣执国命,三世希不失矣。①天下有道,则政不在大夫。②天下有道,则庶人不议。"③

注释

①先王之制，诸侯不得变礼乐，专征伐。陪臣，家臣也。逆理愈甚，则其失之愈速。大约世数，不过如此。

②言不得专政。

③上无失政，则下无私议。非箝其口使不敢言也。此章通论天下之势。

译文

孔子说："天下有道的时候，制作礼乐和出兵打仗都由天子做主决定；天下无道的时候，制作礼乐和出兵打仗，由诸侯做主决定。由诸侯做主决定，大概经过十代很少有不垮台的；由大夫决定，经过五代很少有不垮台的。天下有道，国家政权就不会落在大夫手中。天下有道，老百姓也就不会议论国家政治了。"

评析

"天下无道"指什么？孔子这里讲，一是周天子的大权落入诸侯手中，二是诸侯国家的大权落入大夫和家臣手中，三是老百姓议论政事。对于这种情况，孔子极感不满，认为这种政权很快就会垮台。他希望回到"天下有道"的时代，政权就会稳定，百姓也相安无事。

阳货第十七

子张问仁于孔子。孔子曰："能行五者于天下，为仁矣。"请问之。曰："恭、宽、信、敏、惠。恭则不侮，宽则得众，信则人任焉，敏则有功，惠则足以使人。"①

注释

①行是五者，则心存而理得矣。于天下，言无适而不然，犹所谓虽之夷狄不可弃者。五者之目，盖因子张所不足而言耳。任，倚仗也，又言其效如此。张敬夫曰："能行此五者于天下，则其心公平而周遍可知矣，然恭其本与？"李氏曰："此章与六言、六蔽、五美、四恶之类，皆与前后文体大不相似。"

译文

子张向孔子问仁。孔子说:"能够处处实行五种品德,就是仁人了。"子张说:"请问哪五种?"孔子说:"庄重、宽厚、诚信、勤敏、慈惠。庄重就不致遭受侮辱,宽厚就会得到众人的拥护,诚信就能得到别人的任用,勤敏就会提高工作效率,慈惠就能够使唤人。"

评析

人是生活在群体中的动物,每个人生来就要与别的人打交道,而这五种品德是人跟人相处的模范品质,此五种品德行于天下,才能称为仁。

尧曰二十

谨权量,审法度,修废官,四方之政行焉。① 兴灭国,继绝世,举逸民,天下之民归心焉。②

注释

①权,秤锤也。量,斗斛也。法度,礼乐制度皆是也。
②兴灭继绝,谓封黄帝、尧、舜、夏、商之后。举逸民,谓释箕子之囚,复商容之位。三者皆人心之所欲也。

译文

认真检查度量衡器,周密地制定法度,全国的政令就会通行。恢复被灭亡的国家,接续已经断绝家族,提拔被遗落的人才,天下百姓就会真心归服了。

评析

孔子对三代以来的美德善政做了高度概括,可以说是对《论语》全书中有关治国安邦平天下的思想加以总结,对后代产生了很大的影响。

4. 孟子

离娄上

孟子曰:"人有恒言,皆曰,'天下国家。'天下之本在国,国之本在家,家之本在身。"①

注释

①恒,胡登反。恒,常也。虽常言之,而未必知其言之有序也。故推言之,而又以家本乎身也。此亦承上章而言之,大学所谓"自天子至于庶人,壹是皆以修身为本",为是故也。

译文

孟子说:"人们有句常说的话,都说:'天下国家。'可见天下的根本在于国,国的根本在于家,家的根本在于人自身。"

评析

这一章是孟子民贵君轻思想的另一种表述。孟子从当时人们口头常说的"天下国家"的序列,体会到不同层级的社会治理机构都应该是围绕着个体的人而建立的。个体的人,不仅是构成天下的基本要素,同时也是天下存在的意义所在。

尽心上

孟子曰:"君子有三乐,而王天下不与存焉。①父母俱存,兄弟无故,一乐也;②仰不愧于天,俯不怍于人,二乐也;③得天下英才而教育之,三乐也。④君子有三乐,而王天下不与存焉。"⑤

注释

①乐,音洛。王、与,皆去声,下并同。
②此人所深愿而不可必得者,今既得之,其乐可知。
③程子曰:"人能克己,则仰不愧,俯不怍,心广体胖,其乐可知,有息则

馁矣。"

④尽得一世明睿之才，而以所乐乎已者教而养之，则斯道之传得之者众，而天下后世将无不被其泽矣。圣人之心所愿欲者，莫大于此，今既得之，其乐为何如哉？

⑤林氏曰："此三乐者，一系于天，一系于人。其可以自致者，惟不愧不怍而已，学者可不勉哉？"

译文

孟子说："君子有三大快乐，称王天下不在其中。父母健在，兄弟平安，这是第一大快乐；上不愧对于天，下不愧对于人，这是第二大快乐；得到天下优秀的人才进行教育，这是第三大快乐。君子有三大快乐，称王天下不在其中。"

评析

一乐家庭平安，二乐心地坦然，三乐教书育人。

尽心上

孟子曰："孔子登东山而小鲁，登太山而小天下。故观于海者难为水，游于圣人之门者难为言。"①

注释

①此言圣人之道大也。东山，盖鲁城东之高山，而太山则又高矣。此言所处益高，则其视下益小；所见既大，则其小者不足观也。难为水，难为言，犹仁不可为众之意。

译文

孟子说："孔子登上东山，就觉得鲁国变小了；登上泰山，就觉得整个天下都变小了。所以，观看过大海的人，便难以被其他水所吸引了；在圣人门下学习过的人，便难以被其他言论所吸引了。"

评析

"登东山而小鲁,登泰山而小天下。"这是胸襟的拓展、境界的升华。登山如此,观水也如此。所以有"观于海者难为水"一说。既然大海都看过了,其他小河小沟的水还有什么看头呢?徐霞客说:"五岳归来不看山,黄山归来不看岳。"境界就是这样一步一步提高的。

尽心上

孟子曰:"天下有道,以道殉身;天下无道,以身殉道。"①

注释

①殉,如殉葬之殉,以死随物之名也。身出则道在必行,道屈则身在必退,以死相从而不离也。未闻以道殉乎人者也。以道从人,妾妇之道。

译文

孟子说:"天下政治清明的时候,用道义随身行事;天下政治黑暗的时候,用生命捍卫道义。没有听说过牺牲道义而屈从于他人的。"

评析

天下"有道"时,按道义原则办事;天下"无道"时,以生命去捍卫道义原则。没听说过可以牺牲道义原则来为自己服务的。要求政治人物能循"道"做人、办事,并具有"以身殉道"——包含"杀身以成仁"的牺牲精神,而绝不能背弃自己信仰的"道",这就是古人对政治人物应遵循品格与操守的要求。这也是检验一切政治人物,判断其究竟是政治家还是无耻政客的一块试金石。

尽心上

古之人,得志,泽加于民;不得志,修身见于世。穷则独善其身,达则兼善天下。①

注释

①见,音现。见,谓名实之显著也。此又言士得己、民不失望之实。此章言内重而外轻,则无往而不善。

译文

古时候的人,得志就把恩惠施加给民众,不得志就修饬自身显现于世间;穷困就独善自身,显达就兼善天下。

评析

以安天下为己任是儒者所应有的目标,而要达到这一目标的基础便是个人的道德修养。一旦有机会为社会做出重大贡献,君子便会勇于承担社会责任,如果没有合适的机遇也要做一个富有道德感的人。无论所处境遇如何,一个儒者的理想与坚持是不会变的。

(二)《近思录》

卷八 治国平天下之道(治体)凡二十五条 第五条

古之时,公卿大夫而下,位名称其德,终身居之,得其分也;位未称其德,则君举而进之。士修其学,学至而君求之。皆非有预于己也。农工商贾,勤其事而所享有限。故皆有定志,而天下之心可一。后世自庶士至于公卿,日志于尊荣;农工商贾,日志于富侈。亿兆之心交骛利,天下纷然,如之何其可一也?欲其不乱,难矣!(《易传》卷一,页三十八上,释《履卦》第十之《象传》)

茅星来曰:此以见上下各有定分,但当尽方于其所当为,而不可有慕乎其外之心也。(《集注》卷八,页五下)

译文

古时候,自公卿大夫而下,职位各与其德相称,终身居其职,得其应得之分;职位低而其德高的,国君就会提拔之而进于高的职位。士人修习学业,学成了国君就会求其出仕。这都与个人没有关系。农工商人,勤于他的事务,享受他应得的分限。所以人人全都各有其定志,而天下之心可以统一。后世从庶民士人直至公卿,每天想的是得到尊荣;农工商人,每天想的是能够富贵。亿兆人之心一起追逐名利,天下纷纷,怎么能够统一呢?想要不乱,难呀!

评析

每个人都坚守自己的本职工作,正是天下之"正理于治"得以实现的条件,不嫉妒他人而是努力扎根自己的本职工作,自我提升,以期发现自己的价值。

卷八 治国平天下之道(治体)凡二十五条 第八条

凡天下至于一国一家,至于万事,所以不和合者,皆由有间也。无间则合矣。以至天地之生,万物之成,皆合而后能遂。凡未合者皆为间也。若君臣、父子、亲戚、朋友之间,有离贰怨隙者,盖谗邪间于其间也。去其间隔而合之,则无不合且洽矣。噬嗑者治天下之大用也。

朱子曰:"噬",啮也。"嗑",合也。物有间者,啮而合之也。(《周易本义》,注《噬嗑》卦辞)

译文

大抵上至天下,下至一国、一家,以至于万事,之所以有不能和谐统一的,都是由于有隔阂。没有了隔阂就能相合了。大至天地,小至万物,都是由于相合才能生成。凡是不能相合的都是隔阂。如君臣、父子、亲戚、朋友之间,有离贰之心、有怨恨不协的,是由于奸佞之人在中间挑唆。消除了间隔使之相合,则彼此之间都会和合融洽了。《噬嗑》卦的道理,对治理天下的作用极大。

评析

沟通是当代人必须学会的技能,与人沟通,有助于消除隔阂,构建人与人之间的和谐关系。

卷八　治国平天下之道(治体)凡二十五条　第十二条

兑说而能贞,是以上顺天理,下应人心,说道之至正至善者也。若夫"违道以干百姓之誉①"者,苟说之道,违道不顺天。干誉非应人。苟取一时之说耳。非君子之正道。君子之道,其说于民如天地之施,感之于心而说服无斁。(《易传》卷四,页四十下,释《兑卦》第五十八之《象传》)

茅星来曰:"干",求也。"违道干誉",如所谓私恩小惠是也。"斁",厌也。此言说之所以顺天应人者也。(《集注》卷八,页十上)

注释

①《书经·大禹谟》第六节。

译文

兑卦。能以正道取悦人,这是上顺天理,下应人心,是至正至善的取悦人的办法。至于那违反正道而去求得百姓称赞自己的,那是苟且取悦之道,它违反正道所以不顺天,它有意求得赞誉所以不应人心,只不过苟且赢得人们一时的欢喜罢了。这不是君子的正道。君子之道,其取悦于万民,好像天地施恩于万物,感动其内心因而悦服而不会厌烦。

评析

此章强调以正道服人,而不走歪门邪道取悦人,当下社会的审丑心理让很多人出格地表现自己以求成名,但审丑很快就会遭厌烦,只有堂堂正正走正道才能让人心悦诚服。

卷八　治国平天下之道(治体)凡二十五条　第十五条

治身齐家以至平天下者,治之道也。建立治纲,分正百职。顺天时以制事,至于创制立度,尽天下之事者,治之法也。圣人治天下之道,唯此二端而

已。(《经说》卷二,《书解》页三下)

朱子曰:圣人治天下之道,固不外此二端。然必人主之心术,公平正大,无偏党反侧之私,而后治之法可得而行。必亲贤远佞,讲明义理之归,闭塞私邪之路,而后治之道可得而尽,又不可以不知也。(引自茅星来《近思录集注》卷八,页十二下。出处待查)

译文

儒家主张的从修身齐家一直到治国平天下,是治理天下的根本原则。而建立统治纲领,确立国家官吏的各种职权范围,依据天时管理种种人间事务,以至于创立各种人文制度,使天下的一切事情尽善尽美,是治理天下的具体法规。圣人治理天下的依据,只是治道与治法而已。

评析

还是明显可以读出在"治道"与"治法"中,"治道"是根源,"治法"是具体的各种法规,合理运用两者,即可治理天下。

卷八　治国平天下之道(治体)凡二十五条　第十六条

明道先生曰:先王之世,以道治天下。后世只是以法把持天下。(《遗书》,下同。卷一,页三上)

茅星来曰:先王以道治天下,道尽而法已具。法固不外于道也。后世以法把持天下,法立而道已多不合矣。观后世之天下而曰把持,盖亦不足以言治也。(《集注》卷八,页十二下)

译文

程颐说:"尧舜禹三代以天道治理天下,而后世背离天道,只能用法术把持天下。"

评析

先王之世以道治天下,后世以法把持天下,从治到把持,说明后世之天下已经不能用治理来说明了,而是粗暴地占有。

(三)《传习录》

卷中　答聂文蔚　第一百七十九条

夫人者,天地之心。天地万物本吾一体者也。生民之困苦荼毒,孰非疾痛之切于吾身者乎?不知吾身之疾痛,无是非之心者也。是非之心,不虑而知,不学而能,所谓良知也。良知之在人心,无间于圣愚,天下古今之所同也。世之君子惟务致其良知,则自能公是非,同好恶,视人犹己,视国犹家,而以天地万物为一体。求天下无治,不可得矣。古之人所以能见善不啻若己出,见恶不啻若己入,视民之饥溺,犹己之饥溺,而一夫①不获,若己推而纳诸沟中者。非故为是而以蕲②天下之信己也,务致其良知求自慊而已矣。尧、舜、三王之圣,言而民莫不信者,致其良知而言之也。行而民莫不说者,致其良知而行之也。是以其民熙熙皞皞③,杀之不怨,利之不庸,施及蛮貊,而凡有血气者莫不尊亲,为其良知之同也。呜呼!圣人之治天下,何其简且易哉!

注释

①一夫,《书经·说命》下第十节:"一夫不获,则曰时予之辜。"
②蕲,求也。
③熙皞,熙,和也。皞,广大自得貌。

译文

人即天地之心。天地万物与我原本是一体的。平民百姓遭受的困苦荼毒,又有哪一件不是自己的切肤之痛?不知道自身的疼痛,是没有是非之心的人。人的是非之心,根本不须考虑就能知道,根本不须学习就能具备,这就是所谓的良知。良知存在于人心之内,没有圣贤和愚笨的区别,古今天下都是一样的。世上的君子,只要一心致其良知,就自然能辨别是非,具有共同的好善厌恶之心。待人若待己,爱国如爱家,从而与天地万物融为一体。

若能如此,想让国家治理不好也办不到。古人看到善就像自己做了好事;看到恶就像自己做了坏事;把百姓的饥饿困苦看成是自己的饥饿困苦;只要有一个人没有安顿好,就觉得是自己把他推进了阴沟。这样做,并不是想以此来获得天下人的信任,而是一心致其良知以求自己心安罢了。尧、舜、禹、汤等圣人,他们说的话百姓们没有不信任的,这是因为,他们所说的也只是推致了自己的良知;他们做的事百姓们没有不喜欢的,这是因为,他们所做的也只是推致了自己的良知。因此,他们的百姓和乐而满意,即便被处死也没有怨恨之心,百姓们获得利益,圣人不引以为功。把这些推广到蛮夷地区,凡是有血气的人无不孝敬自己的父母,因为他们的良知是相同的。哎!圣人治理天下,是何等的简单易行!

评析

视天下万物与我一体,视贫苦百姓为自己的兄弟姐妹,由此树立强烈的责任感。

卷中　答聂文蔚　第一百八十条

后世良知之学不明,天下之人用其私智以相比轧①,是以人各有心,而偏琐僻陋之见,狡伪阴邪之术,至于不可胜说。外假仁义之名,而内以行其自私自利之实,诡辞以阿俗,矫行以干誉。损人之善而袭以为己长,讦②人之私而窃以为己直。忿以相胜而犹谓之徇义。险以相倾而犹谓之疾恶,妒贤忌能而犹自以为公是非,恣情纵欲而犹自以为同好恶。相陵相贼,自其一家骨肉之亲,已不能无尔我胜负之意,彼此藩篱之形,而况于天下之大,民物之众,又何能一体而视之?则无怪于纷纷籍籍而祸乱相寻③于无穷矣。

注释

①轧,倾也。
②讦,揭露。
③寻,续也。

译文

后世，良知的学问不再光明，天下之人，各用自己的私心巧智彼此倾轧，所以，人们各具自己的打算，于是，那些偏僻浅陋的见解、阴险诡诈的手数不计其数。一部分人以仁义为招牌，在暗处干着自私自利的事。他们用狡辩来迎合世俗，用虚伪来沽名钓誉，掠他人之美来作为自己的长处，攻击别人的隐私来显示自己的正派。因为怨恨而压倒别人，还要说成是追求正义；阴谋陷害，还要说成是疾恶如仇；妒忌贤能，还自认为是主持公道；恣纵情欲，还自认为是爱憎分明。人与人之间彼此蹂躏、互相迫害，即使是骨肉之亲，互相也不能没有争强好胜的心思，彼此间隔膜丛生。更何况对于广大的天下，众多的百姓，纷繁的事物，又怎么能把它们看作是与我一体呢？如此，天下动荡不安，战乱频频而没有止境，因而也就见怪不怪了。

评析

善于治国的人，政令明确，所以不需要施用智谋和计术；朴实忠厚的人，不善于机巧和权变，他们在道德准则面前就感到畏惧；奸诈虚伪的人，善于伪装自己却不能保护自己，最终总是逃不脱法律的制裁。所以，尧舜时只需要把道德摆在第一位，如今就必须把法律摆在前面。

卷中　答聂文蔚　第一百八十一条

仆诚赖天之灵，偶有见于良知之学，以为必由此而后天下可得而治。是以每念斯民之陷溺，则为之戚然痛心，忘其身之不肖，而思以此救之，亦不自知其量者。天下之人见其若是，遂相与非笑而诋斥之，以为是病狂丧心之人耳。呜呼，是奚足恤哉？吾方疾痛之切体，而暇计人之非笑呼？人固有见其父子兄弟之坠溺于深渊者，呼号匍匐，裸① 跣颠顿，扳悬崖壁而下拯之。士之见者，方相与揖让谈笑于其旁，以为是弃其礼貌衣冠，而呼号② 颠顿若此，是病狂丧心者也。故夫揖让谈笑于溺人之旁而不知救，此惟行路之人，无亲戚骨肉之情者能之。然已谓之无恻隐之心，非人矣。若夫在父子兄弟之爱者，则固未有不痛心疾首，狂奔尽气，匍匐而拯之，彼将陷溺于祸而不顾，而况于病狂丧心之讥乎？而又况于蕲人信与不信乎！呜呼！今之人虽谓仆为病狂丧心之人,亦无不可矣。天下之人,皆吾之心也。天下之人犹有病狂者矣,吾安得而非病狂乎?犹有丧心者矣,吾安得而非丧心乎?

注释

①裸,施本、俞本作"踝"。

②号,三轮执斋本作"唬"。

译文

托上天的洪福,我在偶然间发现了良知学说,认为只有致良知后天下才能得到治理,从而清明太平。所以,每当想到百姓的困苦,我就十分沉痛,于是,我不顾自己是个不肖无才之人,希望用良知来挽救百姓,拯治天下,也是不自量力。天下人看到我这样,于是都来讥讽、诽谤我,说我是丧心病狂的人。哎,这还有什么可顾虑的?我正有着切肤的疼痛,又哪有空闲对别人的讥讽斤斤计较呢?如果有人看到他的父子兄弟坠入深渊,一定会大喊大叫,弃鞋丢帽,奋不顾身地去解救他。士人们看到这种情况,则在一旁作揖打躬,谈笑风生,认为这个人丢弃衣帽、大喊大叫,一定是个精神失常的人。看到有人落水,依然在那里礼让谈笑而不去救落水之人,这只有没有骨肉之情的山野之人才这样做。但是,孟子已说过:"无恻隐之心,非人矣。"如果是有父子兄弟爱心的人看见了,一定会痛心疾首,奔走呼号,竭尽全力,乃至爬着也要去解救他们。此时,他将自己的生命置之度外,哪还有精力去在乎被讥笑为精神失常呢?又岂会去期望别人的信或不信呢?唉!如今虽有人认为我是精神失常的人,也无关紧要了。天下人的心,都是我的心。天下的人中也有精神失常的,我又怎么不能精神失常呢?天下也有心理变态的人,我又怎么不能心理变态呢?

评析

王阳明创立心学体系后,并没有立即为朝廷所推崇,也没有从根本上动摇朱学的官学地位,相反被程朱的信徒斥指为"伪学""异端",王阳明甚至被诬为"病狂丧心之人"。为了免遭压制和打击,以求心学的倡扬,1514年王阳明转任南京鸿胪寺卿后,汇集有关朱熹论心性修养的34封书信编成《朱子晚年定论》,阐发前人提出过的朱、陆"早异晚同"之说,试图以此弥合朱、陆的差异。而这种"朱陆差异"说,无论在论证的方法还是在内容上都有较多的差误,时人即有指出者。但明中叶后,随着心学的繁盛,此论却影响极大。

卷中　答聂文蔚　第一百八十三条

仆之不肖,何敢以夫子之道为己任。顾其心亦已稍知疾痛之在身,是以彷徨四顾,将求其有助于我者,相与讲去其病耳。今诚得豪杰同志之士,扶持匡翼,共明良知之学于天下,使天下之人皆知自致其良知,以相安相养,去其共自私自利之蔽,一洗谗妒胜忿之习,以济于大同。则仆之狂病固将脱然以愈,而终免于丧心之患矣。岂不快哉!嗟乎!今诚欲求豪杰同志之士于天下,非如吾文蔚者,而谁望之乎?如吾文蔚之才与志,诚足以援天下之溺者,今又既知其具之在我,而无假于外求矣,循是而充,若决河注海,孰得而御哉?文蔚所谓一人信之不为少,其又能逊以委之何人乎?

译文

鄙人无才,岂敢以孔圣人的道作为己任。仅是我心中也稍稍知晓身上的病疾,所以才徘徊不前,四处张望,希望寻找到一个能帮助我的人,和我并肩设法消除我的病疾。如今,若能有志同道合的杰出人才来扶持匡正我,共同使良知之学光大于天下,让全天下的人都懂得致其良知,藉以彼此帮助、启发,剔除自私自利的毛病,将谗言、嫉妒、好胜、忿恨等恶习荡涤干净,以实现天下大同。如此,我的精神失常将会即刻痊愈,再也不会有心理变态的反常现象了。岂不快哉?哎呀!现在在天下真要寻觅志同道合的杰出人才,除了您我又寄希望于谁呢?您的才能和志向,足以能够拯救天下受难的劳苦大众。如今,既然明白一切皆在我心,不必向外索求,根据这个并加以发展,就如同江河决口入注大海,还有什么能抵御呢?正如您所言,即使一个人真信奉也不少,为倡明良知学,您又能辞让给天下的哪一个人呢?

评析

古代圣人,所以不畏艰难和曲折,苦苦上下求索,正是为了教化于世,拯救于民。为天下人的忧虑而忧虑,是个人的快乐;为天下人谋求福利的辛苦,是个人的幸运。在圣人的心目中,只计算运气的周转规律,不计算命运的坎坷得失。

卷下　黄省曾录　第二百七十六条

或问:"释氏亦务养心,然要之不可以治天下,何也?"先生曰:"吾儒养心未尝离却事物,只顺其天则自然就是功夫。释氏却要尽绝事物,把心看到幻相,渐入虚寂去了,与世间若无些子交涉,所以不可治天下。"

译文

有人问:"佛教也十分重视心的修养,但是它不能用来治理天下,这是怎么回事呢?"先生说:"我们儒家修养心性,未尝离开过事物,只是顺应它的自然天性,这就是功夫。佛教却要杜绝事物,将心当成幻相,逐渐陷入虚寂中,似乎与世间事物毫无关系,因此说,它不能治理天下。"

评析

治理天下是儒家的目标,儒家是入世的;而佛教既是入世的,更是出世的,佛教的最高目标是治理众生的心灵,使众生都能了生脱死,超出六道轮回,进入一个超时空的最理想的世界。

第三编

境界

一、君 子

(一)《四书》

1. 大学

第三章

汤之《盘铭》曰:"苟日新,日日新,又日新。"①《康诰》曰:"作新民。"②《诗》曰:"周虽旧邦,其名惟新。"③是故君子无所不用其极。④

右传之二章。释新民。

注释

①盘,沐浴之盘也。铭,名其器以自警之辞也。苟,诚也。汤以人之洗濯其心以去恶,如沐浴其身以去垢。故铭其盘,言诚能一日有以涤其旧染之污而自新,则当因其已新者,而日日新之,又日新之,不可略有间断也。

②鼓之舞之之谓作。言振起起自新之民也。

③《诗》,《大雅·文王》之篇。言周国虽旧,至于文王,能新其德以及于民,而始受天命也。

④自新、新民,皆止于至善也。

译文

商汤水盘上的箴铭说:"如能一日自新,就能日日自新,每日自新。"《康诰》说:"激励民众自新。"《诗·大雅·文王》说:"姬周虽旧国,天命乃新受。"

所以，君子在任何方面都尽可能自新。

评析

如果说"明明德"还是相对静态地要求弘扬人性中光明正大的品德，那么，"苟日新，日日新，又日新"就是从动态的角度来强调不断革新，加强思想革命化的问题了。商汤王把这句话刻在洗澡盆上即为精神上的洗澡，也就是《庄子·知北游》所说的"澡雪而精神"，《礼记·儒行》所说的"澡身而浴德"，"苟日新，日日新，又日新"展示的是一种革新的姿态，驱动人们弃旧图新。所以说，真正的君子在任何方面都尽可能自新。

第四章

《诗》云："瞻彼淇澳，菉竹猗猗。有斐君子，如切如磋，如琢如磨。瑟兮僩兮，赫兮喧兮。有斐君子，终不可諠兮！"如切如磋者，道学也。如琢如磨者，自修也。瑟兮僩兮者，恂栗也。赫兮喧兮者，威仪也。有斐君子，终不可諠兮者，道盛德至善，民之不能忘也。①《诗》云："於戏，前王不忘！"君子贤其贤而亲其亲，小人乐其乐而利其利，此以没世不忘也。②

注释

①澳，於六反。菉，《诗》作绿。猗，叶韵，音阿。僩，下版反。喧，《诗》作咺；諠，《诗》作谖，并况晚反。恂，郑氏读作峻。朱子章句：《诗》，《卫风·淇澳》之篇。淇，水名。澳，隈也。猗猗，美盛貌。兴也。斐，文貌。切以刀锯，琢以椎凿，皆裁物使成形质也。磋以鑢锡，磨以沙石，皆治物使其滑泽也。治骨角者，既切而复磋之。治玉石者，既琢而复磨之。皆言其治之有绪，而益致其精也。瑟，严密之貌。僩，武毅之貌。赫喧，宣著盛大之貌。諠，忘也。道，言也。学，谓讲习讨论之事。自修者，省察克治之功。恂栗，战惧也。威，可畏也。仪，可象也。引《诗》而释之，以明明明德者之止于至善。道学、自修，言其所以得之之由。恂栗、威仪，言其德容表里之盛。卒乃指其实而叹美之也。

②於戏，音呜呼。乐，音洛。朱子章句：《诗》，《周颂·烈文》之篇。於戏，叹辞。前王，谓文、武也。君子，谓其后贤后王。小人，谓后民也。此言

前王所以新民者止于至善,能使天下后世无一物不得其所,所以既没世而人思慕之,愈久而不忘也。

译文

《诗·卫风·淇澳》说:"看那淇水弯曲的岸边,绿竹葱葱郁郁。有位文雅君子,如切磋过的象牙,像琢磨过的美玉。庄严而又刚毅,显赫而又坦荡。有位文雅君子啊,真是教人难忘。"如切磋过的象牙,指学问的研治;像琢磨过的美玉,指修养的功夫;庄严而又刚毅,指谨慎的态度;显赫而又坦荡,指威严的仪表;文雅君子使人难忘,指盛大的德行尽善尽美,民众不能忘怀。《诗·周颂·烈文》说:"啊! 先王使人难忘。"君子推崇其遵行的贤德而继承他的业绩,小人享受其开创的安乐而得到他的恩泽,因此他们去世之后仍使人难以忘怀。

评析

这一段,如切如磋是说他研求学问的功夫,如琢如磨是说他省察克治的功夫。一个人修身有了功夫,自然他的外表和形象就会产生变化,他对自己的过失总是那样的谨慎、戒慎恐惧的样子;他的仪容举止令人敬畏而要效仿他。所以,这位有德君子到哪里都给人很深的印象,人们永远也不能够忘记他那种盛德至善。

第六章

小人閒居为不善,无所不至,见君子而后厌然,掩其不善,而著其善。人之视己,如见其肺肝然,则何益矣。此谓诚于中,形于外,故君子必慎其独也。[①]曾子曰:"十目所视,十手所指,其严乎!"[②]富润屋,德润身,心广体胖,故君子必诚其意。[③]

注释

[①]閒,音闲。厌,郑氏读为黡。朱子章句:閒居,独处也。厌然,消沮闭藏之貌。此言小人阴为不善,而阳欲掩之,则是非不知善之当为与恶之当去也,但不能实用其力以至此耳。然欲掩其恶而卒不可掩,欲诈为善而卒不可

诈,则亦何益之有哉!此君子所以重以为戒,而必谨其独也。

②引此以明上文之意。言虽幽独之中,而其善恶之不可掩如此,可畏之甚也。

③胖,步丹反。朱子章句:胖,安舒也。言富则能润屋矣,德则能润身矣,故心无愧怍,则广大宽平,而体常舒泰,德之润身者然也。盖善之实于中而形于外者如此,故又言此以结之。

译文

小人在独自一人时做不好的事情,无所不为,遇见君子就躲躲藏藏,把坏处掩盖起来而标榜自己的好处。可是在他人看来,却如同见到他的肝肺那样清楚,那么,这样做有什么益处呢!这是说,内心的真实意念会显露在外表,所以君子必定谨慎自己的独处。曾子说:"好多眼睛看着,好多手指着,这是多么严厉啊!"有钱能装饰房屋,有德能增饰自身,心胸宽广则体魄舒泰,所以君子必定要使自己的意念真诚。

评析

这里讲到闲居的定义,不是光指一个人在的时候,它跟慎独的独字意思是一样的,即使是在大庭广众之中,他内心中有不可告人之事,也是属于闲居,也是属于独处,就是所谓的"人所不知,而己独知之地"。有这些见不得人的事,他的行为一定带有几分虚伪,他的气质决定就有不真诚。所以真正的君子,正如宋朝司马光所说的那样,"事无不可告人言",内心里光明正大,没有见不得人、说不出口的事情。见不得人、说不出口的那些事,正是我们要去除的恶事。

第十章

所谓平天下在治其国者:上老老而民兴孝,上长长而民兴弟,上恤孤而民不倍,是以君子有絜矩之道也。①所恶于上,毋以使下;所恶于下,毋以事上;所恶于前,毋以先后;所恶于后,毋以从前;所恶于右,毋以交于左;所恶于左,毋以交于右。此之谓絜矩之道。②

此章之义,务在与民同好恶而不专其利,皆推广絜矩之意也。能如是,则亲贤乐利各得其所,而天下平矣。

注释

①长,上声。弟,去声。倍与背同。絜,胡结反。朱子章句:老老,所谓老吾老也。兴,谓有所感发而兴起也。孤者,幼而无父之称。絜,度也。矩,所以为方也。言此三者,上行下效,捷于影响,所谓家齐而国治也。亦可以见人心之所同,而不可使有一夫之不获矣。是以君子必当因其所同,推以度物,使彼我之间各得分愿,则上下四旁均齐方正,而天下平矣。

②恶、先,并去声。朱子章句:此复解上文"絜矩"二字之义。如不欲上之无礼于我,则必以此度下之心,而亦不敢以此无礼使之。不欲下之不忠于我,则必以此度上之心,而亦不敢以此不忠事之。至于前后左右,无不皆然,则身之所处,上下四旁,长短广狭,彼此如一,而无不方矣。彼同有是心而兴起焉者,又岂有一夫之不获哉?所操者约,而所及者广,此平天下之要道也。故章内之意,皆自此而推之。

译文

安定天下的途径是治理自己的国家,是指在位者敬礼老人,民众就会盛行孝;在位者尊重长者,民众就会盛行悌;在位者怜恤孤幼,民众就不会遗弃孤幼。因此,君子要有絜矩之道。所厌恶于在上者的行为,不用来对待在下者;所厌恶于在下者的行为,不用来对待在上者;所厌恶于在前者的行为不用来对待在后者;所厌恶于在后者的行为,不用来对待在前者;所厌恶于在右者的行为,不用来对待在左者;所厌恶于在左者的行为,不用来对待在右者。这就叫作絜矩之道。

评析

絜矩之道,是以推己度人为标尺的人际关系处理法则,指内心公平中正,做事中庸合德。古希腊也有很多"絜矩之道"的经典语句。例如:"你不希望发生在自己身上的事,请你不要做。""你所要避免的苦难,不要强加给别人。"《圣经》也说:"你们愿意人怎样待你们,你们也要怎样待人。"而在中国,孔夫子也说过八个字:"己所不欲,勿施于人。"这也是儒家所提倡的君子的为人处世之道。

2. 中庸

第十二章

君子之道费而隐。① 夫妇之愚,可以与知焉,及其至也,虽圣人亦有所不知焉;夫妇之不肖,可以能行焉,及其至也,虽圣人亦有所不能焉。天地之大也,人犹有所憾。故君子语大,天下莫能载焉;语小,天下莫能破焉。②《诗》云:"鸢飞戾天,鱼跃于渊。"言其上下察也。③ 君子之道,造端乎夫妇,及其至也,察乎天地。④

右第十二章。子思之言,盖以申明首章道不可离之意也。其下八章,杂引孔子之言以明之。

注释

① 费,符味反。朱子章句:费,用之广也。隐,体之微也。

② 与,去声。朱子章句:君子之道,近自夫妇居室之间,远而至于圣人天地之所不能尽,其大无外,其小无内,可谓费矣。然其理之所以然,则隐而莫之见也。盖可知可能者,道中之一事,及其至而圣人不知不能。则举全体而言,圣人固有所不能尽也。侯氏曰:"圣人所不知,如孔子问礼、问官之类;所不能,如孔子不得位、尧舜病博施之类。"愚谓人所憾于天地,如覆载生成之偏,及寒暑灾祥之不得其正者。

③ 鸢,余专反。朱子章句:《诗》,《大雅·旱麓》之篇。鸢,鸱类。戾,至也。察,著也。子思引此诗以明化育流行,上下昭著,莫非此理之用,所谓费也。然其所以然者,则非见闻所及,所谓隐也。故程子曰:"此一节,子思吃紧为人处,活泼泼地。"读者其致思焉。

④ 结上文。

译文

君子的道,广大而又精微。匹夫匹妇这样的愚人也能知晓,但它的高深境界,即使圣人也有不知晓的;匹夫匹妇这样的不肖者也能实行,但它的高深境界,即使圣人也有做不到的。天地如此之大,人们尚且感到有所缺憾。所以,君子所说的大,整个天下都无法承载;所说的小,整个天下都不能例外。《诗·大雅·旱麓》说:"鹰在高空翱翔,鱼在深渊跃游。"是说大道昭著于天地。君子的道,从匹夫匹妇开始,但它的高深境界,则昭著于天地。

评析

这一章另起炉灶,回到第一章"道也者,不可须臾离也,可离非道也"进行阐发。正因为道不可须臾离开,所以,道就应该有普遍的可适应性,应该"放之四海而皆准",连匹夫匹妇、普通男女都可以知道,可以学习和实践。不过,知道是一回事,一般性地实践是一回事,要进入其高深境界又是另一回事了。所以,道又必须有精微奥妙的一方面,供德行高、修养深的学者进行深造,进行创造性的实践。如此两方面的性质结合起来,使道既广大又精微,既有普及性又有提高性,既下里巴人又阳春白雪。凡事都有一知半解与精通的区别,匹夫匹妇与真正的君子的分别也就在这里。

第十四章

君子素其位而行,不愿乎其外。①素富贵,行乎富贵;素贫贱,行乎贫贱;素夷狄,行乎夷狄;素患难,行乎患难,君子无入而不自得焉。②在上位不陵下,在下位不援上,正己而不求于人则无怨。上不怨天,下不尤人。③故君子居易以俟命,小人行险以徼幸。④子曰:"射有似乎君子,失诸正鹄,反求诸其身。"⑤

右第十四章。子思之言也。凡章首无"子曰"字者放此。

注释

①素,犹见在也。言君子但因见在所居之位而为其所当为,无慕乎其外之心也。

②难,去声。朱子章句:此言素其位而行也。

③援,平声。朱子章句:此言不愿乎其外也。

④易,去声。朱子章句:易,平地也。居易,素位而行也。俟命,不愿乎外也。侥,求也。幸,谓所不当得而得者。

⑤正,音怔。鹄,工毒反。朱子章句:画布曰正,栖皮曰鹄,皆侯之中、射之的也。子思引此孔子之言,以结上文之意。

译文

君子依据所处的地位而行事,不越出它以外去企求。处于富贵,行为就合乎富贵身份;处于贫贱,行为就合乎贫贱身份;处于夷狄,行为就合乎夷狄身份;处于患难,行为就合乎患难身份。这样,君子无论处于什么境地都能安然自得。地位高的不欺凌地位低的,地位低的不攀附地位高的,端正自身而无求于他人就没有怨恨了。上不埋怨老天,下不责怪他人。所以,君子安然自处来顺从天命,小人铤而走险来寻求侥幸。孔子说:"射艺有点类似于君子的作为,射不中靶子,就转而检讨自身。"

评析

素位而行近于《大学》所说的"知其所止",也就是对现状的积极适应、处置。在子思看来,君子应当是无论处于何种境地都能安然自得,不去埋怨上天或他人。

第二十章

子曰:"故君子不可以不修身;思修身,不可以不事亲;思事亲,不可以不知人;思知人,不可以不知天。"①

注释

①"为政在人,取人以身",故不可以不修身。"修身以道,修道以仁",故思修身,不可以不事亲。欲尽亲亲之仁,必由尊贤之义,故又当知人。亲亲之杀,尊贤之等,皆天理也,故又当知天。

译文

所以,君子不能不修饬自身;要想修饬自身,不能不侍奉双亲;要想侍奉双亲,不能不了解他人;要想了解他人,不能不知道天理。

评析

天下确有不是之父母,修身先要行孝,但孝道不可以只是盲从。怎样既能尽孝、又能巧妙地感化父母的大过错,才是真正"思事亲,不可以不知人"的意义。所谓知人,就是要彻底了解人性和人事千差万别的情形,那就要将学问和经验相结合,须从好学深思中得来。然后再进入知天,需要明白这些后天的人性,所有善恶种性的差别,和智贤愚不肖的不同。虽然是从先天的"天命之谓性"而来,而在后天性相(现象)的差别,确实各自有异,但都不是先天之性的本来面目。所以《中庸》一开始,便提出"天命之谓性,率性之谓道,修道之请教"的宗旨,是要人们首先学养到达返还天然自性,然后扩而充之,知道"天命无常,唯德是辅",怎样知时知量来配合修身和为政的作为,便是圣智的境界,可以与天地参矣。

第二十九章

故君子之道,本诸身,征诸庶民,考诸三王而不缪,建诸天地而不悖,质诸鬼神而无疑,百世以俟圣人而不惑。①质诸鬼神而无疑,知天也;百世以俟圣人而不惑,知人也。②是故君子动而世为天下道,行而世为天下法,言而世为天下则。远之则有望,近之则不厌。③《诗》曰:"在彼无恶,在此无射。庶几夙夜,以永终誉!"君子未有不如此而蚤有誉于天下者也。④

右第二十九章。承上章居上不骄而言,亦人道也。

注释

①此君子,指王天下者而言。其道,即议礼、制度、考文之事也。本诸身,有其德也。征诸庶民,验其所信从也。建,立也,立于此而参于彼也。天地者,道也。鬼神者,造化之迹也。百世以俟圣人而不惑,所谓圣人复起,不易吾言者也。

②知天、知人,知其理也。

③动,兼言、行而言。道,兼法、则而言。法,法度也。则,准则也。

④恶,去声。射,音妒,《诗》作斁。朱子章句:《诗》,《周颂·振鹭》之篇。射,厌也。所谓此者,指本诸身以下六事而言。

译文

所以,君子之道应该根植于自身,验证于民众,稽考于上古三王而没有谬误,树立于天地而没有悖逆,质询于鬼神而没有疑问,留待于百世以后的圣人而没有疑惑。质询于鬼神而没有疑问,是知晓了天;留待于百世以后的圣人而没有疑惑,是知晓了人。因此,君子的举止世代成为天下的榜样,君子的行为世代成为天下的榜样,君子的言论世代成为天下的典范。远离了会萌生仰慕,接近了并不感到满足。《诗·周颂·振鹭》说:"在那里没有人憎恶,在这儿没有人厌烦。几乎是从早到晚啊,声誉永在众口赞。"君子没有不这样做而早就扬名天下的。

评析

这一章使人想起《易·乾卦·文言》:"夫大人者,与天地合其德,与日月合其明,与四时合其序,与鬼神合其吉凶,先天而天弗违,后天而奉天时。天且弗违,而况于人乎?况于鬼神乎?"二者有相同处,都说明具有高尚品德的王者与天道合一。要求当政者身体力行,不仅要有好的德行修养,而且要有行为实践的验证,才能取信于民。这里当然还是蕴含着儒者对伟大与崇高的向往和对不朽的渴望,也就是中国古代知识分子崇奉的立德、立功、立言的三不朽追求。

第二十五章

诚者自成也,而道自道也。①诚者物之终始,不诚无物。是故君子诚之为贵。②诚者非自成己而已也,所以成物也。成己,仁也;成物,知也。性之德也,合外内之道也,故时措之宜也。③

右第二十五章。言人道也。

注释

①道也之道,音导。朱子章句:言诚者物之所以自成,而道者人之所当自行也。诚以心言,本也;道以理言,用也。

②天下之物,皆实理之所为,故必得是理,然后有是物。所得之理既尽,则是物亦尽而无有矣。故人之心一有不实,则虽有所为,亦如无有,而君子必以诚为贵也。盖人之心能无不实,乃为有以自成,而道之在我者亦无不行矣。

③知,去声。朱子章句:诚虽所以成己,然既有以自成,则自然及物,而道亦行于彼矣。仁者体之存,智者用之发,是皆吾性之固有,而无内外之殊。既得于己,则见于事者以时措之,而皆得其宜也。

译文

诚是自我的完善,道则是自我的指导。诚是事物的发端和归宿,不诚就没有事物了。因此,君子以诚为贵。诚并不是自我完善就好了,它是用来成就事物的。完善自身是仁,成就事物是智。仁和智是性的固有属性,是使事物与自身相融合的准则,所以任何时候用它都是适宜的。

评析

自成,也不只是成就自己而已,而是推己及人,成人,成物,因为我们做到了真实,就会影响周边的人,进而影响周边之物,天下之人都同有此心,同有此理,就会不断扩展其影响,使得大家都有所成。成己,就是无私心杂念,全体浑然,叫作仁;成物,就是按需定制,裁剪得当,这叫作知。仁和知不是外来之物,都来自天命,是天性中本自具足的德性,融入我们自身,道身相融、内外合一的。君子将其一以贯之于自己的日用常行,处理自己的事情或者事物,能都做到恰到好处。所以说,诚就可以仁智都得到,物和我的内在机理是一致的,但是成不独成,成己就会成物,从个人之仁扩展到物体之仁,这是将事理扩充和复制,这是自然之事。诚者自成,成己成物,使得各得其所,这就是中庸的最高目标。可见诚是成为君子、践行中庸之道的核心密码。

3. 论语

学而第一

子曰:"君子不重则不威,学则不固。①主忠信。②无友不如己者。③过则勿惮改。"④

注释

①重,厚重。威,威严。固,坚固也。轻乎外者,必不能坚乎内,故不厚重则无威严,而所学亦不坚固也。

②人不忠信,则事皆无实,为恶则易,为善则难,故学者必以是为主焉。朱子章句:程子曰:"人道唯在忠信,不诚则无物,且出入无时,莫知其乡者,人心也。若无忠信,岂复有物乎?"

③无,毋通,禁止辞也。友所以辅仁,不如己,则无益而有损。

④勿,亦禁止之辞。惮,畏难也。自治不勇,则恶日长,故有过则当速改,不可畏难而苟安也。

朱子章句:

程子曰:"学问之道无他也,知其不善,则速改以从善而已。"程子曰:"君子自修之道当如是也。"游氏曰:"君子之道,以威重为质,而学以成之。学之道,必以忠信为主,而以胜己者辅之。然或吝于改过,则终无以入德,而贤者亦未必乐告以善道,故以过勿惮改终焉。"

译文

孔子说:"君子不庄重就不威严,所学就不稳固。以忠诚守信为主,不要与不如自己的人交往,有了过错就不要怕改正。"

评析

君子在孔子的定义里主要指志于学礼并切身去做的学士,亲仁、修道德、守礼度为君子的主要标准。在这里更为核心的内容就是忠和信。事君需忠,人际交往需信,做到这两者自然能被称为庄重威严的君子。

此外,这句话被提到最多的疑问在于:人人都要交胜过自己的朋友,岂不是谁跟谁都交不上朋友了？其实可以将其意思稍作修改,即和有地方胜过我的人交朋友,或者说要善于关注和学习别人胜过我的地方。这样就理解了孔子的另一句话:"三人行,必有我师。"

为政第二

子贡问君子。子曰:"先行其言而后从之。"①

①周氏曰:"先行其言者,行之于未言之前;而后从之者,言之于既行之后。"朱子章句:范氏曰:"子贡之患,非言之艰而行之艰,故告之以此。"

译文

子贡询问关于君子的问题,孔子说:"先做,然后再说并且贯彻到底。"

评析

君子应先做后说,不能眼高于顶。说得再好而不付诸行动,属于本末倒置的行为,这种人永远也成不了君子。在孔子眼中,君子就是有德行的人、为学之人。他们会先将自己的想法付诸实践,等到自己成功之后,才会告诉别人自己当初的想法。比方说君臣父子之道、仁义礼智信之德,在讨论这些之前,只有自己先做到了,才能挺直腰板讲给别人听。有着这种先做后说的行为的人,就是实实在在的君子。

为政第二

子曰:"君子周而不比,小人比而不周。"①

注释

①周,普遍也。比,偏党也。皆与人亲厚之意,但周公而比私耳。朱子章句:君子小人所为不同,如阴阳昼夜,每每相反。然究其所以分,则在公私之际,毫厘之差耳。故圣人于周比、和同、骄泰之属,常对举而互言之,欲学

者察乎两间,而审其取舍之几也。

译文

孔子说:"君子忠信而不勾结,小人勾结而不忠信。"

评析

周,就是在一定的道义原则下,团结周围可以团结的人;比,就是抛弃道义原则,为图私利互相勾结。君子在一定的道义原则下,团结周围可以团结的人而绝不图谋私利勾结别人;小人为谋私利勾结别人而抛弃道义原则,所以并不会团结周围可以团结的人。因此,做人必须信守道义原则,团结周围可以团结的人,而不能以谋取利益为目的勾结别人为非作歹。丧失道义原则、朋比为奸、结党营私、唯利是图,那是小人的行为。

里仁第四

子曰:"君子欲讷于言而敏于行。"①

注释

①行,去声。朱子章句:谢氏曰:"放言易,故欲讷;力行难,故欲敏。"胡氏曰:"自吾道一贯至此十章,疑皆曾子门人所记也。"

译文

孔子说:"君子要言语谨慎、行动敏捷。"

评析

讷于言,有两层含义:一是提醒我们少说话。当然,少说并不等于不说。但说话多了也不行,正所谓言多必失,祸从口出。二是要求我们少说空话和大话。孔子一向反对多言,并且一再告诫弟子们话应当少说。孔子不仅强调"讷于言",更强调"敏于行"。之所以如此,是因为孔子知道,说大话容易,做成事困难。少说话,勤观察,理清头绪;重实践,多做事,识得轻重缓急,才是正确的思路。只有知道哪些该做、哪些不该做,才能兴利除弊,造福社会;

只有知道先做什么、后做什么，才能提高自己办事的效率，事半功倍。

颜渊第十二

曾子曰："君子以文会友，以友辅仁。"①

注释

①讲学以会友，则道益明；取善以辅仁，则德日进。

译文

曾子说："君子以学问来结交朋友，以朋友来辅助仁德。"

评析

此章讲的也是交友之道。以文会友被认为是君子所为。朋友之间相互勉励扶持，在一起切磋琢磨，共同走上人生的正途。

卫灵公第十五

子曰："君子义以为质，礼以行之，孙以出之，信以成之。君子哉！"①

注释

①孙，去声。朱子章句：义者制事之本，故以为质干。而行之必有节文，出之必以退逊，成之必在诚实，乃君子之道也。程子曰："义以为质，如质干然；礼行此，孙出此，信成此。此四句只是一事，以义为本。"又曰："敬以直内，则义以方外。义以为质，则礼以行之，孙以出之，信以成之。"

译文

孔子说："君子把义作为根本，用礼仪来施行，以谦逊的态度述说，依诚实来成就。这就是君子啊！"

评析

这一章孔子提出了君子的四条行为准则。以道义作为修身的本质，并以礼制作为载体来运行，通过谦逊来表达，通过诚信来圆满地完成。

4. 孟子

公孙丑上

孟子曰:"子路,人告之以有过,则喜。①禹闻善言,则拜。②大舜有大焉,善与人同。舍己从人,乐取于人以为善。③自耕、稼、陶、渔,以至为帝,无非取于人者。④取诸人以为善,是与人为善者也。故君子莫大乎与人为善⑤。"

注释

①喜其得闻而改之,其勇于自修如此。周子曰:"仲由喜闻过,令名无穷焉。今人有过,不喜人规,如讳疾而忌医,宁灭其身而无悟也。噫!"
朱子章句:
程子曰:"子路,人告之以有过则喜,亦可谓百世吉之师矣。"
②《书》曰:"禹拜昌言。"盖不待有过,而能屈己以受天下之善也。
③舍,上声。乐,音洛。朱子章句:言舜之所为,又有大于禹与子路者。善与人同,公天下之善而不为私也。己未善,则无所系吝而舍以从人;人有善,则不待勉强而取之于己,此善与人同之目也。
④舜之侧微,耕于历山,陶于河滨,渔于雷泽。
⑤与,犹许也,助也。取彼之善而为之于我,则彼益劝于为善矣,是我助其为善也。能使天下之人皆劝于为善,君子之善,孰大于此?朱子章句:此章言圣贤乐善之诚,初无彼此之间。故其在人者有以裕于己,在己者有以及于人。

译文

孟子说:"子路,别人告诉他有错误就高兴;禹听到有益的话就下拜;大舜比他们更进一步,同他人一起行善,舍弃自己的不足来顺从他人的长处,乐于吸取他人的优点来为善。他从种庄稼、制陶、打鱼一直到当上天子,没有一件善行不是吸取他人的。吸取他人的优点来为善,就是与人为善。所以,君子没有比与人为善更突出的地方了。"

评析

今天我们说与人为善,是指善意帮助别人。这与孟子所说的意思既密切相关又略微有所不同。孟子的意思很简单,与人为善就是与别人一起行善,而这种与人一起行善的基础是吸取别人的优点,改正自己的缺点。所以,他从子路说起,因为子路有一个很大的优点是闻过则喜。从闻过则喜、闻善言则拜,到与人为善,虽然有程度的不同,但其性质都是一样的,这就是善于吸取别人的优点而改正自己的缺点。在《论语·学而》篇里,孔子曾经说过:"丘也幸,苟有过,人必知之。"把别人能够给自己指出过错看作一大幸事。可见,孔孟在如何正确对待自己的缺点和别人的优点这个问题上也是一脉相承的。

离娄下

孟子曰:"大人者,言不必信,行不必果,惟义所在。"①

注释

①行,去声。朱子章句:必,犹期也。大人言行,不先期于信果,但义之所在,则必从之,卒亦未尝不信果也。尹氏曰:"主于义,则信果在其中矣;主于信果,则未必合义。"王勉曰:"若不合于义而不信不果,则妄人尔。"

译文

孟子说:"作为君子,说话不拘泥于信守,行为不拘泥于果敢,只依据义的所在指导言行。"

评析

一方面,"信"是儒学的核心观念之一,最典型的即孔子所言"人而无信,不知其可也"(《论语·为政》),但另一方面,又不能固执拘泥于"信"而不知变通。君子应当根据具体情况而通权达变,变通标准就是这里所言的"惟义所在"。

离娄下

孟子曰:"大人者,不失其赤子之心者也。"①

注释

①大人之心,通达万变。赤子之心,则纯一无伪而已。然大人之所以为大人,正以其不为物诱,而有以全其纯一无伪之本然。是以扩而充之,则无所不知,无所不能,而极其大也。

译文

孟子说:"所谓君子,就是不丧失那婴儿纯朴之心的人。"

评析

大人之所以为大人,是因为他能守住自己的内心。这里的大人不是指地位高的人,主要是指品德好、能力强的人。这里说守住自己的内心,也就是纯一无伪的赤子之心,这个要联系孟子的性善论,所谓的赤子之心自然是人的纯然善心。通达万变是"用",而纯一无伪是"本",无本而求用,无异于伐根以求木茂。《大学》有言,自天子以至于庶人,一是皆以修身为本。这是大学的核心,也是儒家的核心。本乱而末治者,未之有也。修身不假外求,人天然就有四端之心,将本然良知扩充于天地之间,就是无所不知、无所不能。举个例子,程颢的诗作《春日偶成》就描绘了这种"大人的赤子之心":"云淡风轻近午天,傍花随柳过前川。时人不识余心乐,将谓偷闲学少年。"

告子下

孟子曰:"君子不亮,恶乎执?"①

注释

①恶,平声。亮,信也,与谅同。恶乎执,言凡事苟且,无所执持也。

译文

孟子说:"君子不诚信,去把握什么呢?"

评析

如果人失去诚信,做任何事情都随随便便,没有任何操守,那么到头来只能竹篮打水一场空,什么都抓不住。

尽心上

孟子曰:"广土众民,君子欲之,所乐不存焉。①中天下而立,定四海之民,君子乐之,所性不存焉。②君子所性,虽大行不加焉,虽穷居不损焉,分定故也。③君子所性,仁、义、礼、智根于心。其生色也,睟然见于面,盎于背,施于四体。四体不言而喻。"④

注释

①乐,音洛,下同。朱子章句:地辟民众,泽可远施,故君子欲之,然未足以为乐也。

②其道大行,无一夫不被其泽,故君子乐之,然其所得于天者,则不在是也。

③分,去声。朱子章句:分者,所得于天之全体,故不以穷达而有异。

④睟,音粹。见,音现。盎,乌浪反。朱子章句:上言所性之分,与所欲所乐不同,此乃言其蕴也。仁、义、礼、智,性之四德也。根,本也。生,发见也。睟然,清和润泽之貌。盎,丰厚盈溢之意。施于四体,谓见于动作威仪之间也。喻,晓也。四体不言而喻,言四体不待吾言,而自能晓吾意也。盖气禀清明,无物欲之累,则性之四德根本于心。其积之盛,则发而著见于外者,不待言而无不顺也。程子曰:"睟面盎背,皆积盛致然。四体不言而喻,惟有德者能之。"此章言君子固欲其道之大行,然其所得于天者,则不以是而有所加损也。

译文

孟子说:"广大的土地、众多的民众,是君子所想望的,但乐趣不在于此;中居天下执政,安抚四海之内的民众,君子以此为乐,但本性不在于此。君子的本性,即使显贵通达不因而增益,即使穷困隐居不因而减损,因为本分确定的缘故。君子的本性是仁义礼智,根植于内心,显现于外表则温润和顺。它表现于颜面,充溢于肩背,施行于肢体,肢体的动作不必言说就能使人了解。"

评析

君子之三乐,皆在于本性,只有本性如此,才会有此三乐。所以,名誉、地位和财富不是君子所乐的,财富再多再大也不能使君子真正快乐。这就是本性和心理的不同。人的本性都一样,那为什么还有君子小人之分呢?因为君子通过继承和学习,把孟子所谓的四端之本善牢牢保存并付诸行动。所以,君子与小人的快乐有着根本的不同。

尽心上

孟子曰:"君子之所以教者五:①有如时雨化之者,②有成德者,有达财者,③有答问者,有私淑艾者。④此五者,君子之所以教也。"⑤

注释

①下文五者,盖因人品高下,或相去远近先后之不同。

②时雨,及时之雨也。草木之生,播种封殖,人力已至而未能自化,所少者,雨露之滋耳。及此时而雨之,则其化速矣。教人之妙,亦由是也,若孔子之于颜、曾是已。

③财,与材同。此各因其所长而教之者也。成德,如孔子之于冉、闵;达财,如孔子之于由、赐。就所问而答之,若孔、孟之于樊迟、万章也。

④艾,音义。朱子章句:私,窃也。淑,善也。艾,治也。人或不能及门受业,但闻君子之道于人,而窃以善治其身,是亦君子教诲之所及,若孔、孟之于陈亢、夷之是也。孟子亦曰:"予未得为孔子徒也,予私淑诸人也。"

⑤圣贤施教,各因其材,小以成小,大以成大,无弃人也。

译文

孟子说:"君子用以教育的方式有五种:有像及时雨那样教育的,有成全德行的,有通达才能的,有解答疑问的,有以自身的善行来让他人学习的。

这五种就是君子用以教育的方式。"

评析

朱熹曾经逐一列举了孔子、孟子用这五种方式在不同学生身上的运用,比如说孔子对颜渊、曾子就是"如时雨化之者";对冉伯牛、闵子骞就是"成德者";对子路、子贡就是"达财者";而孔子、孟子分别对樊迟、万章就是"答问者"。至于"私淑艾者",朱熹举的是孔子、孟子分别对陈亢、夷之。其实,孟子自己认为,他就是孔子的私淑弟子。在《离娄下》里,他曾经说过:"予未得为孔子徒也,予私淑诸人也。"这其实就是对"私淑艾者"的最好解释。虽然孟子在这里所列的五种教育方式已包括德育、智育等各方面,但严格说来,它并不是一个全面的教学体系,各种方式之间也没有严密的逻辑关系,而只是一种列举的性质。尽管如此,我们还是可以看到,这些不同的教育方式,是根据学生本身的不同情况,因材施教而总结出来的经验。如果不是从理论方面作系统的要求,而是从教学实际情况出发,把它们引入教学实践,即使是在两千多年后的今天,也仍然是有推广与应用价值的。

(二)《近思录》

卷二　为学大要(凡百十一条)　第十条

《咸》之象曰:"君子以虚受人。"①《传》曰:"中无私主,则无感不通。以量而容之,择合而受之,非圣人有感必通之道也。"②其九四曰:"贞吉悔亡,憧憧往来,朋从尔思。"③《传》曰:"感者人之动也。"故《咸》皆就人身取象。④四当心位而不言咸其心,感乃心也。感之道无所不通,有所私系,则害于感通,所谓⑤悔也。圣人感天下之心,如寒暑雨旸无不通无不应者,亦贞而已矣。贞者,虚中无我之谓也。若往来憧憧然,见其私心以感物,则思⑥之所及者,有能感而动,所不及者不能感也。以有系之私心,既主于一隅一事,岂能廓然无所不通乎?(《易传》卷三,页二上,页三上下,《释咸卦第三十一之象传》与

九四《爻传》）

林一之⑦问：何谓"心无私主，则有感皆通"？朱子曰："心无私主"，不是溟涬⑧没理会，也只是公。善则好之，恶则恶之。善则赏之，恶则刑之。此是圣人至神之化。心无私主，如天地一般。寒则遍天下皆寒，热则遍天下皆热，便是"有感皆通"。（《语类》卷七十二，第十四条，页二八八八/一八一四）

又曰：往来是感应合当底，憧憧是私。感应自是当有，只是不当私感应耳。（同上，第七条，页二八八五/一八一二）

注释

①《易经·咸卦第三十一·象传》。
②《易传》卷三，页二上。
③同上第四条。
④同上，页三上。咸卦取象人身：初为拇，二为腓，三为股，五为脢，上为辅颊舌，四当心位。
⑤"所谓"，《易传》原文作"乃有"。
⑥据茅星来，《近思录集注》卷二，页十二下，宋本作"心"。
⑦林易简，字一之，朱子门人。录《语类》十二条。
⑧溟涬，挟贵也，自以为贵。

译文

《周易·咸卦》的《象》辞说："君子虚怀若谷以接纳他人。"程颐解释说：内心没有私念作祟，那就能与所有的人沟通。如果按一己有限的心量容纳他人，就只能选择那些与自己合得来的才接纳，那就不是圣人有感必通之道了。《咸卦》的九四爻辞说："虚中无私就吉利，就没有了悔吝。如果心神不定地走来走去，就只有少数朋辈能顺从你的思路。"程颐解释说：感是人的行为，所以《咸卦》全是就人的身体取象。九四爻处在相当于人心的位置，爻辞上却没有"感其言"这样的话，是因为"感"本来就是心。按感应的道理说所感之处是无不通的，但如果有私心牵掣着，就会妨害感通，这就是悔吝。圣人之心感天下之人心而无不通，就像大自然中的寒暑阴晴有感必通必应。

他之所以无不通无不应,也是因为圣人能虚己无私。"贞吉,悔亡"的贞,就是虚己无私的意思。如果怀着私心走来走去心神不定,用你的私心去感化他人,那么你思虑所及的人便能受感而动,你的思虑所不及的就不能感了。由于受了私心的牵掣限制,你的所感就偏向了某一角落某一事物,怎么还能推广天下使一切人和物无不与你沟通呢?

评析

这里的"咸"卦有两种意义:一是无私心的感应;第二个,因为是无私心的感应,所以是"咸",就是全面——全部通通感应的意思。所以他说"用其私心以感物",如果只用个人的私心来感物,那么思考所及的地方能够有所感应而动,所不及的就没办法感应而动了,所以他说这不是真正的感应之道。因此,这里还是在讲私心。感应的道理即讲要无私心之感。

卷二　为学大要(凡百十一条)　第四十六条

有人治园圃,役知力甚劳。先生曰:蛊之象,"君子振民育德"①。君子之事,惟有此二者,全无他焉。二者为己为人之道也。(《遗书》卷十四,页一上)

朱子曰:役智力于农圃,内不足以成己,外不足以治人,是济甚事!(《语类》卷九十五,第一五二条,页三八九五/二四五二)

注释

①《易传·蛊卦第十八·象传》。

译文

有个人从事园圃种植,役使自己的心智和体力,很是劳累。程颢说:《周易·蛊卦》的《象》辞说:"君子振奋人民,培养自己的道德。"君子的事业,只有这两方面,其余的没有什么可做。这两方面,就是为己和为人的方式。

评析

如果只是役使自己的心智和体力,向内不足以成就自我,向外不足以成就他人，这样是没有什么用的。真正的君子是向内要修养自己的道德、向外要振奋人民的人。

卷二 为学大要（凡百十一条） 第六十七条

君子之学必日新①。日新者，日进也。不日新者，必日退。未有不进而不退者。惟圣人之道，无所进退。以其所造极也。（《遗书》卷二十五，页七下）

茅星来曰：此勉人进德之语，见不可不日新也。"惟圣人之道"以下，正以见君子之学必日新之意，非上言君子之学，下论圣人之道也。（《集注》卷二，页三十二下）

注释

①《大学》第二章曰："苟日新，日日新，又日新。"

译文

君子的学道一定要日新，日新的意思就是日日进步。不日日进步的必然日日后退。没有既不进也不退的，唯有圣人的学问没有进退，那是因为他的造诣已经达到了顶峰。

评析

一个追求上进的人，应该清醒地认识到自身不足，在学习中努力提高和完善个人修养和知识水平。如果做每件事都因循守旧、按部就班，没有创新精神，那么自己就不能进步，社会也难以发展。

卷七 出处进退辞受之义（凡三十九条） 第二条

君子之需时也，安静自守。志虽有须而恬然若将终身焉。乃能用常也。虽不进而志动者，不能安其常也。（《易传》卷一，页二十一上，《释需卦第五之初九象传》）

茅星来曰：上条言贤者不可急于求进，此条言虽不进而志或不能不动，则亦不能受其常也。所以足上条未尽之意。（《集注》卷七，页一下）

译文

君子等待时机时,一定安静自守。心志上虽然在等待时机以有所作为,但心情平淡像是要永远自守下去,这样才能不失其常。虽然没去进身但心志在动的人,不能安于平常。

评析

求富贵是人人都向往的,君子也无法避免,但君子与常人不同之处在于不去做凭空的美梦,而是在时机未到时平心静气,坚持谈修养、做学问,一旦时来运转也应遵循基本的道义标准,面临具体的问题也比较容易做出正确的抉择,适当取舍、依据进退。

卷七 出处进退辞受之义(凡三十九条) 第十条

明夷初九,事未显而处甚艰,非见几之明不能也。如是则世俗孰不疑怪?然君子不以世俗之见怪,而迟疑其行也。若俟众人尽识,则伤已及而不能去矣。(《易传》卷三,页十八下,释《明夷卦》第三十六之《初九爻辞》)

张伯行曰:夷,伤也。为卦离下坤上。离火之明,入坤之地下,明而见伤曰明夷。初九伤犹未显。人不及察,处之甚难。非见几之明者,不能避之早而去之决。(《集解》卷七,页五上)

译文

《明夷》卦的初九爻,小人伤害君子之事还没有形成实际行动而处在刚刚萌芽状态,如果没有君子见微知著的明智是无法察觉的。此时君子远祸而去,这样世俗之人怎能不感到不可理解呢?但是君子不因为世俗之人觉得奇怪就犹豫而不行动。如果等到普通人都理解的时候,那么伤害已经降临想躲也躲不了了。

评析

明夷就是指天下无道的时候看到了那个苗头,就走。一个有德君子如何处在否塞之时,如何处在天下无道之时,都是有讲究的。对君子来讲,人生的磨难常常是入圣的门票,经过这些磨难,才能看出他对于古圣先贤的大道是不是真的笃信不渝。

卷七　出处进退辞受之义(凡三十九条)　第十九条

"君子思不出其位"①,位者,所处之分也。万事各有其所。得其所则止而安。若当行而止,当速而久,或过或不及,皆出其位也。况逾分非据乎?(《易传》卷四,页二十一上,释《艮卦》第五十二之《象传》)

叶采曰:位者,所处当然之分也。处之不逾其分,是不出其位也。所谓止者,当其分而已。当行而止,当速而久,或过或不及,皆为出位,而非得其止者也。况逾越常分,"据非所据"②者,乃出位之尤者也。(《集解》卷七,页七)

注释

①《论语·宪问第十四》第二十八章。

②《易经·系辞下传》第五章,注家皆不诠释"据"字,大概以其可作多种解释之故。"据"字可作执持、依据、居处等解,皆通。卷七专言出处之道,故当以"居位"为上。

译文

"君子的思维不超过他的位置。"位就是指所处的分限。一切事物都有自己应处的处所,能处于自己应处的处所就静止而安定。人的行事,如果该向前进取你却退缩,该快速你却缓慢,或过之或不及,都是超越了应处的位置,何况超出分限而据于不应据之处呢?

评析

"君子思不出其位"是《周易·艮卦》象辞,原句为"兼山艮,君子以思不出其位"。儒家所谓的"思不出其位"是对君子人格的表述,对此,程颐的解释大概分了三个层次。第一层,对"位",他的理解是分限。在他看来,春秋之乱,首乱于名,不同对象关系的颠倒造成人伦世界自我认知的混乱,才有了价值失落。第二层,程颐作进一步分析,万事若能当其所处之分,各得其所,那就能安。相应的关系背后引导出的是相应的责任,而对这一责任的履行,则是相对应的价值的实现,其中都是一一对应关系。第三层,程颐对一些过分行为作了批判,包括当行却停止,当迅速却迟缓,或者过或者不及,都是出其位的表现,换言之就是不尽其分。"德"就是"得",得自于天,当依天所赋予之分而行,止于至善,这便是"君子思不出其位"真正的归向。

(三)《传习录》

卷中　答陆原静书二　第一六六条

来书云:昔周茂叔①每令伯淳寻仲尼颜子乐处②。敢问是乐也,与七情③之乐,同乎否乎?若同,则常人之一遂所欲,皆能乐矣。何必圣贤?若别有真乐,则圣贤之遇大忧大怒大惊大惧之事,此乐亦在否乎?且君子之心,常存戒惧,是盖终身之忧④也,恶得乐?澄平生多闷,未尝见真乐之趣,今切愿寻之。

乐是心之本体。虽不同于七情之乐,而亦不外于七情之乐。虽则圣贤别有真乐,而亦常人之所同有。但常人有之而不自知,反自求许多忧苦,自加迷弃。虽在忧苦迷弃之中,而此乐又未尝不存。但一念开明,反身而诚⑤,则即此而在矣。每与原静论,无非此意。而原静尚有何道可得之问,是犹未免于骑驴觅驴⑥之蔽也。

施邦曜云:乐不是快活之谓,是胸中有一段自得处。常人与圣贤不能同乐者,盖圣贤有得,常人无得也。得则事变不能迁,无得则便逐境为忧喜。故有大忧、大怒、大惊、大惧之事。圣贤未尝不加敬惕。然其自得于己者,事变之窾会,无不了当于胸中。只是临事敬慎耳。若常人毫无把柄,便惶惑忧惧。故仁者之不忧,知者之不惑,勇者之不惧(《论语·子罕篇》第九第二十九章),圣贤之能乐也。常人未免忧惧惑,安得乐?常存戒惧,正是君子求自得处。何道可得?来书全文,意必有此语,节略耳。

注释

①见本书第一编"立志"篇中《近思录》第五条注①(P23)。

②颜子乐处,《二程遗书》第二卷上(页二下):"昔受学于周茂叔。每令寻颜子仲尼乐处所乐何事。"此处不指明周子令程伊川抑程明道(伯淳)。《近思录》卷二《为学篇》第二十一条载之,以为明道语。注者皆谓所乐指《论语·雍也篇》第六第九章:"子曰:贤哉回也。一箪食,一瓢饮,在陋巷,人不堪其忧,回也不改其乐。贤哉回也。"又谓指《论语·述而篇》第七第十五章:"子曰:饭疏食饮水,曲肱而枕之,乐亦在其中矣。"然此是臆测,周子程子均为明言。

③七情,《礼记·礼运篇》第二十三节:"何谓人情?喜怒哀乐爱恶欲,七者弗学而能。"普通以"乐"代"惧"。

④终身之忧,《孟子·离娄篇》第四下地二十八章:"君子有终身之忧,而无一朝之患也。"

⑤反身而诚,《孟子·尽心篇》第七上:"孟子曰:万物皆备于我矣。反身而诚,乐莫大焉。"

⑥《景德传灯录》卷二十九(页二下)《志公和尚大乘赞》云:"不解即心即佛,真似骑驴觅驴。"又卷二十八(页六上)神会大师云:"诵经不见有无义,真似骑驴觅驴。"

译文

来信写道:过去,周敦颐经常要求程颢搜寻孔子与颜回的乐处。请问先生,这种乐趣是否与七情之乐相同?如若相同,普通人满足了欲望都能快乐,又何须做圣贤呢?如果另有真正的乐,那么圣贤碰到大忧、大怒、大惊、大惧的事情,这个乐还存在吗?更何况君子的心是常怀戒惧的,此为终身忧患,又何尝能乐?我平素有很多的烦恼,还未曾体会到真正的乐趣,现在,我真急切地希望能找到这种乐趣。

乐是心的本体,虽与七情的乐不同,但也不在七情的乐之外。圣贤虽有真正的乐,然而也是普通人所共同具有的。只是普通人有了这种乐,自己却不知道,相反,他们还要自我寻求烦恼忧苦,自己糊里糊涂地舍弃了这种乐。即便在烦恼迷茫之中,这种乐也未曾消失。只要一念顿悟,返求自身,与本体相同,那就能体会到这种乐。每次和你谈论的都是这个意思。而你则仍要询问,能用什么方法可以得到这种乐,这就不免有一种"骑驴觅驴"的感觉了。

评析

音乐的由来已经很久远,它从度量的法则中产生,在原始宇宙的太一状态中起源。凡是古代君王重视音乐的情况,都是为了使人快乐,他们用钟鼓来引导意志,用琴瑟来愉悦心情。君子之乐,乐在能得到自己所追求的道义,而小人之乐,则乐在得到自己所追求的欲望。用道义来制止欲望,就能乐而不乱,是真正的君子之乐;在欲望中追求娱乐,就会使人伤感而忘却道义,终归是乐的反面。所以说,音乐的本身反映了天地的和谐、阴阳的协调,领略到了这个就是君子之真乐。

卷下　黄修易录　第二四六条

先生曰:"凡朋友问难,纵有浅近粗疏,或露才扬己,皆是病发,当因其病而药之可也。不可便怀鄙薄之心,非君子与人为善①之心矣。"

注释

①与人为善,《孟子·公孙丑篇》第二上第八章:"取诸人以为善,是与人为善者也。故君子莫大乎与人为善。"

译文

先生说:"朋友在一起辩论,即便有浅近粗疏的地方,而你想因此显才扬己,都是毛病在发作,只有对症下药才行。不能因此而怀有轻视别人的心,不然,就不是君子与人为善的心了。"

评析

自己做出昏乱的事情,却憎恨别人的责备;做尽丑恶的事情,却希望别人称道；把正经当作笑柄，把忠诚当成贼寇，这些都不是君子应有的行为。君子尊崇师长，亲近朋友；时时痛恨自己心中的贼寇（邪念），从不议论、轻视他人的弱点。

卷中　答顾东桥书　第一四〇条

《易》曰："君子多识前言往行，以畜其德。"①夫以畜其德为心，则凡多识前言往行者，孰非畜德之事？此正知行合一之功矣。好古敏求者，好古人之学而敏求此之心理耳。心即理也。学者，学此心也。求者，求此心也。孟子云："学问之道无他。求其放心而已矣。"②非若后世广记博诵古人之言词以为好古，而汲汲然惟以求功名利达之具于外者也。博学审问，前言已尽。温故知新，朱子亦以温故属之尊德性矣。③德性岂可以外求哉？惟夫知新必由于温故，而温故乃所以知新，则亦可以验知行之非两节矣。博学而详说之者，将可以反说约也。④若无反约之云，则博学详说者果何事邪？舜之好问好察，惟以用中而致其精一于道心⑤耳。道心者，良知之谓也。君子之学，何尝离去事为而废论说？但其从事于事为论说者要皆知行合一之功。正所以致其本心之良知，而非若世之徒事口耳谈说，以为知者，分知行为两事，而果有节目先后之可言也。

施邦曜云：见闻岂可废得？只是不可逐于闻见。先生此言，亦为逐外忘内者发。学者毋以辞害意。

注释

①畜德，《易经·大畜卦》辞："君子多识前行，以畜其德。"

②放心，《孟子·告子篇》第六上第十一章。

③尊德性，《朱子语类》卷六十四（页二五二〇）："温故只是存得这道理在，便是尊德性。"

④反说约，《孟子·离娄篇》第四下第十五章："博学而详说之，将以反说约（反而说到至约之地）也。"

⑤精一道心，《书经·大禹谟》第十五节："人心惟危（易私故险），道心（依道之心）惟微（细微）。惟精（不杂形气之私）惟一（专一依据义理），允执

厥中。"

译文

《易经》上说："君子多识前言往行,以畜其德。"倘若以积累德性为目的,如许多知以前的言行,又何尝不是积累德性的事呢？此正是知行合一的功夫。好古敏求,就是热衷于古人的学问而勤劳迅捷地寻求我心的理。心即理。学,即学这个心。求,即求这个心。孟子讲道："学问之道无他,求其放心而已矣。"并不是如同后世之人,把广记博诵古人的言词当成好古,那仅为迫切追求功名利禄等外表的东西。关于博学审问,前文已讲得很是详细。温故知新,朱熹也说是尊德性的范畴。德性岂能向外寻求？知新必经由温故,温故才可知新,这又可作为知行并非两回事的有力佐证。"博学而详说之",是为了再返回至约。若没有返回至约这一论点,那么,博学详说到底是指什么呢？舜的爱问、好观察,也仅是用喜、怒、哀、乐未发之中使道心惟精惟一。道心,即为良知。君子的学问,什么时候离开处事、废弃论说呢？但处事和论说,都是知行合一的功夫,也正是要致其本心的良知,而不与世上那些只用口耳谈说为知的人相似,把知行当两回事看待,如此才真有节目先后可说。

评析

常人之所以将知行分为两截,又是由于他们把良知与知识混同一体。良知与知识是有区别的。从体用上分,良知是本体,知识是本体发用之物；从先天与后天上分,良知是先天存在的,"不学而能,不虑而知",而知识是后天产生的,"必待学而能,必待虑而知"。所以,学者应"务践履以充良知",通过去恶存善的功夫,去把握人之本体——良知。此乃又"圣算"之一法。

卷中　启周道通书　第一四五条

来书云：上蔡①尝问天下何思何虑②。伊川云："有此理。只是发得太早。"③在学者工夫,固是必有事焉而勿忘④。然亦须识得何思何虑底气象,一并看为是。若不识得这气象。便有正与助长⑤之病。若认得何思何虑,而忘必有事焉工夫,恐又堕于无也。须是不滞有,不堕于无。然乎否也？

所论亦相去不远矣,只是契悟未尽。上蔡之问,与伊川之答,亦只是上蔡、伊川之意,与孔子《系辞》原旨,稍有不同。《系》⑥言何思何虑,是言所思所虑只是一个天理,更无别思别虑耳,非谓无思无虑也。故曰:"同归而殊途,一致而百虑,天下何思何虑。"⑦云殊途,云百虑,则岂谓无思无虑邪?心之本体即是天理。天理只是一个。更有何可思虑得?天理原自寂然不动,原自感而遂通⑧。学者用功,虽千思万虑,只是要复他本来体用而已,不是以私意去安排思索出来。故明道云:"君子之学,莫若廓然而大公,物来而顺应。"⑨若以私意去安排思索,便是用智自私⑩矣。何思何虑,正是工夫在圣人分上,便是自然的。在学者分上,便是勉然的。伊川却是把作效验看了。所以有发得太早之说。既而云"却⑪好用功⑫",则已自觉其前言之有未尽矣。濂溪主静⑬之论亦是此意。今道通之言,虽已不为无见,然亦未免尚有两事也。

刘宗周云:如此方与不思善恶之说迥异(《遗编》卷一《阳明传信录》一,页九下。又见《明儒学案》卷十,页八下)。

三轮执斋云:无思无为,是说本体。何思何虑,是说工夫。然工夫即本体,本体即工夫,更无二致也。又云:上卷(第三十九条)虽曰"何思何虑非初学时事,初学必须思省察克治",说与此少异也。盖前说也。

佐藤一斋云:何思何虑,与陆澄录(第三十九条)稍异。澄录犹用伊川旧解。

但衡今云:孔子云何思何虑,不云所思所虑、无思无虑者,正如伊川所云,所思虑则滞于有,无思虑则堕于无,深得孔子立言之旨。亦佛氏所谓立一切法,亦不立一切法。伊川又云:"只是发得太早。"似是接引谢上蔡语。此意亦惟上蔡伊川知之,非为天下后世学者立言也。未可强作解人。又云:阳明谓《系》言何思何虑,是言所思所虑",不免落到有的边。又谓"更无别思别虑",则又落到无的边。殊嫌沾滞。非孔子意也。不落于有,不堕于无,方足尽诚一之用。

注释

①上蔡,谢良佐,字显道(一〇五〇—约一一二〇)。上蔡(河南)人,称

上蔡先生,程氏兄弟门人。召对忤旨,任监场又坐口语系狱,废为民。参看《宋史》卷四二八,页一下至二上。

②何思何虑,《易经·系辞》下传第五章:"天下何思何虑! 天下同归而殊途,一致而百虑。天下何思何虑!"

③发得太早,《二程外书》卷十二(页五下)载《上蔡语录》云:二十年往见伊川。伊川曰:"近日事如何?"某对曰:"天下何思何虑?"伊川曰:"是则是有此理,贤(你)却发得太早。"在伊川直是会锻炼得人,说了,又道"恰好著工夫也"。

④勿忘,《孟子·公孙丑篇》第二上第二章:"必有事焉而勿正(预期)。心勿忘。勿助长也。"

⑤助长,《孟子·公孙丑篇》第二上第二章:"宋人有闵其苗之不长,而揠(拔)之者。芒芒(无知)然归。谓其人(家人)曰'今日病(倦)矣。予助苗长矣。'其子趋而往视之,苗则槁矣。"

⑥系,朱本"系"下有"辞"字。

⑦何思何虑,同上注二。

⑧感通,《易经·系辞上传》第十章:"寂然不动,感而遂通天下之故。"

⑨顺应,明道《答横渠先生定性书》(《明道文集》卷三,页一上):"君子之学,莫若廓然而大公,物来而顺应。"

⑩用智,明道《答横渠先生定性书》:"大率患在于自私而用智。自私则不能以有为为应迹,用智则不能以明觉为自然。"(《明道文集》卷三,页一上)

⑪却,原文用"恰"。见上注三。

⑫用功,同上注。

⑬周子著《太极图说》(载《周子全书》卷一)云:"五性感动而善恶分,万事出矣。圣人定之以中正仁义而主静。"注,无欲故静。

译文

来信写道:"谢上蔡曾经问:'天下何思何虑。'程颐说:'有此理。只是发得太早。'依学者的工夫而言,固然是'必有事焉而勿忘'。但是,也必须深谙何思何虑的景象,并在一起看才正确。若不识这景象,就会滋生期望过高与助长的弊病;若识得'何思何虑',忘记了'必有事焉'的工夫,只怕又会堕入虚无的境地,是否应该不执着于有,又不执着于无呢?"

你所讲的也相差无几,唯体悟得不够彻底。谢上蔡的提问与程颐的回答,仅是他们二人的观点,与孔子《系辞》的本义略有不同。《系辞》上说的"何思何虑",是指所思所虑的只是一个天理,除此,别无他虑,但不是说无思无虑。因此说:"同归而殊途,一致而百虑。天下何思何虑。"讲殊途,道百虑,岂能说无思无虑呢?心的本体即天理。天理唯一个,还有什么可思虑的?天理原本寂然不动,原本是感而遂通的。学者用功,虽千思万虑,也只是要恢复他本来的体用罢了,并非要用私意去安排思考出来。因此,程颢说:"君子之学,莫若廓然而大公,物来而顺应。"若用私意去安排思考,就是自私弄智。"何思何虑"正是工夫。就圣人而言,自然能如此;就学者而言,需要努力去做到。程颐则把它当成工夫的效果,所以他才认为"发得太早"。紧接着他又说"却好用功",就是他自己也觉察到前面的话还不完全。周敦颐所讲的主静也正是这个意思。就你在信中所说而言,你的话有一定见地,但还是把工夫当两回事来看待了。

评析

天理只有一个,心之本体即天理,而且天下人的心之本体都是一致的,圣人与常人,上智与下愚,无不如此。之所以出现分别,全是在功夫上不一致。圣人唯在天理上思考、推算,事事不离天理,天理就是他的规尺;常人却在心外下功夫,任随眼、耳、鼻、舌、身所感知的外物恣意思虑,又从中生出种种分别,在这些纷繁复杂的分别中不可自拔。所以说,"一算"与"千算"是圣人与常人的区别。

卷中 答欧阳崇一第一七〇条

宁不了事,不可不加培养之意,且与初学如此说,亦不为无益。但作两事看了,便有病痛在。孟子言"必有事焉"①,则君子之学终身只是集义②一事。义者宜也,心得其宜之谓义。能致良知,则心得其宜矣。故集义亦只是致良知。君子之酬酢万变,当行则行,当止则止;当生则生,当死则死。斟酌调停，无非是致其良知，以求自慊而已。故"君子素其位而行"③"思不出其位"④。凡谋其力之所不及，而强其知之所不能⑤者，皆不得为致良知。而凡"劳其筋骨，饿其体肤，空乏其身，行拂乱其所为。动心忍性，以增益其所不能"⑥者，皆所以致其良知也。若云宁不了事，不可不加培养者，亦是先有功利之心，计较成败利钝，而爱憎取舍于其间。是以将了事自作一事，而培养又别作一事。此便有是内非外之意，便是"自私用智"⑦，便是"义外"⑧，便有"不得于心，勿求于气"⑨之病。便不是致良知以求自慊⑩之功矣。所云鼓舞支持，毕事则困惫已甚。又云迫于事势，困于精力。皆是把作两事做了，所以有此。凡学问之功，一则诚，二则伪。凡此皆是致良知之意欠诚一真切之故。《大学》言"诚其意者，如恶恶臭，如好好色，此之谓自慊"⑪。曾见有恶恶臭，好好色，而须鼓舞支持者乎？曾见毕事则困惫已甚者乎？曾有迫于事势，困于精力者乎？此可以知其受病之所从来矣。

注释

①必有事焉，《孟子·公孙丑篇》第二上第二章："必有事焉而勿正（预期）。心勿忘。勿助长也。"

②集义，见《孟子·公孙丑篇》第二上第二章。朱子《孟子集注》云："集义，犹言积善。盖欲事事皆合于义也。"

③素其位，《中庸》第十四章："君子素其位而行，不愿乎其外。"

④不出位，《论语·宪问篇》第十四第二十八张曾子曰："君子思不出其位。"语又见《易经·艮卦·象传》。

⑤所不能，欧阳修（一〇〇七——一〇七二），《欧阳文忠公文集》（《四部丛刊》本）卷十五《秋声赋》（页四上）："而况思其力之所不及，忧其智之所不能。"

⑥增益不能，语见《孟子·告子篇》第六下第十五章。

⑦自私用智，明道《答横渠先生定性书》："大率患在于自私而用智。自私则不能以有为为应迹，用智则不能以明觉为自然。"（《明道文集》卷三，页一上）

⑧义外，《孟子·告子篇》第六上第四章，告子曰："仁，内也，非外也；义，

外也,非内也。"

⑨求于气,《孟子·告子篇》第二上第二章:"告子曰:'不得于言,勿求于心。不得于心,勿求于气。'不得于心,勿求于气,可。不得于言,勿求于心,不可。夫志,气之帅也。气,体之充也。夫志至焉,气次焉。故曰,持其志,无暴(害)其气。……我知言。我善养吾浩然之气。"

⑩谦,与本文两"慊"通用。

⑪自慊,语出《大学》第六章。

译文

宁可不去处理事情,也不可不去培养本源,这句话对初学者来说也不无裨益。然而,把这看成两件事就有了问题。孟子说"必有事焉",那么,"集义"就成为君子做学问一生的事情了。义,即为宜,心做到它应当做的叫作义。能够致良知,那么心就能做它该做的事。所以,集义就是致良知。君子酬酢万变,应该做的就去做,应该停的就停下,应该生的就生存,应该死的就死去,如此调停斟酌,只不过是致良知藉以自我满足罢了。因此,"君子素其位而行","思不出其位"。大凡谋求力所不及的事,勉强做智力不能完成的事,都不为致良知。只要是"劳其筋骨,饿其体肤,空乏其身,行拂乱其所为,动心忍性以增益其所不能"的,均是为了致良知。如果说宁可不去处理事情也不可不去培养本源,这也是因为先有一个功利心,去计较其中的利弊成败,尔后再作出爱憎取舍的选择。因此,把处理事情当成一件事,又把培养本源当成一件事,这就是有了看重培养本源而蔑视处理事情的心态,这就是自私弄智,把义看成外在的,这便有了"不得于心,不求于气"的弊病,就不是致良知以求自我满足的功夫。你说的略加鼓励也能坚持下去,处理完事情后就会极度困乏疲惫,并且你说,为事势所迫,受精力的限制,这些都是因为把处理事情和培养本源当成两件事看待了,因此才有这样的结果。所有做学问的功夫,只要始终如一就会真诚,一分为二就会虚伪。你所谈及的情况均是由于致良知的心意缺乏诚信、精一、真切。《大学》中认为"诚其意者,如恶恶臭,如好好色,此之谓自慊"。你见过在讨厌恶臭、迷恋美色时,还要勉励才能坚持下去的人吗?会有事情过后而人极度困乏疲惫的情况吗?会有被事势所逼而精力不够用的人吗？从这几点你就会寻找出病根到底在哪儿了。

评析

《诗经》说："我采卷耳菜，总采不满浅筐，我沉默地思念我的亲人，就把浅筐放在道弯上(产野菜的地方)。"浅筐，是容易盛满的篮子。卷耳，是容易采取的野菜，然而她对道弯流连忘返，对亲人不生二心。这首诗告诉我们：心生分歧，就不能分辨；心思偏颇，就不能认准天理。只有明智的人才能始终做到专一于"道"，端正意志，美色不能使之迷惑，事务不能使之疲惫，经世事不能使之失算。

二、圣　人

(一)《四书》

1. 中庸

第十一章

子曰："素隐行怪，后世有述焉，吾弗为之矣。①君子遵道而行，半涂而废，吾弗能已矣。②君子依乎中庸，遁世不见知而不悔，唯圣者能之。"③

右第十一章。子思所引夫子之言，以明首章之义者止此。盖此篇大旨，以知、仁、勇三达德为入道之门。故于首篇，即以大舜、颜渊、子路之事明之。舜，知也；颜渊，仁也；子路，勇也。三者废其一，则无以造道而成德矣。余见第二十章。

注释

①素，按《汉书》当作索，盖字之误也。索隐行怪，言深求隐僻之理，而过为诡异之行也。然以其足以欺世而盗名，故后世或有称述之者。此知之过而不择乎善，行之过而不用其中，不当强而强者也，圣人岂为之哉！

②遵道而行，则能择乎善矣；半涂而废，则力之不足也。此其知虽足以及之，而行有不逮，当强而不强者也。已，止也。圣人于此，非勉焉而不敢废，盖至诚无息，自有所不能止也。

③不为索隐行怪，则依乎中庸而已。不能半涂而废，是以遁世不见知而不悔也。此中庸之成德，知之尽、仁之至、不赖勇而裕如者，正吾夫子之事，

而犹不自居也。故曰"唯圣者能之"而已。

译文

孔子说:"找寻隐僻的理由,做出怪诞的行为,后世会有所称道,我不做这样的事。君子循道而行,若半途而废,我是不能停止的。君子按照中庸行事,避世不被人知而不后悔,这只有圣人才能做到。"

评析

有些人专门探索那些隐僻的道理,行为上荒诞怪异,就是放着正常人不当,非要搞些花样,可能觉得当正常人太乏味,要用新奇的东西来彰显自己的与众不同。然而道不可须臾离也,可离非道也,平常心就是道,道法自然,求道学道不用外觅,生活就是道场,真有学问的人非常平常。索隐行怪就与真正的道相背而行了。有了一点才气,就自认为聪明的人,寻求隐僻的道理,做荒诞怪异的事情,求名而不择手段。中庸的境界,因很难用平常心去做事,总是踏破铁鞋无觅"奇道妙法",在利害得失中徘徊纠结。孔子的结论是"唯圣者能之",真正有修养、得内心之道的人,才能够达到此境界。

第二十七章

大哉圣人之道!①洋洋乎!发育万物,峻极于天。②优优大哉!礼仪三百,威仪三千。③待其人而后行。④故曰:苟不至德,至道不凝焉。⑤

注释

①包下文两节而言。

②峻,高大也。此言道之极于至大而无外也。

③优优,充足有余之意。礼仪,经礼也。威仪,曲礼也。此言道之入于至小而无间也。

④总结上两节。

⑤至德,谓其人。至道,指上两节而言也。凝,聚也,成也。

译文

伟大啊,圣人的道!是那样的美盛,生发繁育了万物,崇高穷极于苍天;是那样的广泛,礼仪有三百条,威仪有三千条。这些都有待于圣人才能施行。因此,如果不是至德之人,就不能成就圣人的至道。

评析

这段在盛赞圣人之道,认为它像天一样广博浩瀚,能生养万物,这使人想到《易经》中"天地大德曰生",圣人之道所以能生养万物,因为其道的核心是仁,有了它,天地万物会在和风细雨中生长。

第三十一章

唯天下至圣,为能聪明睿知,足以有临也;宽裕温柔,足以有容也;发强刚毅,足以有执也;齐庄中正,足以有敬也;文理密察,足以有别也。①溥博渊泉,而时出之。②溥博如天,渊泉如渊。见而民莫不敬,言而民莫不信,行而民莫不说。③是以名声洋溢乎中国,施及蛮貊。舟车所至,人力所通,天之所覆,地之所载,日月所照,霜露所队,凡有血气者,莫不尊亲,故曰配天。④

右第三十一章。承上章而言小德之川流,亦天道也。

注释

①知,去声。齐,侧皆反。别,彼列反。朱子章句:聪明睿知,生知之质。临,谓居上而临下也。其下四者,乃仁、义、礼、知之德。文,文章也。理,条理也。密,详细也。察,明辨也。

②溥博,周遍而广阔也。渊泉,静深而有本也。出,发见也。言五者之德,充积于中,而以时发见于外也。

③见,音现。说,音悦。朱子章句:言其充积极其盛,而发见当其可也。

④施,去声。队,音坠。朱子章句:舟车所至以下,盖极言之。配天,言其德之所及,广大如天也。

译文

唯有天下的至圣，才能够聪明睿智，足以居高临下；宽厚温柔，足以包容万物；刚强坚毅，足以决断一切；端庄公正，足以使人敬佩；思虑周密，足以辨别是非。宏大深沉而时时有所表现。宏大如同天，深沉如同渊，其表现民众无不敬佩，其言论民众无不信任，其行为民众无不喜爱。因此，其声名洋溢于中土，播及远方。车船所到达之处，人力所通往之处，苍天所涵盖之处，大地所承载之处，日月所临照之处，霜露所降落之处，凡是有血气的人，无不尊崇亲近。所以说，他能与天媲美。

评析

这里讲"至圣"。首先讲圣人的内涵有以下五项："聪明睿智""宽裕温柔""发强刚毅""齐庄中正""文理密察"，都是说圣人的内在品德。根据前文，圣人是生知安行的，所以"聪明睿智"是讲圣人是生而知之的，即所谓"生知之质"。"宽裕温柔"是仁，"发强刚毅"是义，"齐庄中正"是礼，"文理密察"是智，圣人具备仁义礼智四德。其次，用源头奔腾流淌和天的浩瀚无垠，来塑造圣人的智慧，并极力形容其影响。所谓至圣，德行修养至此境界，就如日月照耀一般。有日月照耀的地方，必有恩泽化育万物。

第三十二章

唯天下至诚，为能经纶天下之大经，立天下之大本，知天地之化育。夫焉有所倚？①肫肫其仁！渊渊其渊！浩浩其天！②苟不固聪明圣知达天德者，其孰能知之？③

右第三十二章。承上章而言大德之敦化，亦天道也。前章言至圣之德，此章言至诚之道。然至诚之道，非至圣不能知；至圣之德，非至诚不能为，则亦非二物矣。此篇言圣人天道之极致，至此而无以加矣。

注释

①夫，音扶。焉，於虔反。朱子章句：经、纶，皆治丝之事。经者，理其绪而分之；纶者，比其类而合之也。经，常也。大经者，五品之人伦。大本者，

所性之全体也。惟圣人之德极诚无妄,故于人伦各尽其当然之实,而皆可以为天下后世法,所谓经纶之也。其于所性之全体,无一毫人欲之伪以杂之,而天下之道千变万化皆由此出,所谓立之也。其于天地之化育,则亦其极诚无妄者有默契焉,非但闻见之知而已。此皆至诚无妄,自然之功用,夫岂有所倚著于物而后能哉?

②肫,之纯反。朱子章句:肫肫,恳至貌,以经纶而言也。渊渊,静深貌,以立本而言也。浩浩,广大貌,以知化而言也。其渊、其天,则非特如之而已。

③圣知之知,去声。朱子章句:固,犹实也。郑氏曰:"唯圣人能知圣人也。"

译文

唯有天下的至诚,才能够理顺天下的纲纪,确立天下的根本,通晓天地的化育。他哪里有什么依靠呢?仁是那样的纯粹,渊是那样的深沉,天是那样的宏大。如果不是本来就聪明睿智而通达天德的人,谁能理解他呢?

评析

此章还是讲"至圣"。至圣必须是至诚的。"大经"和"大本"二者都需要高度的诚,只有圣人才能做到。"大经"理顺了,"大本"立起来了,"大本"的核心——仁,也十分笃实,像渊水一样深静,像浩天一样广博,这样崇高的道德自然会独自挺立,无须依托任何东西。这是只有和天同德的圣人才能了解的道理。

2. 论语

述而第七

子之燕居,申申如也,夭夭如也。①

注释

①燕居,闲暇无事之时。朱子章句:杨氏曰:"申申,其容舒也。夭夭,其色愉也。"程子曰:"此弟子善形容圣人处也,为申申字说不尽,故更著夭夭字。今人燕居之时,不怠惰放肆,必太严厉。严厉时著此四字不得,怠惰放肆时亦著此四字不得,惟圣人便自有中和之气。"

译文

孔子闲居时,仪态舒缓,神色和约。

评析

这一章记述的是孔子闲暇时的情态,孔子的教育思想重视言传身教,所以孔子的日常表现也成为弟子学习的典范。孔子的行为仪态表现了很高的教养,没有我们今天的一些人处在闲暇时的那种无聊与寂寞。孔子身心都在定中,妄念不起,很安然,处于心平气和的状态,没有丝毫造作,真正是君子坦荡荡。

述而第七

子温而厉,威而不猛,恭而安。①

①厉,严肃也。人之德性本无不备,而气质所赋,鲜有不偏。惟圣人全体浑然,阴阳合德,故其中和之气见于容貌之间者如此。门人熟察而详记之,亦可见其用心之密矣。抑非知足以知圣人而善言德行者不能记,故程子以为曾子之言。学者所宜反复而玩心也。

译文

孔子温和而严厉,威严却不粗暴,谦恭而安详。

评析

孔子为人既和善又有威严,这是因为孔子内有仁爱,自然外显和善。子曰:"君子不重则不威。"意思是说,若不自厚其德,人就不会有威严、威信。

孔子仁德深厚，自然因而生威。由于孔子之威源自内在的厚德，并非来自外在的权位，是德威而非官威，因此孔子"威而不猛"，虽威严却不令人生畏，反易令人信服、顺从，不失亲近之感。若非仁德修养到极高的境界，是绝不可能做到"温而厉，威而不猛"的。孔子处事谨慎勤勉，是为"恭"。在处事谨慎勤勉之余，孔子遇事又能从容不迫，是为能"安"。"恭而安"实际上是仁、智、勇的集中体现。而仁、智、勇，正是儒家仁德的三大构成要素。

子罕第九

子曰："吾有知乎哉？无知也。有鄙夫问于我，空空如也，我叩其两端而竭焉。"①

注释

①叩，音口。朱子章句：孔子谦言己无知识，但其告人，虽于至愚，不敢不尽耳。叩，发动也。两端，犹言两头。言终始本末上下精粗，无所不尽。程子曰："圣人之教人，俯就之若此，犹恐众人以为高远而不亲也。圣人之道，必降而自卑，不如此则人不亲。贤人之言，则引而自高，不如此则道不尊。观于孔子、孟子，则可见矣。"尹氏曰："圣人之言，上下兼尽。即其近，众人皆可与知；极其至，则虽圣人亦无以加焉，是之谓两端。如答樊迟之问仁智，两端竭尽，无余蕴矣。若夫语上而遗下，语理而遗物，则岂圣人之言哉？"

译文

孔子说："我有知识吗？没有知识。有个乡下人问我，我一无所知，于是就正反终始两端推究，尽我所能回答。"

评析

孔子在世时就已经很有名了，很多人认为他知识渊博，无所不知，无所不能，很多人不惜远道而来，向他请教各种问题。可是，孔子始终保持着谦虚的作风，在任何场合，毫不避讳自己好学，但他也清楚地知道，知识浩如烟海、无边无际，人不可能事事都懂，所以对待知识始终保持"知之为知之，不知为不知"的求实精神。但是，孔子的谦虚又与一般人不同，只要是他觉得好的方法,都会倾囊教给弟子。本章就体现了孔子这种"己欲达而达人"的情操。

卫灵公第十五

师冕见,及阶,子曰:"阶也。"及席,子曰:"席也。"皆坐,子告之曰:"某在斯,某在斯。"①师冕出。子张问曰:"与师言之道与?"②子曰:"然。固相师之道也。"③

注释

①见,贤遍反。朱子章句:师,乐师,瞽者。冕,名。再言某在斯,历举在坐之人以诏之。

②与,平声。朱子章句:圣门学者,于夫子之一言一动,无不存心省察如此。

③相,去声。朱子章句:相,助也。古者瞽必有相,其道如此。盖圣人于此,非作意而为之,但尽其道而已。尹氏曰:"圣人处己为人,其心一致,无不尽其诚故也。有志于学者,求圣人之心,于斯亦可见矣。"范氏曰:"圣人不侮鳏寡,不虐无告,可见于此。推之天下,无一物不得其所矣。"

译文

师冕来见孔子,走到台阶边,孔子说:"这是台阶。"来到座席旁,孔子说:"这是座席。"都坐定了,孔子告诉他说:"孔某在这里,孔某在这里。"师冕告辞了,子张问道:"这是与盲人说话的方式吗?"孔子说:"是的,这应该是接待盲人的方式。"

评析

尊重别人的缺陷,关心身体不方便的人,孔子在每一个细节上都能考虑别人的难处,所以别人才更尊重孔子。事情都是相对的,礼就是先尊重别人、关心别人。

子张第十九

子游曰:"子夏之门人小子,当洒扫、应对、进退,则可矣。抑末也,本之则无。如之何?"①子夏闻之,曰:"噫!言游过矣!君子之道,孰先传焉?孰后倦焉?譬诸草木,区以别矣。君子之道,焉可诬也?有始有卒者,其惟圣人乎!"②

注释

①洒,色卖反。扫,素报反。朱子章句:子游讥子夏弟子,于威仪容节之间则可矣。然此小学之末耳,推其本,如《大学》正心诚意之事,则无有。

②别,彼列反。焉,於虔反。朱子章句:倦,如诲人不倦之倦。区,犹类也。言君子之道,非以其末为先而传之,非以其本为后而倦教。但学者所至,自有浅深,如草木之有大小,其类固有别矣。若不量其浅深,不问其生熟,而概以高且远者强而语之,则是诬之而已。君子之道,岂可如此?若夫始终本末一以贯之,则惟圣人为然,岂可责之门人小子乎?程子曰:"君子教人有序,先传以小者近者,而后教以大者远者。非先传以近小,而后不教以远大也。"又曰:"洒扫、应对,便是形而上者,理无大小故也。故君子只在慎独。"又曰:"圣人之道,更无精粗,从洒扫、应对,与精义入神通贯,只一理。虽洒扫、应对,只看所以然如何。"又曰:"凡物有本末,不可分本末为两段事。洒扫、应对是其然,必有所以然。"又曰:"自洒扫、应对上,便可到圣人事。愚按:程子第一条,说此章文意最为详尽,其后四条,皆以明精粗本末。其分虽殊,而理则一。学者当循序而渐进,不可厌末而求本。盖与第一条之意,实相表里,非谓末即是本,但学其末而本便在此也。"

译文

子游说:"子夏门下的后生,担任打扫卫生、接待客人之类的事是可以的。不过这只是末节,根柢却没有,怎么行呢?"子夏听到后说:"唉!子游错了!君子的大道,哪些先传授、哪些后讲述,以草木来作比喻,是区分为各种门类的。但君子的大道怎么可以歪曲呢?能有始有终的,大概只有圣人吧!"

评析

子游质疑子夏的教育,说你的学生只学了些"洒扫、应对、进退"的小事情,根本的大道都没学到,怎么办?子夏回应说,教育要有个先后,不同的学习阶段,我会教他们不同的东西,根本的大道也会教,不过要后面才教。另外,各个学生的资质不同,我们也不能期望每个人都能学到根本的大道。终极的大道,只有圣人才能掌握。宋代之后,儒家就很重视"洒扫、应对、进退",并且与禅家的"担水砍柴是道"相互影响,不但认为大道就存在于日常小事中,并且认为人人皆可以为尧舜。这与先秦儒家有所不同。

3. 孟子

离娄下

孟子曰:"舜生于诸冯,迁于负夏,卒于鸣条,东夷之人也。①文王生于岐周,卒于毕郢,西夷之人也。②地之相去也,千有余里;世之相后也,千有余岁。得志行乎中国,若合符节。③先圣后圣,其揆一也。"④

注释

①诸冯、负夏、鸣条,皆地名,在东方夷服之地。
②岐周,岐山下,周旧邑,近畎夷。毕郢,近丰、镐,今有文王墓。
③得志行乎中国,谓舜为天子,文王为方伯,得行其道于天下也。符节,以玉为之,篆刻文字而中分之,彼此各藏其半,有故则左右相合以为信也。若合符节,言其同也。
④揆,度也。其揆一者,言度之而其道无不同也。朱子章句:范氏曰:"言圣人之生,虽有先后远近之不同,然其道则一也。"

译文

孟子说:"舜出生在诸冯,迁居到负夏,逝世于鸣条,是东方边地的人;周文王出生在岐周,逝世于毕郢,是西方边地的人。地方相隔一千多里,时代相差一千余年,但他们的意愿得以在中土实施则如同符节吻合那样一致。无论是在先的圣人还是在后的圣人,他们的准则是相同的。"

评析

本篇一开始,孟子首先就举了两个地区和年代相距都甚远的帝王,用以说明统治、管理和服务人民,其道理是一样的,那就是"爱民"。从舜到孟子所在的时代,已有近两千年,留传下来的无数古籍、传说都说明残暴是得不到人民拥护的,只有真切地爱民,以仁爱为本,以爱人为本,以保民为本,才会得到人民的拥护。而只有得到人民的拥护,国家社稷才能保长久。因此,爱民才是统治者、领导人的最佳行为方式。

离娄下

孟子曰:"禹恶旨酒而好善言。①汤执中,立贤无方。②文王视民如伤,望道而未之见。③武王不泄迩,不忘远。④周公思兼三王,以施四事,其有不合者,仰而思之,夜以继日,幸而得之,坐以待旦。"⑤

注释

①恶、好,皆去声。

朱子章句:

《战国策》曰:"仪狄作酒,禹饮而甘之,曰:'后世必有以酒亡其国者。'遂疏仪狄而绝旨酒。"《书》曰:"禹拜昌言。"

②执,谓守而不失。中者,无过不及之名。方,犹类也。立贤无方,惟贤则立之于位,不问其类也。

③而,读为如,古字通用。朱子章句:民已安矣,而视之犹若有伤;道已至矣,而望之犹若未见。圣人之爱民深而求道切如此。不自满足,终日乾乾之心也。

④泄,狎也。迩者,人所易狎而不泄;远者,人所易忘而不忘。德之盛,仁之至也。

⑤三王,禹也,汤也,文、武也。四事,上四条之事也。时异势殊,故其事或有所不合。思而得之,则其理初不异矣。坐以待旦,急于行也。朱子章

句:此承上章言舜,因历叙群圣以继之,而各举其一事,以见其忧勤惕厉之意。盖天理之所以常存,而人心之所以不死也。程子曰:"孟子所称,各因其一事而言,非谓武王不能执中立贤,汤却泄迩忘远也。人谓各举其盛,亦非也,圣人亦无不盛。"

译文

孟子说:"禹嫌恶美酒而喜好善言。成汤坚持中和之道,起用贤人没有定规。周文王看待民众如同他们遭到了伤害,接近了大道仍然像还没见到它那样努力。周武王不轻慢亲近的人,不遗忘远离的人。周公想往兼有夏、商、周三朝贤王的长处,来实施禹、汤、文、武的功业,如果有不符合的地方,抬头思考,夜以继日,有幸想明白了,就坐待天明来实施。"

评析

孟子围绕孔子的仁爱思想建立起仁政学说。在这一过程中,他反复审视先代圣王施政时的存心和观念,从而丰富和完善其学说。他主张"恻隐之心,仁之端也",认为"三代之得天下也以仁,其失天下也以不仁"。孟子的观点很明确:仁爱恻隐之心乃施政的前提和基础。不实行仁政,便会行虎狼之政。周文王"视民如伤",正是出于仁爱恻隐之心,是仁政的具体体现。

离娄下

禹、稷当平世,三过其门而不入,孔子贤之。① 颜子当乱世,居于陋巷,一箪食,一瓢饮,人不堪其忧,颜子不改其乐,孔子贤之。② 孟子曰:"禹、稷、颜回同道。③ 禹思天下有溺者,由己溺之也;稷思天下有饥者,由己饥之也,是以如是其急也。④ 禹、稷、颜子,易地则皆然。⑤ 今有同室之人斗者,救之,虽被发缨冠而救之,可也。⑥ 乡邻有斗者,被发缨冠而往救之,则惑也,虽闭户可也。"⑦

注释

①事见前篇。
②食,音嗣。乐,音洛。
③圣贤之道,进则救民,退则修己,其心一而已矣。

④由与犹同。朱子章句：禹、稷身任其职，故以为己责而救之急也。

⑤圣贤之心无所偏倚，随感而应，各尽其道。故使禹、稷居颜子之地，则亦能乐颜子之乐；使颜子居禹、稷之任，亦能忧禹、稷之忧也。

⑥不暇束发而结缨往救，言急也。以喻禹、稷。

⑦喻颜子也。朱子章句：此章言圣贤心无不同，事则所遭或异，然处之各当其理，是乃所以为同也。尹氏曰："当其可之谓时，前圣后圣，其心一也，故所遇皆尽善。"

译文

禹、稷处于太平时代，三次经过自己家门却不进去，孔子称赞他们。颜回处于动乱时代，住在狭小的巷子里，用一个筐吃饭、一个瓢喝水，别人受不了这种清苦，颜回却不改变他的志趣，孔子称赞他。孟子说："禹、稷、颜回是一个道理。禹想到天下有淹入水中的人，如同是自己使他们淹入水中一样；稷想到天下有挨饿的人，如同是自己使他们挨饿一样，所以他们是如此的急迫。禹、稷、颜回互换了位置都一样。现今有同屋的人在争斗，就援救他们，即使披散着头发就戴上冠帽去援救他们都没有关系；乡里的邻居有人在争斗，披散着头发就戴上冠帽去援救他们就糊涂了，这时即使关起门来都没有关系。"

评析

在孔子称为"贤"的两种人中，包含了他的两大理想：立功与立德。立功就是推行仁道，造福天下，实现大同世界；立德则是建立一种乐道自足的强大精神境界，富贵贫贱，始终如一。孟子将禹、稷、颜回这三者联系到一起，想说明的是他们所守的道是一样的，那就是"用之则行，舍之则藏"。进则救民，退则修身。另外，用舍行藏，不是所有地方都非用不可，也不是故意隐藏，看到自己家人打架，肯定有责任劝架，这就是要用，而不是不用；如果邻里打架，那就不一定用了，但也不是故意隐藏。因此，用舍行藏是相对的，不是绝对的，职责范畴内的，必须得用；不在职责范畴内的，也可以藏，但不是故意的藏。用舍行藏也有自己的边界。

万章下

孟子曰:"伯夷,圣之清者也;伊尹,圣之任者也;柳下惠,圣之和者也;孔子,圣之时者也。①孔子之谓集大成。集大成者也,金声而玉振之也。金声也者,始条理也;玉振之也者,终条理也。始条理者,智之事也;终条理者,圣之事也。②智,譬则巧也;圣,譬则力也。由射于百步之外也,其至,尔力也;其中,非尔力也。"③

注释

①张子曰:"无所杂者清之极,无所异者和之极。勉而清,非圣人之清;勉而和,非圣人之和。所谓圣者,不勉不思而至焉者也。"孔氏曰:"任者,以天下为己责也。"愚谓孔子仕、止、久、速,各当其可,盖兼三子之所以圣者而时出之,非如三子之可以一德名也。朱子章句:或疑伊尹出处,合乎孔子,而不得为圣之时,何也? 程子曰:"终是任底意思在。"

②此言孔子集三圣之事,而为一大圣之事,犹作乐者,集众音之小成,而为一大成也。成者,乐之一终,《书》所谓"箫《韶》九成"是也。金,钟属。声,宣也,如声罪致讨之声。玉,磬也。振,收也,如振河海而不泄之振。始,始之也。终,终之也。条理,犹言脉络,指众音而言也。智者,知之所及。圣者,德之所就也。盖乐有八音:金、石、丝、竹、匏、土、革、木。若独奏一音,则其一音自为始终,而为一小成。犹三子之所知偏于一,而其所就亦偏于一也。八音之中,金、石为重,故特为众音之纲纪。又金始震而玉终诎然也,故并奏八音,则于其未作,而先击镈钟以宣其声;俟其既阕,而后击特磬以收其韵。宣以始之,收以终之。二者之间,脉络通贯,无所不备,则合众小成而为一大成,犹孔子之知无不尽而德无不全也。"金声玉振,始终条理",疑古《乐经》之言。故儿宽云:"惟天子建中和之极,兼总条贯,金声而玉振之。"亦此意也。

③中,去声。朱子章句:此复以射之巧、力,发明智、圣二字之义。见孔子巧、力俱全,而圣、智兼备。三子则力有余而巧不足,是以一节虽至于圣,而知不足以及乎时中也。此章言三子之行,各极其一偏;孔子之道,兼全于

众理。所以偏者,由其蔽于始,是以缺于终;所以全者,由其知之至,是以行之尽。三子犹春夏秋冬之各一其时,孔子则太和元气之流行于四时也。

译文

孟子说:"伯夷是圣贤中的清高者,伊尹是圣贤中的尽责者,柳下惠是圣贤中的随和者,孔子是圣贤中的合时宜者。孔子被称为集大成者。所谓集大成,好比是敲钟起音、击磬收尾,敲钟起音是井然有序地发端,击磬收尾是井然有序地终结。井然有序地发端是智的做法,井然有序地终结是圣的做法。智就好比技艺,圣就好比膂力。犹如在百步之外射箭,射得到靠你的膂力,射得中就不是靠你的膂力了。"

评析

孟子在这里罗列的,是四种圣人的典型:伯夷清高,伊尹具有强烈的责任感和使命感,柳下惠随遇而安,孔子识时务。比较而言,孟子认为前三者都还只具有某一方面的突出特点,而孔子则是集大成者,金声而玉振,具有"智"与"圣"相结合的包容性。孟子在这里并没有展开对孔子的全面论述,而只是抓住他应该怎样就怎样的这一特点,来说明他是圣人中识时务的人,所谓"识时务者为俊杰"。孟子所强调的,是孔子通权达变、具有包容性的特点,所以才有"孔子之谓集大成"的说法。而由"集大成"的分析,又过渡到对于"智"与"圣"相结合的论述,孔子正是这样一个"智""圣"合一的典型,也就是"德才兼备"的最高典范。

尽心下

孟子曰:"圣人,百世之师也,伯夷、柳下惠是也。故闻伯夷之风者,顽夫廉,懦夫有立志;闻柳下惠之风者,薄夫敦,鄙夫宽。奋乎百世之上,百世之下,闻者莫不兴起也。非圣人而能若是乎?而况于亲炙之者乎?"①

注释

①兴起,感动奋发也。亲炙,亲近而熏炙之也。余见前篇。

译文

孟子说:"圣人能为百世所效法,伯夷、柳下惠就是如此。所以,听说伯夷之风范的,贪鄙者廉洁,懦弱者有自立的志向;听说柳下惠之风范的,刻薄者敦厚,鄙吝者宽容。在百世以前奋发,百世以后听说的人没有不感动振作的。不是圣人能如此吗? 更何况亲身受到熏陶的人呢?"

评析

孟子举的这两个例子,包括四种人:顽夫、懦夫、薄夫、鄙夫,都是普遍存在于社会中的人。而教育的目的,是使这类人改变过来,也就是学问之道在于变化气质的道理。修行是修正心理行为,然后就可更进一步,向成为圣人的路上迈进。所以"廉""立志""敦""宽",也就是圣人之道。人的修养应该如此。

(二)《近思录》

卷十四　圣贤气象(凡二十六条)　第一条

明道先生曰:尧与舜更无优劣。及至汤武①便别。孟子言性之反之②,自古无人如此说。只孟子分别出来,便知得尧舜是生而知之,汤武是学而能之。文王③之德则似尧舜,禹④之德则似汤武。要之皆是圣人。(《遗书》卷二上,页二十一上)

朱子曰:性者,得全于天,无所污坏,不假修为,圣之至也。反之者,修为以复其性,而至于圣人也。程子曰:"性之反之,古未有此语,盖自孟子发之。"(《孟子集注·尽心第七下》第三十三章)

又曰:圣人之心,不曾有个起头处。尧舜性之,合下便恁地去。初无个头。到汤武反之,早是有头了。但其起处甚微,五伯⑤则甚大。(《语类》卷六十,第一三五条,页二二九九/一四四八)

注释

①尧、舜、汤、武,指唐代之尧帝、虞代之舜帝、商朝之汤王、周朝之武王。
②《孟子·尽心下》第三十三章。
③同上注①。
④同上。
⑤春秋时代之齐桓公、晋文公、秦穆公、楚庄王、宋襄公。

译文

程颢说:尧和舜再分不得优劣,到商汤和周武王时,就有了区分。孟子说:"尧、舜的仁德是出于自然的本性","汤、武的仁德是恢复了其本然的善性"。自古没有人这么说,只有孟子分辨出来,便可知尧、舜是生而知之,汤、武是学而能之。文王之德则近似于尧、舜,大禹之德则近似于汤、武。总之都是圣人。

评析

这一条列举对比了六个上古人物,分别是尧、舜、禹、商汤王、周文王和周武王。据孟子之见,尧舜及文王可谓是上上之德,属于孟子说的"性之",顺性而有天下,率性而治天下;禹、商汤、周武王虽也有德,但是不及前三者,他们属于孟子说的"反之",有心谋取天下,反之而有天下。同是圣人,孰高孰低,自见分晓。

卷十四 圣贤气象(凡二十六条) 第十条

孔明①有王佐之心,道则未尽。王者如天地之无私心焉。行一不义而得天下不为。孔明必求有成而取刘璋②。圣人,宁无成耳,此不可为也。若刘表③子琮将为曹公所并,取而兴刘氏可也。④(《遗书》卷二十四,页二下。伊川语)

叶采曰:东汉(一一五—二二〇)末,曹操据汉将篡。孔明辅先主(刘备),志欲攘除奸凶。复兴汉室。而其规模宏远,操心公平,有王佐之心,然于王道则有所未尽。盖圣人之道,如天地发育无有私意。行一不义,虽可以得天下而不为。先主以诈取刘璋,孔明不得以无责,盖其志于有成。行不义而不暇顾。若圣人则宁汉无兴,不忍为此也。先主依刘表。曹操南侵。会表卒,子琮迎降。孔明说先主取荆州(在今湖北)先主不忍。琮降则地归曹氏矣。取以兴汉,何负于表?较之取刘璋,则曲直有间矣。或谓先主虽得荆州,未必能御曹操。然此又特以利钝言者也。(《集解》卷十四,页四)

朱子曰:忠武侯(孔明)天资高,所为一出于公。若其规模,并写《申子》之类,则其学只是伯。程先生云:"孔明有王佐之心,然其道则未尽。"其论极当。(《语类》卷一三六,第八条,页五一九二至五一九三/三二三五)

致道⑤问孔明出处。曰:当时只有蜀先主可与有为耳。如刘表刘璋之徒,皆了不得。曹操自是贼。既不可从,孙权又是两间底人。只有先主名分正,故只得从之。(同上,第九条,页五一九三/三二三五)

器远⑥问:诸葛武侯杀刘璋是如何?曰:这只是不是。初间教先主杀刘璋,先主不从。到后来先主见事势迫,也打不过,便从他计。要知不恁地行计杀了他。若明大义,声罪致讨,不患不服。看刘璋欲从先主之招,倾城人民愿留之。那时郡国久长,能得人心如此。(同上,第十一条,页五一九四/三二三六)

注释

①孔明(一八一—二三四),姓诸葛,名亮,字孔明。汉末,群雄割据。刘备(一六二—二二三)访孔明于其草庐,请为军师。曹操志在篡汉,举军东下,与刘备战于赤壁(在今湖北)(建安十三年,二〇八),操大败。章武元年(二二二)刘备称帝,国号蜀,以孔明为相。继续与西北操子曹丕称帝所立之魏,东南之吴,斗战十余年。是谓三国。三国演义即此史事之戏剧化,尤以孔明之六出祁山,七擒孟获,及八阵图为有声有色。在民间传统中,孔明乃无上英雄。孔明卒,谥忠武侯。《三国志》之《蜀书》卷五有传。

②刘璋为益州(今四川省地)牧,迎先主,先主往会。张松劝先主于会中袭璋,先主不忍,及璋斩松,并渝不得复通先主。先主怒,还兵击璋。璋降。详见《蜀志》卷一《刘璋传》。

③刘表(一四四—二〇八)为荆州牧卒,子琮举州降曹操。《后汉书》卷

一〇四下,《刘表传》。

④此条朱子误作明道语(《语类》卷一三六,第八条,页五一九三)。

⑤赵致道,名师夏,绍熙元年庚戌(一一九〇)进士。宋室后人。朱子弟子。

⑥曹叔远,字器远,朱子门人。

译文

诸葛亮有王佐之心,但对于圣人之道却不尽知。以仁政治天下的王者,就是让他做一件不义的事就能得天下,他也不做。诸葛亮一味追求成功而进攻刘璋,将要被曹操瓦解,夺取之而兴刘氏,是可以的。

评析

这一条是对三国时期诸葛孔明的评价,也是对古代王道霸道政治的见解。作者在此偏向于王道。王道坐行正义,正大光明,无有私心,自然得道而有天下。因此,孔明想取刘表之子琮则可,取刘璋则不可,因为义。

卷十一 教学之道(凡二十一条) 第四条

圣人之道如天然,与众之识其殊邈也。门人弟子既亲炙,而后益知其高远。既若不可以及,则趋望之心怠矣。故圣人之教,常俯而就之。事上临丧,不敢不勉。君子之常行,不因于酒①,尤其近也。而以己处之者,不独使夫资之下者,勉思企及。而才之高者,亦不敢易乎近矣。(《经说》,今见《论语集注·述而第七》第二十三章。"就之"以上,亦见《粹言》卷二,页四下)

程子又曰:孔子曰:"二三子,以吾为隐乎?吾无隐乎尔②",无知之谓也。圣人之教人,俯就之。若此犹恐众人以为高远而不亲也。圣人之言,必降而自卑。不如此则人不亲。贤人之言,必引而自高。不如此则道不尊。观孔子孟子,则可见矣。(《外书》卷三,页二下)

问:伊川言:"圣人教人常俯就。"若是掠下一著教人,是圣人有隐乎尔,何也?朱子曰:道有大小精粗。大者精者固道也。小者粗者亦道也。观《中庸》言:"大哉圣人之道!洋洋乎发育万物,峻极于天③",此言道之大处。"优优大哉!礼仪三百,威仪三千④",是言道之小处。圣人教人,就其小者近人,便是俯就。然所谓大者精者,亦只在此,初无二致。要在学者下学上达,自见得耳。在我则初无所隐也。(《语类》卷三十四,第一六〇条,页一四三二/八九三至八九四)

问:伊川谓:"圣人之言,必降而自卑。不如此则人不亲。贤人之言,必引而自高。不如此则道不尊。"此是形容圣人气象不同邪?抑据其地位,合当如此?曰:圣人极其高大,人自难企及。若更不俯就,则人愈畏惧而不敢进。贤人有未熟处,人未甚信服。若不引而自高,则人必以为浅近不足为。(同上,卷三十六,第六十二条,页一五三四/九六〇)

问:先儒曰:"圣人之言,必降而自卑。贤人之言,必引而自高",如何?先生(王阳明)曰:不然。如此,却乃伪也。圣人如天,无往而非天。三光⑤之上,天也。九地⑥之下,亦天也。天何尝有降而自卑?此所谓大而化之也。⑦贤人如山岳。守其高而已。然百仞者不能引而为千仞,千仞者不能引而为万仞。是贤人未尝引而自高也。引而自高,则伪矣。(《传习录》卷上,第七十四条)

注释

① 《论语·子罕第九》第十五章。
② 同上,《述而第七》第二十三章。
③ 《中庸》第二十七章。
④ 同上。
⑤ 日,月,星。
⑥ 深奥之处。
⑦ 《孟子·尽心第七下》第二十五章。

译文

孔子的学问仿佛天然生成,一般人的见识,与之相隔太远了。他的弟子们既然在身边受教,就更了解他学问的深远。但是如果让人感到他的学问高不可攀,那么向往之心就会怠惰。所以孔子教人,经常按照所教对象的水平施教。例如他说:"出门服侍公卿,在家服侍父兄,丧事不敢不尽礼。"这都是君子的普通行为。又说不被酒所困,更是与平常人贴近了。用他自己对待这些事的做法去教导人,不仅使那些天资低下的人努力想去做得到,而且那些才智高的人也不敢由于浅近而看不起。

评析

圣人施教懂得使自己平易近人,以言传以身教,这样才能使各种等级基础的人都能学习。

卷四 存养(凡七十条) 第三十一条

圣人"修己以敬以安百姓①","笃恭而天下平②"。惟上下一于恭敬,则天地自位,万物自育。③气无不和。四灵④何有不至?此"体信达顺⑤"之道。聪明睿智皆由是出。以此事天飨帝。⑥(《遗书》卷六,页一上下)

朱子曰:"惟上下一于恭敬"。这却是上之人有以感发兴起之。体信是忠,达顺是恕。体信是无一毫之伪。达顺是发而皆中节,无一物不得其所。"聪明睿智皆由此出。"这是自诚而明。(《语类》卷四十四,第一二三条,页一八一八/一一四五)

问:"体信达顺。"曰:体信是实体此道于身,达顺是发而中节,推之天下而无所不通也。(同上,第一二五条,页一八一九/一一四五)

问:"体信达顺。"曰:信只是实理。顺只是和气。体信是致中底意思,达顺是致和底意思。此是《礼记》中语言。能恭敬则能体信达顺。"聪明睿智由此出"者,言能恭敬自然心便开明。(同上,第一二七条,页一八一九/一一四五)

又曰:程子曰:"君子'修己以安百姓','笃恭而天下平'",至"以此事天享帝"。此语上下不难晓。惟中间忽云,"聪明睿智皆由此出",则非容易道得。是他曾因此出些聪明睿智来。(同上,第一三一条,页一八二〇/一一四六)

中村惕斋曰:因天下气和,四灵祥瑞,然应运而至。(《示蒙句解》卷四,页一九五)

注释

①《论语·宪问第十四》第四十五章。
②《中庸》第三十三章。
③同上,第一章。
④龙,凤,龟,麟。《礼记·礼运》第二十六节。
⑤同上,第三十五节。
⑥各本有并此条与上条为一条,或并第五十四与五十五为一条而分第六十五为两条,以足本卷七十条之数者。

译文

圣人修养自己做到敬,以此来安定老百姓,厚实谨慎而天下太平。只有上边的人与下边的人全都统一在恭谨敬慎的态度上,那么天地就自然各在其位,万物就自然养育成长,气也没有不和的,麟凤龙龟这四灵为什么会不显现到来呢?这就是"表达天理人情及表达其顺应天理人情"的方法。聪明睿智都从这恭敬中来。用这恭敬的态度来侍奉上天、祭享上帝。

评析

"修己以安百姓"的根本点在于"修己",即"修身为本"。这是这个命题所蕴含的根本要义,但君子之道不止于"修身",而是"止于至善"。孔子认为,"修己以安百姓"是政治的终极目标,是儒家的最高理想。

卷十　君子处事之方(凡六十四条)　第五十四条

圣人之责人也常缓。便见只欲事正,无显人过恶之意思。(《外书》卷七,页一下)

茅星来曰:"只欲事正",公也。"无显人过恶之意",恕也。公而恕,所以责人常缓。(《集注》卷十,页二十二下)

译文

圣人指责人一般都是宽容委婉的。即便出现指责人的情况也只是希望事情公正,没有凸显他人过失和邪恶的意思。

评析

二程以"诚"为责善之道,认为圣人的责善原则是"责人常缓,不显过恶",即既要指正其过失,又不能凸显其过失,这似乎很难理解。众所周知,惩恶扬善这二者是统一的,怎么才能在不凸显恶的情况下充分扬善呢?二程的意思表明了责善的目的是"只欲事正",既然如此,我们诚恳地帮助他人改过,就应表现出"只欲事正"的意图,而不是使人误解我们有"显人过恶"之意。所以"责人缓"是要求经由交流过程最大限度地凸显诚意。

(三)《传习录》

卷上　陆澄录　第二十一条

问:"圣人应变不穷,莫亦是预先讲求否?"先生曰:"如何讲求得许多?圣人之心如明镜。只是一个明,则随感而应,无物不照。未有已往之形尚在,未照之形先具者。若后世所讲①,却是如此。是以与圣人之学大背。周公制礼作乐②,以文天下,皆圣人所能为。尧舜何不尽为之,而待于周公?孔子删述《六经》③,以诏万世,亦圣人所能为。周公何不先为之,而有待于孔子?是知圣人遇此时,方有此事。只怕镜不明。不怕物来不能照。讲求事变,亦是照时事。然学者却须先有个明的工夫。学者惟患此心之未能明,不患事变之不能尽。"曰:"然则所谓'冲漠无朕,而万象森然已具'④者,其言何如?"曰:"是说本自好,只不善看,亦便有病痛。"⑤

佐藤一斋引陈龙正云:"无朕中须有个明的工夫,便无病。只守冲漠,便是养成騃(无知之人)"。

吉村秋阳云:此问答俱以中和为前后二时,犹是旧说。

陶浔霍云:王学大旨。

但衡今云:故曰:"自诚明,谓之性。自明诚,谓之教。"(《中庸》第二一章)诚者内圣事,明者外王事,有一不足,皆非圣人之道也。阳明本节,只提出一明字,似嫌不足。

注释

①后世,近藤信以为是指朱子之学。

②周公制礼作乐,《礼记·明堂位篇》:"周公践天子之位,以治天下。六年,朝诸侯于明堂,制礼作乐。"

③孔子删述《六经》,孔安国(壮年纪元前一三〇年)《古文尚书序》曰:"先君孔子生于周末。睹史籍之烦文,惧览者不一。遂乃定礼乐,明旧章。删《诗》为三百篇。约史记而修《春秋》。赞易道以黜八索,述职方以除九丘。"

④冲漠无朕,万象森然已具。程伊川语(《二程遗书》卷十五,页八上。采入《近思录》卷一,第三二条)。太田锦城(一七六五——一八二五)《疑问录》(天保二年(一八三一)本,页二十下)列举老子"冲""泊""未兆"等字,与庄子"淡""漠""冲""无朕""恬淡""寂漠"等句,及永嘉(七一二年卒)《证道歌》"万象森罗"之语(《景德传灯录》卷三十,页十一上《四部丛刊》本。)以为伊川之语出自佛典。查"万象森罗"亦见《坛经》第二十节。然山崎暗斋(一六一八——一六八二)曾罗列宋明学者引用此语(《续山崎暗斋全集》下,页七十八至八十六),东京,昭和二年(一九一六),日本古典学会,并未言其出自佛典。宋儒每用禅家字句,然语则伊川之语也。

⑤参看《传习录》卷上,陆澄录,第八十二条。

译文

陆澄问:"圣人能应变无穷,莫非事先研究谋划过?"先生说:"圣人哪有精力顾及许多?圣人的心犹如明镜,这个明,使它感而必应,无物不照。过去所照物影已不复存在,未照的不可能预先具备。若如后人所说的那样,圣人对什么都事先研究过了,这与圣人的学说大相背离了。周公旦制礼作乐惠及天下,是圣人所能做到的,为什么尧舜不全部做了而非要等到周公呢?孔子修订六经教育万世,也是圣人所能做到的,为什么周公不先做了而非要等到孔子呢?可见,所谓圣人的光辉事业,乃是碰到特定的历史条件才有的。只怕镜子不明亮,不怕有物不能照。学者研究时事变化,与镜子照物的道理是相同的,但学者须有一个'明'的功夫。对于学者来说,不怕不能穷究事物的变化,只怕己心不能明。"陆澄说:"既然如此,程颐先生说的'冲漠无朕,而万象森然已具',这句话对吗?"先生说:"这句话本来说得很好,只是颇让人费解,于是便有了问题。"

评析

《商君书·更法第一》中说:"上代人治理方法有异同,要后代人效法哪个?各代帝王的礼制也不一样,要后代人遵循哪个?伏羲、神农时代只教育不诛杀,黄帝、尧、舜时代只诛杀而不谴责。到了文王、武王时代,各自都是依据当时的形势而立法,根据实际需要去制定礼仪。……治理天下不是一种方法,有利于国家就不必仿效古人。"这是秦孝公与大臣商讨变法时,商鞅针对甘龙、杜挚主张法古、反对变法的言论而阐发的一番议论。他反对用死人去约束活人,强调应变和变革。圣人的应变建立在"察时、明德"上,这个"明"和"察"的工夫,正是"圣算"的工夫。

卷上　陆澄录　第三十条

问:"知识不长进如何?"先生曰:"为学须有本原,须从本原上用力,渐渐盈科①而进。仙家说婴儿②亦善。譬婴儿在母腹时,只是纯气,有何知识?出胎后,方始能啼,既而后能笑,又既而能识认其父母兄弟,又既而后能立,能行,能持,能负。卒乃天下之事,无不可能。皆是精气日足,则筋力日强,聪明日开,不是出胎日便讲求推寻得来,故须有个本原。圣人到位天地,育万物③,也只从喜怒哀乐未发之中④上养来。后儒不明格物之说,见圣人无不知、无不能,便欲于初下手时讲求得尽。岂有此理?"又曰:"立志用功,如种树然。方其根芽,犹未有干。及其有干,尚未有枝。枝而后叶。叶而后花实。初种根时,只管栽培灌溉。勿作枝想,勿作叶想,勿作花想,勿作实想。悬想何益?但不忘栽培之功,怕⑤没有枝叶花实?"

王应昌云:此篇学问全从养气上,看来是良知的发展。后面几个勿作,想俱是必有事而勿正。

唐九经云：能拟先生学问之变化处。

注释

①盈科，《孟子·离娄篇》第四下第十八章："原泉混混,不舍昼夜。盈科而后进,放乎四海。"朱子《孟子集注》云："盈,满也。科,坎也。言其进以渐也。"

②婴儿，即本章第十六条结圣胎。源出《老子》第十章："专气致柔,能婴儿乎？"

③位育，《中庸》第一章："致中和,天地位焉,万物育焉。"

④未发之中，同上："喜怒哀乐之未发,谓之中。"

⑤吉村秋阳云："怕"，做反语看。

译文

陆澄问："知识不见长进,如何是好？"先生说："为学必须有个根本,要从根本上下苦功夫,循序渐进。仙家用婴儿作比,不失为一个好方法。譬如,婴儿在母腹中,纯是一团气,有什么知识？脱离母体后,方能啼哭,尔后会笑,后来又能认识父母兄弟,逐渐能站,能走,能拿,能背,最后天下的事无所不能。这都是他的精神日益充足,筋力日益强壮,智慧日益增长。这并非从母体娩出后所能推究得到的。所以要有一个本源。圣人能让天地定位、万物化育,也只是从喜怒哀乐未发之中修养得来。后世儒生不明白格物的主张,看到圣人无所不晓、无所不会,就想在开始时把一切彻底研究,哪有这番道理？"先生接着说："立志用功,宛若种树。开始生根发芽,没有树干；有了树干,没有枝节；有了枝节,然后有树叶；有了树叶,然后有花果。刚种植时,只顾栽培浇灌,不要想枝,不要想叶,不要想花,不要想果。空想有何益？只要不忘记栽培浇灌的功夫,何愁没有枝叶和花果？"

评析

孟子说过："流水这东西啊,不灌满坑洼就不前进；道德高尚的人立志学习道义啊,不积累深厚而至素养见于仪表,就不能通达圣道。"孟子以流水作比喻,与阳明先生"栽培灌溉"的比喻一样,阐述学者进德修业,也必须循序渐进、渐积而前;先求充实,然后才能通达。

卷上 陆澄录 第四十七条

夜气①是就常人说,学者能用功,则日间有事无事,皆是此气翕聚发生处。圣人则不消说夜气②。

吉村秋阳引刘宗周云:皆先生之论。

注释

①夜气,《孟子·告子篇》第六上第八章:"牛山之木尝美矣……旦旦而伐之,可以为善乎?……有梏亡之矣。梏之反复,则其夜气不足以存。夜气不足以存,则其违禽兽不远矣。"夜气以存,乃得平旦时清明之气。

②说夜气,圣人不自伐,其气时时清明。

译文

夜气,是就普通人而言的。做学问的人如果能够用功,那么,白天无论有事无事,都是夜气的聚合发散在起作用。圣人则不必说夜气。

评析

其实这句话中所引先儒的话并无不妥,其意在于指出:道德与学识修养不同的人在与人交流时的策略有不同,但目的都在于让人得到对最高的道德与境界的认识。王阳明的回复则是从另一种方式解读这句话他的重点在于指出,无论是圣人还是贤人都不会在与别人交流时有所伪装,有所隐瞒,而是会真诚地表现自己的品质与学养。

卷上 陆澄录 第七十四条

问:"先儒曰:'圣人之言,必降而自卑。贤人之言,则引而自高。'①如何?"先生曰:"不然。如此却乃②伪也。圣人如天,无往而非天,三光③之上,天也,九地④之下,亦天也。天何尝有降而自卑?此所谓大而化之⑤也。贤人如山岳。守其高而已。然百仞者不能引而为千仞。千仞者不能引而为万仞。是贤人未尝引而自高也。引而自高,则伪矣。"

注释

①自高,程颐《二程外书》卷三(页二下):"圣人之教人,俯就之若此。犹恐众人以为高远而不亲也。圣人之言,必降而自卑。不如此则人不亲。贤人之言,必引而自高。不如此则道不尊。"朱子(《论语集注》)注《子罕篇》第九第七章引之。

②乃,三轮执斋本作"是"。

③三光,日月星。

④九地,九乃数之终。九地,地之终极,即地底也。

⑤大而化,《孟子·尽心篇》第七下地二十五章:"充实而有光辉之谓大。大而化之之谓圣。"

译文

有人问:"先儒讲道:'圣人之道,必降而自卑。贤人之言,则引而自高。'这句话当如何看待?"先生说:"不对。如此就为虚伪、做作。圣人犹如天,无往而不在,日月星辰之上是天,地底下也是天。天什么时候降而自处于卑下地位呢?这就是孟子所说的大而化之。贤人如同高山,仅仅保持着它的高度罢了。然而,百仞之高不能再拉长到千仞,千仞之高不能再拉长到万仞。所以,贤人也未曾自引为高,自引为高就是虚伪。"

评析

其实这句话中所引先儒的话并无不妥,其意在于指出道德与学识修养不同的人在与人交流时的策略不同,但目的都在于让人得到对最高的道德境界的认识。王阳明的回复则是以另一种方式解读这句话。他的重点在于指出,无论是圣人还是贤人都不会在与别人交流时有所伪装、有所隐瞒,而是会真诚地表现自己的品质与学养。

卷上　薛侃录　第九十九条

希渊①问:"圣人可学而至。然伯夷②、伊尹③于孔子,才力终不同。其同谓之圣者④安在?"先生曰:"圣人之所以为圣,只是其心纯乎天理,而无人欲之杂。犹精金之所以为精,但以其成色足而无铜铅之杂也。人到纯乎天理方是圣,金到足色方是精。然圣人之才力,亦有大小不同,犹金之分两有轻重。尧舜犹万镒⑤,文王、孔子犹九千镒,禹、汤、武王犹七八千镒,伯夷、伊尹犹四五千镒。才力不同,而纯乎天理则同,皆可谓之圣人。犹分两虽不同,而足色则同,皆可谓之精金。以五千镒者而入于万镒之中,其足色同也。以夷、尹而厕⑥之尧、孔之间,其纯乎天理同也。盖所以为精金者,在足色,而不在分两。所以为圣者,在纯乎天理,而不在才力也。故虽凡人,而肯为学,使此心纯乎天理,则亦可为圣人。犹一两之金,比之万镒,分两虽悬绝,而其到足色处,可以无愧。故曰'人皆可以为尧舜'⑦者以此。学者学圣人,不过是去人欲而存天理耳。犹炼金而求其足色。金之成色,所争不多,则锻炼之工省,而功易成。成色愈下,则锻炼愈难。人之气质,清浊粹驳,有中人以上,中人以下。其于道,有生知安行,学知利行。⑧其下者,必须人一己百,人十己千,及其成功则一。⑨后世不知作圣之本是纯乎天理,却专去知识才能上求圣人。以为圣人无所不知,无所不能,我须是将圣人许多知识才能,逐一理会始得。故不务去天理上着工夫,徒弊精竭力,从册子上钻研,名物上考索,形迹上比拟。知识愈广而人欲愈滋,才力愈多而天理愈蔽。正如见人有万镒精金,不务锻炼成色,求无愧于彼之精纯,而乃妄希分两,务同彼之万镒。锡铅铜铁,杂然而投,分两愈增,而成色愈下。既其梢末,无复有金矣。"时曰仁⑩在傍曰:"先生此喻,足以破世儒支离之惑。大有功于后学。"先生又曰:"吾辈用功,只求日减,不求日增。减得一分人欲,便是复得一分天理。何等轻快脱洒?何等简易?"⑪

刘宗周云:又只举天理比勘,真是旷古眼孔。(《遗编》卷十三《阳明传信录》三,页十一下。)

施邦曜云:才力限于气禀,必求才力之间,便见圣人非人所能为。只求乎天理而不论才力,所以人皆可以为尧舜。东正纯曰:"此即王子之本旨矣。"

王应昌云:论工夫故曰日益,论本体故曰日损。此为学为道之别,须根上章看来。

佐藤一斋云:精金分量之喻,卷内德章条(第一〇七条)可参。朱得之(朱本思,参看第二七四条)之《稽山家语》亦有一条,尤为详尽。

注释

①希渊,蔡宗衮,字希渊,号我斋。山阴(今浙江绍兴之白洋)人。徐爱为阳明弟子之首,而先生次之。正德七年(一五一二)受业。以教授奉母,孤介不为当局所喜,后任四川督学。参看《明儒学案》卷十一,页五上。

②伯夷叔齐,孤竹君之二子。传说商灭,耻食周粟,饿死于首阳山。

③伊尹,名挚。商之贤相。助汤伐桀,遂王天下。汤之孙太甲(前一七三八至前一七二七在位)无道,伊尹放之。参看《孟子·万章篇》第五上第六章。

④圣者,《孟子》同篇下第一章:"伯夷,圣之清者也。伊尹,圣之任者也。孔子,圣之时者也。"

⑤一镒,二十两,或云四十两。

⑥厕,排列。

⑦为尧舜,语见《孟子·告子篇》第六下第二章。

⑧知行,《中庸》第二十章:"或生而知之,或学而知之,或困而知之。及其知之,一也。或安而行之,或利而行之,或勉强而行之。及其成功,一也。"

⑨百千,《孟子》同章续云:"人一能之,己百之。人十能之,己千之。"

⑩曰仁,徐爱,字曰仁,号横山(一四八八——一五一八)。余杭之马堰(浙江)人。任南京工部郎中。先生为阳明妹婿。阳明出狱将赴谪贵州(一五〇七),先生即北面称弟子。及门莫有先之者。正德七年(一五一二)与阳明同舟由南京归越(今浙江绍兴),论大学宗旨。阳明尝曰:"曰仁,吾之颜渊也。"颜渊死年三十二,徐爱死年三十一。参看《明儒学案》卷十一(页一上至四下)颜渊,姓颜名回,字子渊,亦称颜渊,鲁人。少孔子四十岁(或云三十八岁)。弟子中最贤者。不幸三十二岁短命死矣。

⑪诸圣相比,参看本章一〇七条与二八六条。此条佐藤一斋得诸朱得之之《稽山家语》,录作本条之注。今载卷下之末附录为《拾遗》第三十七条。

译文

蔡希渊问："人固然可以通过学习成为圣贤，但是，伯夷、伊尹与孔子相比，在才力上终究有所不同。孟子把他们同称为圣人，原因何在？"先生说："圣人之所以为圣人，只因他们的心纯为天理而不夹杂丝毫人欲。犹如精金之所以为精金，只因它的成色充足而没有掺杂铜、铅等。人到纯是天理才为圣人，金到足色才为精金。然而，圣人的才力，也有大小之分，犹如金的分量有轻重。尧、舜如同万金之镒，文王、孔子如同九千之镒，禹、汤、武王如同七八千之镒，伯夷、伊尹如同四五千之镒。才力各异，纯为天理相同，都可称为圣人。仿佛金的分量不同，而只要在成色上相同，都可称为精金。把五千镒放入万镒之中，成色一致。把伯夷、伊尹和尧、孔子放在一块，他们的纯是天理同样一致。之所以为精金，在于成色足，而不在分量的轻重。之所以为圣人，在于纯乎天理，而不在才力大小。因此，平常之人只要肯学，使已心纯为天理，同样可成为圣人。比如一两精金，与万镒之金对比，分量的确相差很远，但就成色足而言，则是毫不逊色。'人皆可以为尧舜'，根据的正是这一点。学者学圣人，只不过是去人欲而存天理罢了。好比炼金求成色充足，金的成色相差不大，锻炼的工夫可节省许多，容易成为精金。成色越差，锻炼越难。人的气质有清纯、浊杂之分，有中人以上、中人以下之别。对于道来说，有生知安行、学知利行的不同。资质低下的人，必须是别人用一分力，自己用百分力，别人用十分力，自己用千分力，最后所取得的成就是相同的。后世之人不理解圣人的根本在于纯是天理，只想在知识才能上力求做圣人，认为圣人无所不知、无所不会，我只需把圣人的许多知识才能一一学会就可以了。因此，他们不从天理上下功夫，而是白白耗费精力，从书本上钻研，从名物上考究，从形迹上模仿。这样，知识越渊博而人欲越滋长，才能越高而天理越被遮蔽，正如同看见别人有万镒之精金，却不肯在成色上锻炼自己的金子以求无逊于别人的精金，只妄想在分量上赶超别人的万镒，把锡、铅、铜、铁都夹杂进去，如此分量是增加了，但成色却愈低下，炼到最后，不再有金子了。"其时，徐爱在一旁说道："先生这个比喻，足以击破世儒支离的困惑，对学生大有裨益。"先生接着说："我们做功，但求日减，不求日增。减去一分人欲,便又多得一分天理,如此,何等轻快洒脱,何等简捷便易啊!"

评析

　　什么样的人才能称为圣人？评判圣人的标准是什么？常人片面地认为,圣人是才能万能、知识渊博,其实不然。阳明先生在这里说得很清楚,圣人的标志不在外在的才能和学问,而在于内心纯正,时时的心念都持守在天理上,心无杂念,目不斜视,行为端正。这就是圣人人格的标志,常人本来也能达到,可惜常人的心向外求,脱离了天理的轨迹。这就是圣人与常人的根本区别。